普立茲獎得主 凱瑟琳・布 *Katherine Boo* 著 何佩樺 譯

Behind the Beautiful Forevers

美好永遠的背後

寫著「美好永遠」的機場邊牆背後
正上演著眾多不美好的故事

在孟買的任何一個貧民窟，要活下去，就注定犯罪

在這座汙穢貧瘠的垃圾國境，人像垃圾一樣被嚴格分類，正義像垃圾一樣彼此交易，生命更像垃圾一樣不值一哂……

目錄

00 玫瑰之間

二〇〇八年七月十七日，孟買

午夜逼近，有個缺了一條腿的女人嚴重燒傷，孟買警方找上了阿布杜（Abdul）和他父親。在國際機場旁的貧民窟小屋裡，阿布杜的父母一反常態，三言兩語便做出決定：生病的父親留在這個垃圾滿布、十一口共住的鐵皮棚屋中，平靜地束手就擒；而負責養家的阿布杜必須逃逸。

阿布杜對這計畫的意見，照例未被徵詢。他的腦袋早已因驚恐而僵滯。他十六歲，也或許是十九歲——他的父母對日期毫無概念。真主阿拉以祂高深莫測的智慧，將他塑造得身材瘦小又神經兮兮。阿布杜總說自己是膽小鬼，根本不知道怎麼躲避警察，他所知道的，基本上只有撿破爛。他記憶中的這些年來，幾乎所有醒著的時光，他都在買進有錢人扔棄的東西，並轉賣給資源回收者。

此時，阿布杜深知他必須消聲匿跡，除此之外茫無頭緒。他動身逃跑後，又回到家裡。他唯一能想到的藏身處，就是躲進他的垃圾堆中。

他把小屋的家門開了條縫。他的家座落於一排手工草率興建的房屋中段，他收藏破爛的歪斜棚子就在隔壁。只要能進入這座棚子而不被察覺，興災樂禍的鄰居就無法向警方告發他。

阿布杜不喜歡那輪月亮，圓滿無缺、亮得愚蠢，映著他家門前灰撲撲的空地。空地另一邊，則是其餘二十多戶人家的棚屋，阿布杜擔心，還有其他人跟他一樣，正在從夾板門後朝外窺伺。這個貧民窟裡有些人總盼著他家倒楣，只因為印度教與伊斯蘭教之間舊有的仇恨情結。另一些人之所以仇恨他家，則是出於現代因素——經濟上的眼紅。阿布杜從事許多印度人覺得低賤的拾荒工作，卻也將他一大家子的生活提升到水準之上。

然而，空地很安靜，安靜得出奇。這裡位於一大泓汙水之濱，為貧民窟的東部邊界，夜裡多半喧鬧不堪：人們鬥毆、做飯、調笑、洗澡、牧羊、玩板球、在公共水龍頭等水、在小妓院門口排隊、或者靠睡眠解酒，酒是由與阿布杜相隔兩家的一間屋子所分發。在貧民窟窄巷間稠密擁擠的小屋內，不斷累積而成的壓力，唯有在「廣場」（maidan）這裡得以擺脫。然而，經過一場混戰，和那位「獨腿婆子」的火燒事件後，人們都紛紛躲回屋內。

此時，除了野豬、水牛、以及照例呈大字型趴臥在地的酒鬼之外，似乎只有一個人影——一個瘦小、泰然自若的尼泊爾男孩。他抱著膝蓋，坐在汙水湖畔閃閃發亮的藍色煙霧中，那是一棟豪華飯店霓虹看板的倒映。阿布杜並不在乎尼泊爾男孩看見他躲在這裡。這孩子名叫阿達什（Adarsh），不是警方的密探。他只是喜歡在外面待到很晚，躲開他母親和她每晚的叫囂。

阿布杜最安全的時刻，莫過於此時。他快速走向垃圾棚子，隨手關上身後的門。棚裡一片漆黑、老鼠亂竄，卻教人放心。他這座小倉庫共有三坪多，堆滿等待阿布杜處置的物品，高高堆到漏水的屋頂。空水瓶和威士忌酒瓶、發霉的報紙、衛生棉條導管、捲起的鋁箔紙、被季風雨剝成傘骨的傘、殘破的鞋帶、發黃的棉花棒、纏成一團的錄音帶、曾經包裝山寨版芭比的破塑膠套。在黑暗中的某處，還有個「芭貝」或「芭芭莉」，似乎在孩子們對失寵玩具的實驗中成了殘廢。這些年來，阿布杜對於避免分心已十分在行，他把這些娃娃放在垃圾堆中，胸部朝下。

避開麻煩——這是阿布杜・哈基姆・胡賽因（Abdul Hakim Husain）的工作原則，如此強烈秉持的理念，似乎已經烙印在他身上。他的眼窩很深，兩頰凹陷，因幹活而弓起的身子瘦削結實——在擠滿了人的貧民窟巷弄，身材必須小於正常尺寸。他身上的一切幾乎都凹了進去，除了突出的耳朵和翹起的頭髮；每當他拭去額頭上的汗水時，還帶著一點女孩子氣。

在他所居住的貧民窟安納瓦迪（Annawadi）謙卑低調地生活，是件好事。在印度金融中心孟買的繁榮西郊，有三千人擠在三百三十五間小屋的屋內或屋頂上。來自印度各地的移民往來不絕，大多是印度教徒，出身於各個種姓階級和次階級。他的周圍鄰居所屬的信仰和文化十分多元，身為貧民窟三十多名穆斯林之一的阿布杜根本無從了解。他只把安納瓦迪看成一個布滿各種新舊論點的陷阱，他必須避免誤觸地雷，因為安納瓦迪在商人眼中，正輝煌地座落在有錢人的垃圾堆中。

阿布杜與其左鄰右舍所占用的土地，屬於印度機場管理局。貧民窟和國際航廈的入口，僅相隔一條椰子林蔭大道。服務機場貴賓的五棟豪華飯店包圍著安納瓦迪，包括四棟華麗的大理石巨型建築，和一棟擁有藍色玻璃的君悅酒店。從君悅的頂樓窗戶往下看，安納瓦迪和幾個相鄰的違章建築區，宛如從空中落下的村子，掉進新式美麗建築之間的空隙。

「我們的四周都是玫瑰，」阿布杜的弟弟穆西（Mirchi）這麼說：「我們是夾在其中的那堆屎！」

印度經濟在新世紀的增長速度，超越了中國以外的其他國家；玫瑰色的公寓和玻璃辦公大樓在國際機場附近拔地而起。某公司總部，被簡單地命名為「多多」。越來越多起重機在蓋大樓，其中最高的大樓又干擾越來越多的飛機降落——這是城市上方一個煙霧籠罩、帶動繁榮的障礙物，大把大把的可能性，由此滾落到貧民窟。

每天早晨，成千上萬的拾荒者在機場地帶呈扇形散開，尋找還賣得出去的過剩物品——孟買每天擠出的八千噸垃圾當中的數磅。這些拾荒人直奔從貼深色隔熱紙的車窗裡扔出的皺香菸盒；他們打撈下水道，劫掠垃圾箱裡的空水瓶和空啤酒瓶；每天晚上，他們扛著麻袋裡的垃圾，沿著貧民窟的街道歸來，就像一群齒牙動搖、但一心想賺錢的聖誕老人。

阿布杜在生鏽的磅秤前等待。在垃圾處理業的階級結構中，這孩子比其他拾荒人略勝一籌：他是交易商，經過估價後，買進其他人尋獲的東西。他的利潤來自於將成批的垃圾賣給幾公里外的小型回收廠。

阿布杜的母親是他家的殺價高手，會朝那些要價太高的拾荒者大發雷霆，而阿布杜說話就較為笨拙緩慢。他比較擅長分類，將收購而來的垃圾劃入紙、塑膠、金屬等六十個類別之一，這個步驟十分關鍵且嚴謹。

他的手腳極度俐落。打從六歲左右，他就一直在分類垃圾，因為肺結核和垃圾處理工作已經使他父親肺部受損。阿布杜的動作技能，從工作中逐漸訓練純熟。

「反正你這種腦袋不適合上學。」他的父親從近來的觀察做出結論。阿布杜不確定自己是否受過足夠教育，來判斷自己究竟適不適合。早些年他坐在教室裡，似乎也沒學到什麼。後來他就一直在幹活——把大量汗垢攪入空中、使他的鼻屎變黑的活兒，無聊甚於骯髒的活兒，他料想將從事一輩子的活兒。大多數的日子裡，這種前景像判刑一樣，使他心情沉重；而今晚面對警察的追捕，回去幹活卻成了他的希望。

相較於垃圾的臭味和阿布杜嚇出一身的汗味，「獨腿婆子」的焦臭味在棚子裡顯得比較輕微。汗水弄髒了他的衣服，於是他脫去長褲和上衣，把衣服藏在門邊一疊搖搖欲墜的報紙後面。

他的最佳點子，是爬上他那兩公尺高、亂糟糟的垃圾堆頂端，然後緊貼著後牆，盡量遠離門口。他很靈活，白天能在十五秒之內，登上這座保持巧妙平衡的小丘。然而在黑暗中，只要稍一失足，將導致瓶瓶罐罐滾落下來，由於屋子之間的牆壁薄而相連，這樣等於將他的行蹤公諸於世。

阿布杜右手邊的房子，令人不安地傳來平靜的鼾聲。那是一個剛從農村來的表親，從他的反應看來，他大概以為城裡每天都有婦女被燒吧。阿布杜向左移動，在漆黑中摸索著，尋找一堆藍色塑膠袋。這些袋子布滿灰塵，他不喜歡整理這些袋子，但他記得之前把紮成綑的袋子拋在一疊爛紙板上，這樣能讓人爬起來不出聲音。

他在隔開棚子和他家的側牆附近，找到了袋子和壓平的紙箱。他爬了上去，靜靜等待。紙板壓縮，老鼠竄逃，但是沒有任何金屬掉到地上發出聲響。此時，他可以利用側牆保持身體平衡，同時考慮下一步該怎麼做。

有人在牆的另一邊蹭來蹭去，十之八九是他的父親。這時候，他肯定已經脫去睡衣，把人造纖維襯衫寬鬆地披在身上，可能正在打量掌心裡的菸草。這男人撥弄了一整晚的菸草，把菸草擺弄成圓圈、三角形、再撥回到圓圈。每當他不知如何是好，便會出現這種動作。

阿布杜再移動了幾步，在幾聲匡啷聲後來到後牆，躺了下來。現在他很後悔沒穿長褲，不只因為蚊子，硬塑膠殼包裝裂開的邊緣，也劃破了他的大腿後側。

瀰漫在空氣中的燒焦味聞起來苦嗆，不像人的皮肉，比較像是煤油和燒熔的拖鞋，即使阿布杜在某個貧民窟巷弄碰巧看見，也不可能彎下身去撿。然而，相較於每天晚上傾倒於安納瓦迪的腐敗飯店食物（那些食物養活三百隻身上沾滿糞便的豬），這股味道宛如柑橘花。他之所以胃痛，是因為他心裡知道那股味道是什麼東西，什麼人。

阿布杜打從八年前，他們全家來到安納瓦迪的那一天起，便認識了「獨腿婆子」。他不得不認識她，因為她和他的棚屋之間，僅相隔一條被單。即使在那時，她的味道也困擾著他。窮歸窮，她還是會在身上噴灑香水。阿布杜的母親身上盡是母乳和炒洋蔥的味道，對她這樣頗不以為然。

以被單為牆的那些日子，阿布杜相信他的母親婕若妮薩（Zehrunisa）在大多數事情上都是對的，就像現在一樣。她對子女們溫柔、愛開玩笑，而她唯一的大毛病，在阿布杜看來，就是她在殺價時使用的語言。儘管以髒話討價還價是垃圾處理業的常態，他卻覺得他母親太過樂在其中。

「蠢皮條客！」她假裝憤慨地說：「你以為少了你的臭罐子，我的孩子們就會挨餓嗎？我真該扒下你的褲子，把你的小弟弟割掉！」

這話可是出自一個在不知名村莊長大、從小被要求身穿蒙面罩袍、對宗教虔誠的女人嘴裡。

阿布杜自認是「百分之九十的老古板」，他直言不諱地指責母親：「要是妳爸聽見妳這樣潑婦罵街，他會怎麼說？」

「他會用最難聽的話罵我，」婕若妮薩答道：「但也是他把我許配給一個病懨懨的老公！我如果像我媽一樣，安安靜靜待在家裡，你們這些孩子肯定餓死。」

阿布杜不敢說出他父親卡拉姆・胡賽因（Karam Husain）的大毛病：病得沒辦法整理垃圾，卻沒病到不能碰他老婆。他從小信奉的伊斯蘭瓦哈比（Wahhabi）教派反對節育，婕若妮薩所生的十胎中，有九胎倖存下來。

婕若妮薩每回懷孕便安慰自己，她在生產未來的勞動力。阿布杜是目前的勞動力，新的弟弟妹妹卻使他越來越焦慮。他時時出錯，付給拾荒人一大筆錢，只換來一袋袋不值錢的東西。

「放慢你的速度，」他父親委婉地告訴他：「應用你的鼻子、嘴巴、耳朵，不要只靠磅秤。」用釘子敲打廢鐵，從聲音分辨是什麼材料。咀嚼塑膠，可以區分等級。如果是硬塑膠，就折成兩半，吸吸味道，氣味清香的是質地優良的聚氨酯。

阿布杜逐漸熟能生巧。某一年開始，吃飽的問題解決了。又一年過去，家更像個家了。那堵牆從被單換成鋁片，而後又換成廢磚，使他家成為整排屋子中最結實的一間。

當他考慮改用磚牆時，心頭湧現複雜的情緒：一是感到自豪；二是害怕磚頭品質太差，牆可能會倒塌；三則是感到解脫。他和「獨腿婆子」之間，如今終於有了七公分的屏障，那婆子會趁她丈夫在其他地方整理破爛時偷漢子。

近幾個月來，阿布杜只有在她拄著鐵拐杖，咯登咯登朝市場或公廁前進時，才有機會看到她。「獨腿婆子」的拐杖似乎太短了，因為她在走路時臀部會翹起，做出某種開開闔闔的動作，引人發笑。唇膏一事更是令大家哄堂大笑。「她特地抹了唇膏，只為了去拉屎？」她的嘴唇有時塗成橘色，有時塗成紫紅色，彷彿她爬上里拉飯店（Hotel Leela）旁的蒲桃樹，把果子吃得乾乾淨淨。

「獨腿婆子」名叫希塔（Sita）。她的皮膚白皙，這通常是一大優勢，可惜一條短小的腿，砍低了她的聘金。她那信奉印度教的父母，接受了他們唯一的提親對象：一個窮困、不起眼、工作賣力、年邁的穆斯林。

「就是個半死不活的人啦，可是除了他，還有誰要我女兒？」她的母親皺著眉說。這個不匹配的丈夫將她改名為法蒂瑪（Fatima），婚後生下三個骨瘦如柴的女兒。身體最虛弱的女兒在家中的桶子溺斃，法蒂瑪似乎毫不傷心，這使大家議論紛紛。幾天後，她從她的屋子裡出來，臀部依然突進突出，用她金光閃爍的眼睛，直勾勾盯著男人瞧。

安納瓦迪近來有太多夢想，在阿布杜看來似乎如此。在印度漸趨繁榮的同時，坦然接受自身的種姓階級和神明賦予的人生等舊思想，也逐漸由改造世界的信念取而代之。安納瓦迪居民們如今不時談起更美好的生活，彷彿命運之神只是周日偶爾來訪的表親，彷彿未來將和過去迥然不同。

像阿布杜的弟弟穆西，將來就不打算與垃圾為伍。他想像自己身穿漿挺的制服，到豪華飯店上班。他聽說服務生整天不是把牙籤插在一塊塊乳酪上，就是把刀叉擺在餐桌上。他要那樣一份乾乾淨淨的工作。「看我的，」有回他朝他母親嚷道：「我將來的浴室會和這屋子一樣大！」

拉賈・坎伯（Raja Kamble）是個身體虛弱的廁所清潔工，住在阿布杜家後面的巷子，他的夢想是健康重生。一副修復心臟的心瓣膜，能使他繼續活下去，完成撫養子女的使命。十五歲的米娜（Meena）住在街角，她渴望嚐嚐她在電視連續劇裡看到的自由和冒險的滋味，而不是媒妁婚姻和唯家是從。十二歲的蘇尼爾（Sunil）是拾荒人，身材矮小，他想要吃得飽，讓自己開始長大。阿莎（Asha）是女人中的鬥雞，住在公廁旁，她的野心不太一樣：她渴望成為安納瓦迪的第一位女貧民窟主，而後隨著這城市勢不可擋的貪腐潮流，邁入中產階級。她那十幾歲的女兒曼竹（Manju），則認為她的個人目標更為高尚：成為安納瓦迪的第一個女大學生。

這些夢想家當中最荒誕可笑的就屬「獨腿婆子」，每個人都如此認為。她最大的興趣是婚外性關係，而且不只是為了零用錢。這一點，她的鄰居們倒能理解。只不過，「獨腿婆子」還想超越如其綽號的苦難，她想要別人尊重她，認為她有魅力。但安納瓦迪居民都認為，一個瘸子不該抱持此種願望。

阿布杜的夢想則是：一個完全不懂「皮條客」和「傻屄」這些字眼、不在意他身上味道的老婆；最終和他一起到某個地方安家，任何不是安納瓦迪的地方。就像其他貧民窟居民和世界上的大多數人一樣，他相信自己有能力達成夢想。

警察來到安納瓦迪，穿過廣場朝阿布杜家走來。肯定是警察。除了他們，沒有哪一戶貧民窟居民能有如此十足的把握。

阿布杜家認識當地派出所的許多員警，多到讓他們害怕整個警方。他們得知貧民窟哪戶人家賺了錢，每兩天就會上門收些保護費。其中最可恨的是帕瓦（Pawar）警官，他對在君悅附近賣花的小笛帕（Deepa）相當殘暴。不過，他們大多數人，只會高高興興把鼻涕擤在你的最後一塊麵包上。

阿布杜一直在準備迎接警察進他家門的這一刻，準備聽到鋼製容器猛烈翻倒，小孩高聲尖叫的聲音——然而，兩名員警十分平靜，甚至友善地轉達重要的事實：「獨腿婆子」倖免於難，躺在醫院病床上指控阿布杜、他的姐姐和父親毆打她，並且放火燒她。

阿布杜後來回想起來，警察說的話就像發高燒時做的夢，緩緩地穿入倉庫牆壁。這麼說來，他的姐姐喀卡珊（Kehkashan）也遭到了指控。為此，他詛咒「獨腿婆子」早點喪命，隨後又希望自己沒詛咒她死。「獨腿婆子」萬一死了，他家只會更慘。

在安納瓦迪或孟買的任何一個貧民窟當窮人，注定得犯下某種罪過。阿布杜偶爾會購買拾荒者偷來的金屬片，這無疑是非法買賣；甚至光住在安納瓦迪就不合法，因為機場管理局一直想把像他這樣的違建戶驅逐出境。然而，他和他家人並沒有放火燒「獨腿婆子」，她是放火自焚。

阿布杜的父親以喘而虛弱的聲音，表明他的一家人是無辜的，員警則一邊把他帶出屋子。「那你兒子在哪？」他們站在垃圾棚子外時，其中一個員警大聲問道。警官的音量並不是為了彰顯權威，而是嘗試讓自己的聲音在阿布杜母親的哭喊聲中能被聽到。

婕若妮薩．胡賽因即使在好日子裡，也是眼淚製造機；這是她開啟話頭的首要方式之一。然而現在，她孩子們的抽泣使她哭得更厲害了。家中小小孩們對父親的愛，比起阿布杜對他的愛更為純粹，他們不會忘記警察帶走他的這個夜晚。

時間慢慢過去，哭喊聲平息了。「他過半個小時就回來。」母親提高語調告訴孩子們，這是她撒謊時的語調之一。「就回來」這幾個字使阿布杜振作起來。警察帶走父親後，顯然已經離開安納瓦迪。

阿布杜不排除警察回來搜捕他的可能性，不過，依他對孟買警察能耐的了解，他們更有可能今晚就此收工。這多給了他三、四個鐘頭的黑夜時間，計畫一場比躲進隔壁棚子更明智的逃亡。

他覺得自己並非缺乏膽量，他私底下甚至懷有某種虛榮心，認為垃圾分類的工作使他的雙手具有殺傷力，使他能夠和李小龍一樣，把磚頭劈成兩半。「那我們去找塊磚頭吧。」一個曾經傻頭傻腦相信他的女孩說道，阿布杜只是結結巴巴地蒙混過去。劈磚頭的信念他只想埋藏於心，不想予以驗證。

他的弟弟穆西小他兩歲，卻比他勇敢得多，躲進垃圾堆不是他會做的事。穆西喜歡看寶萊塢電影中，袒露胸膛的逃犯從高高的窗戶跳出去，跑過行駛中的火車廂頂部；後方追捕的警察開槍射擊，卻沒擊中目標。相反地，阿布杜會過分認真地看待電影中的各種危險。他還在努力讓別人忘記那一夜——當時他陪同另一個男孩到一公里半以外的棚屋看盜版錄影帶，那部片子講述一棟豪宅的地下室住了隻橘色皮毛、吃人肉維生的怪物。電影結束時，他不得不付二十盧比給主人，讓他睡在他家地板上，因為他的雙腿已經嚇得發僵，沒辦法走回家。

儘管被其他男孩目睹他的恐懼，令他感到羞愧；阿布杜卻也認為，那種情況下恐懼十分合理。在處理報紙或罐頭這種觸覺比視覺更重要的工作時，他會藉機研究他的鄰居。這個習慣既能打發時間，同時也讓他發展出各種理論，其中一個理論甚至逐漸凌駕其他：在他看來，在安納瓦迪，財富不僅來自人們做了什麼事、或做得多好，而是來自他們避開了多少意外和災難。所謂體面的生活，是指你沒被火車撞上、沒得罪貧民窟主、沒染上瘧疾。他雖然遺憾自己沒能聰明點，卻相信自己擁有一項堪稱寶貴的特質，極適合他所居住的環境，那就是他很有警覺心。

「我可以眼觀六路。」是他的另一種說法。他相信他能預知災難，還有足夠的時間逃跑；而「獨腿婆子」的火燒事件，是他的眼睛頭一次遭到蒙蔽。

「幾點鐘了？」一個叫辛席亞（Cynthia）的鄰居在廣場嚷叫：「警察怎沒逮捕他們家其他人？」辛席亞是「獨腿婆子」法蒂瑪的密友，她打從自家的垃圾生意失敗後，便對阿布杜家不屑一顧。「我們去派出所示威，叫警察過來帶走他們！」她吆喝其他居民，而阿布杜家只傳來一片寂靜。

過了一會兒，謝天謝地，辛席亞終於閉了嘴。似乎沒有任何公眾聲浪支持示威遊行，倒是有人對辛席亞吵醒大家感到氣惱。阿布杜感覺今晚的緊張終於緩解下來，直到鋼鍋開始在他四周砰砰作響。他驚醒過來，感到困惑。

燦燦金光透過門縫流洩進來，卻不是他那座垃圾棚子的門，他花了一分鐘才知道門的所在。他已經穿上褲子，此時似乎身在廣場對面的穆斯林年輕廚子屋裡。現在是早晨，他四周的鏗鏘響聲，是安納瓦迪居民們在相鄰的棚屋裡煮早餐。

他是什麼時候、為了什麼穿過廣場，來到這間屋子？恐慌讓阿布杜的記憶缺了一大塊，使他永遠無法確知這晚的最後幾個小時發生什麼事。唯一清楚的是，在他這一生最嚴峻的狀況下，一個亟需勇氣和冒險心的時刻，他在安納瓦迪待了下來，然後就睡著了。頓時，他知道自己應當採取行動：去找他的母親。在證明自己是個不中用的逃犯後，他需要她告訴他該怎麼做。

「快跑，」婕若妮薩・胡賽因下達指示：「儘快！」

阿布杜抓起一件乾淨襯衫，飛奔而去。橫過空地，沿著彎來繞去的棚屋巷弄，他來到一條碎石路。垃圾和水牛，在貧民窟這邊。玻璃閃耀的君悅酒店，在另一邊。他邊跑，邊摸弄襯衫的鈕子。經過將近兩百公尺，他來到通往機場的寬闊大道，路旁是百花爭豔的花園，這城市美麗的一面，他幾乎不認得。

甚至還有蝴蝶。阿布杜風一般地呼嘯而過，拐進機場。

樓下入境。樓上出境。阿布杜走第三條路，沿著一道長長的藍白色鋁製護欄奔跑，電鑽在圍欄後隆隆作響，正在為漂亮的新航廈打地基。阿布杜有時會嘗試為航廈的安全圍欄估價：如果把兩片鋁板偷出來賣，足以讓一個撿垃圾的男孩休息一年，不愁吃穿。

他繼續跑，黑黃色計程車在毒辣的朝陽下閃閃發亮，他在車子排班的場地向右急轉，然後再右轉，進入一條彎曲的綠蔭車道，茂密的樹枝低垂下來。再右轉一次，他來到了薩哈（Sahar）派出所。

婕若妮薩從他兒子臉上的表情可以看出，這孩子對於躲警察非常焦慮。她自己一醒來時的恐懼則是，為了懲罰阿布杜脫逃，警察將痛打她丈夫。

保護生病的父親不被警察揍，是長子的責任；阿布杜將履行他的責任，並且可以說是欣然接受。有罪的人才需要躲起來；無辜的他，想讓事實的印章蓋在他額頭上。因此他別無他法，只能服從蓋章的當局——服從法律，服從審判，服從他有限的一生中沒有理由相信的東西。然而現在，他將試著去相信。

一位佩戴肩章、穿卡其制服的員警，坐在灰色金屬桌後方。他一看到阿布杜，便大吃一驚地站了起來。在他的小鬍子下方，有著厚得像魚一樣的嘴唇，阿布杜往後將記得這兩瓣嘴唇——記得在他露出笑容前，那微微開啟的模樣。

卷一　劣等公民

Behind
the beautiful forevers

幾星期前，阿布杜眼見一個男孩把塑膠放進粉碎機時，一隻手硬生生被截斷。男孩眼裡含著淚水，卻沒有尖叫，只是站在那裡，任截斷的手流著血。他的謀生能力從此結束，於是向工廠老闆表示歉意。「沙巴，對不起，」他對穿白衣的男人說：「我不會報告這件事，給你添麻煩。請你放心。」

01 安納瓦迪

讓魚唇警員和阿布杜在派出所相遇這一刻，暫時定格。接著倒帶，看阿布杜從派出所和機場倒著跑出來，朝著家跑去。看身穿粉紅花罩衫的身障女人被火焰吞噬，火焰逐漸化為烏有，只留下地上的火柴盒。看幾分鐘之前的法蒂瑪，隨著一首嘶啞的情歌拄著拐杖跳舞，她秀氣的五官完好無損。繼續倒帶，回到七個月前，停在二〇〇八年元月一個平常的日子。打從一個小貧民窟，出現在擁有全球三分之一貧窮人口的國家中最大的城市以來，這幾乎是充滿希望的一季。如今發展建設和流通貨幣，已讓這個國家沖昏了腦袋。

黎明在狂風中到來，這在元月並不罕見，這是風箏絆在樹上和傷風感冒的月分。阿布杜家由於地板空間有限，不夠讓全部的家庭成員躺下來，阿布杜因此睡在砂礫遍布的廣場，這裡多年來一直充當他的床。他的母親小心翼翼地跨過阿布杜的弟弟們，然後彎下身來，在他的耳邊說：「醒醒，你這傻瓜！」她充滿活力地說：「你以為你的工作是做夢嗎？」

出於迷信，婕若妮薩注意到，家裡賺最多錢的日子，有時就發生在她辱罵過大兒子之後。元月的收入，對他們家打算逃離安納瓦迪的最新計畫至關重要，因此她決定把咒罵當成例行公事。

阿布杜幾乎沒有怨言地起床，因為他母親只能忍受她自己的牢騷。更何況，這段緩緩行進的時光，是他最不憎恨安納瓦迪的時刻。黯淡的陽光在汙水湖上投下閃閃銀光。鸚鵡在湖的另一頭築巢，在噴射客機的噪音中，仍可聽見牠們的叫聲。在有些由寬膠帶和繩子黏綑在一起的棚屋外頭，他的鄰居們正用濕破布仔細擦洗身體。穿制服、繫領帶的小學生們，正從公共水龍頭拖運一桶桶水。一條懶洋洋的隊伍，從公廁的橘色水泥磚延伸出來，就連山羊也睡眼惺忪。在這相親相愛的時刻過後，他們隨即展開對微小市場利基的積極追求。

建築工人陸續前往一個擁擠的路口，這是監工人員挑選臨時工的地方。年輕女孩們開始把金盞花串成花環，好在交通繁忙的機場大道（Airport Road）上兜售。年長的婦女，把布塊縫在粉紅色和藍色相間的棉被上，給一家公司論件計酬。在一家悶熱的小型塑模工廠，袒露胸膛的的男人扳動機件，把彩色珠子變成掛在後視鏡上的裝飾品——笑盈盈的鴨子和粉紅色的貓，脖子上戴著珠寶，他們想不出有哪個人、哪個地方會購買這些東西。阿布杜蹲伏在廣場上，開始整理兩個禮拜以來購買的垃圾，髒兮兮的襯衫貼在他一節節的脊椎骨上。

對待左鄰右舍，他普遍採用的方式是：「我越是了解你，就越討厭你，你也會越討厭我。因此，就讓我們井水不犯河水吧。」然而，即使像這天早晨一樣自己埋頭幹活，他還是能夠想像，安納瓦迪鄉親們都在他身旁一起努力。

安納瓦迪座落於距薩哈機場大道（Sahar Airport Road）近兩百公尺處，新舊印度在這段路上彼此衝撞，延遲了新印度的發展。休旅車司機朝著從貧民窟某家雞店騎單車出來的一排送貨工猛按喇叭，他們每個人載送三百顆一架的雞蛋。在孟買眾多的貧民窟當中，安納瓦迪本身並無特別之處。每間屋子都歪歪斜斜，因此較不歪斜的屋子看起來就像正的，汙水和疾病看起來就像生活的一部分。

這座貧民窟，在一九九一年由一群民工所建，他們是從印度南部坦米爾納德邦（Tamil Nadu）用卡車運來修復國際機場跑道。工作完成後，他們決定在機場附近誘人的建築前景中待下來。在一個幾無閒置空地的地區，國際航廈對街的一小片積水、群蛇遍布的灌木地，似乎是不錯的居住之處。

其他窮人認為這塊地太過潮濕，不宜居住，坦米爾人卻著手幹活，砍倒窩藏群蛇的灌木，挖出較乾燥地區的土壤，填入泥濘之中。一個月後，他們的竹竿插在地上時，終於不再撲通倒下。他們把空水泥包裝袋掛在竹竿上當做掩護，一個聚居區於焉成形。鄰近貧民區的居民把它取名為安納瓦迪——意為「安納之地」，坦米爾人尊稱老兄為「安納」。事實上，對坦米爾移民的各種貶稱，流傳得更為廣泛。然而，其他窮人目睹了坦米爾人用他們的血汗，將沼澤打造成結實的土地，如此的勞苦贏得了某種敬重。

十七年後，這一貧民窟裡，幾乎沒有任何人在印度標準下算是貧窮。相反地，安納瓦迪居民屬於一九九一年來擺脫貧窮的約一千萬印度人口之列，當時，約莫就在這個小貧民窟成立之時，中央政府擁抱了經濟改革。安納瓦迪居民因而成為全球市場資本主義史中最激勵人心的成功故事之一，一個仍然繼續發展的故事。

的確，貧民窟的三千居民中，僅六人有固定工作。（其他人，就像百分之八十五的印度勞工，都屬於非正規、無組織的經濟體系。）的確，有些居民必須誘捕老鼠和青蛙，油炸後當晚餐吃；有些居民甚至吃汙水湖畔的灌草叢。這些可憐人，因此為他們的鄰居們做出難以算計的貢獻——他們讓那些不炸老鼠、不吃雜草的貧民窟居民，感受到他們自己有多麼上進。

機場和酒店在冬季排放垃圾，這是觀光旅遊、商務旅遊和社交聯姻的高峰期；二〇〇八年的大量排放，則反映出空前高漲的股市。對阿布杜來說更好的是，北京夏季奧運之前的瘋狂建設，使全球廢金屬價值飆漲。這對一個孟買垃圾交易商是件開心的事，雖然這並不是路人對阿布杜的稱呼。有人就直呼他垃圾。

今晨，阿布杜從他的破爛堆中挑撿平頭釘和螺絲釘時，一邊努力注意安納瓦迪的山羊，這些羊喜歡瓶罐殘留物和標籤底下的漿糊味。阿布杜通常不在乎這些羊在旁邊嗅來嗅去，可是近來牠們拉出的都是液態糞便，相當惱人。

這些山羊歸一個家裡經營妓院的穆斯林男人所有，他認為他手下的妓女都在裝病。為了擴充經濟來源，他飼養山羊，以便在齋月結束的宰牲節慶典上出售。然而，這些羊和那些小姐們一樣令人頭痛。他擁有的二十二隻羊，已經死了十二隻，倖存的幾隻則有腸道疾病。這位妓院老闆怪罪經營當地釀酒店的坦米爾人施行巫術，還有人懷疑是山羊的飲用水源有問題，也就是那片汙水湖。

深夜，建設現代化機場的承包商，會傾倒東西在湖中。安納瓦迪居民也把東西倒在那裡；最近一次，是十二隻山羊的腐爛屍體。那一池水，讓睡在淺灘的豬狗從水裡爬出來時，肚子染成了藍色。不過，除了瘧蚊，倒是有些生物在湖中倖存下來。隨著清晨將近，一個漁夫涉水而過，一隻手推開菸盒和藍色塑膠袋，另一隻手用網子在水面劃出漣漪。他將把捕獲物拿到瑪洛（Marol）市場磨成魚油，這種保健產品如今在西方極受重視，因此需求驟增。

阿布杜起身甩動痙攣的小腿時，吃驚地發覺天空像機翼一樣呈現褐色，陽光透過汙染的霧氣，顯示午後的來臨。整理垃圾時，他總習慣性地忘了時間。他的小妹妹們正在和「獨腿婆子」的女兒們，坐在一張輪椅上嬉戲，但這只是用一張破塑膠躺椅鑲上生鏽的單車輪子組合而成。已經放學回家的九年級生穆西，攤開四肢靠在家門口，擺在腿上的數學課本連一眼都還沒看。

穆西正不耐煩地等著他的好友拉塢（Rahul），這個住在僅隔幾戶人家遠的印度教男孩，已成為安納瓦迪的風雲人物。這個月，拉塢做了穆西夢寐以求的事：打破貧民窟世界和有錢人世界之間的隔閡。

拉塢的母親阿莎是幼稚園老師，和當地的政客與警察有微妙的關係。她設法幫他弄到洲際酒店（Intercontinental）幾個晚上的臨時工作，就在汙水湖對岸。拉塢這樣一個大餅臉、暴牙的九年級生，因此親眼目睹了上流城市的富裕。

終於，拉塢走過來了，穿著一套由這個好運氣帶來的獎金購買的衣服：休閒低腰短褲，閃閃發亮、回收重量可觀的橢圓扣環皮帶，拉到眼睛的黑色絨線帽。拉塢稱之為「嘻哈風」。前一天是聖雄甘地（Mahatma Gandhi）遇刺六十周年，印度菁英分子過去認為，在這個國定假日搞豪華派對頗為庸俗。然而，當時拉塢卻在洲際酒店的一場瘋狂盛宴幹活，他知道穆西非常想知道當時的每一個細節。

「穆西，我真的沒騙你，」拉塢咧嘴笑說：「在我負責的大廳，有五百個穿得很少的女人，好像她們出門前忘了把下半身穿上！」

「啊，那時候我在哪裡啊？」穆西說：「快跟我說，有沒有名人？」

「每個人都是名人！那是一場寶萊塢派對，有幾個明星在繩子後面的貴賓區，不過，約翰．亞伯拉罕（John Abraham）就在我附近，穿著黑色厚大衣在我面前抽菸。他老婆碧帕莎（Bipasha）據說也在，不過我不確定那真的是她，還是只是某個美女明星，因為萬一經理看見你盯著賓客看，他就會把你開除，沒收你全部的薪水——他們在派對開始前跟我們說了二十次，好像把我們當白痴！你必須把注意力集中在餐桌和地毯上，當你看見一個髒盤子或一條髒餐巾，必須趕緊拿去後面的垃圾箱。喔，那間大廳真漂亮。我們先鋪上厚厚的白地毯，厚到你踩上去立刻就會陷下去。然後他們點起白色蠟燭，讓房間變暗，像迪斯可舞廳一樣；廚師在一張桌子上，擺了兩隻用加味冰塊雕成的大海豚，其中一隻海豚的眼睛是櫻桃……」

「笨蛋，別管海豚，跟我說說那些女人，」穆西抗議道：「她們穿那樣，就是要讓別人看的吧？」

「說真的，你不能看啦，就連待在有錢人的廁所都不行，你會被保全人員攆出去。不過，工作人員的廁所倒是很好，有印度式或美式供你選擇。」愛國的拉塢選擇在地上有排水孔的印度式廁所小便。

其他男孩也到胡賽因家門外，和拉塢會合。安納瓦迪居民們喜歡談論飯店和飯店裡可能發生的奢靡活動。一個被藥物搞得昏頭昏腦的拾荒人曾指著飯店說：「我知道你們千方百計想謀害我，你這狗娘養的君悅！」不過，拉塢的敘述別有價值，因為他不說謊話，或至少二十句話當中不超過一句謊話；加上他的性格開朗，使他的特權並未引起其他男孩的痛恨。

拉塢大方地坦承，與洲際酒店的正職人員相比，他不過是無名之輩。許多服務生都是大學學歷、身材高大、淺膚色，擁有閃閃發亮的手機，能用來當梳理頭髮時的鏡子。有些服務生嘲笑拉塢塗成藍色的長拇指指甲，然而在安納瓦迪，這可是男子氣概的象徵。他剪了指甲後，他們又取笑他的說話方式。安納瓦迪對有錢人的敬語「沙巴」（sa'ab），在城裡的富人區不是妥當的稱呼。他向朋友們報告：「那裡的服務生說，這讓你聽起來很不入流，像流氓一樣。『閣下』（sir）才是正確的說法。」

「閣——下。」有人說道，把sir的r發成長長的捲舌音，隨後，大家都開始唸這個字，一同哈哈大笑。

男孩們站得很近，儘管廣場空間很大。對於挨著彼此擠在房子裡睡覺的人來說，皮膚碰皮膚的感覺肯定是一種習慣。阿布杜繞過他們，在廣場上弄翻了抱在懷中的一堆破行李牌，一路追趕被吹走的牌子。其他男孩沒理會他。阿布杜不太講話，就算講話，也像是私下計畫了好幾個星期才說出來的話。倘若他知道怎麼講一則好故事，或許他可以有一兩個朋友。

有一回，為了改進自己的缺點，他扯了個謊，說他親自去過洲際酒店，寶萊塢電影《迎賓》（*Welcome*）當時在那裡拍攝，他還看見卡翠娜·凱芙（Katrina Kaif）穿著一身白。這是個站不住腳的謊言，立即被拉塢看穿。不過，每次拉塢帶來的最新消息，都有利於阿布杜豐富他未來的謊言。

一個尼泊爾男孩問起酒店裡的女人。透過酒店圍牆的板條，他曾經看見一些女人在抽菸，等候她們的司機把車停在門口。「她們抽的不是一根菸，是很多根菸！這些女人是從哪個村子來的？」

「聽著，蠢小子，」拉塢說：「白人來自各個不同的國家。你如果連這基本的東西都不曉得，你真的是鄉巴佬。」

「哪些國家？美國嗎？」

拉塢說不上來。「不過，酒店的客人也有很多印度人，我向你保證。」那些都是體型健康的印度人，個頭又大又胖，不像尼泊爾男孩和這裡的許多孩子一樣瘦弱矮小。

拉塢的第一份工作是洲際酒店的除夕派對。孟買諸多豪華飯店都有眾所周知的新年狂歡會，拾荒人往往可以從那裡抱回一堆被丟棄的小冊子。

「下榻皇家美麗殿酒店（Le Royal Meridien Hotel），風光慶祝二〇〇八年！漫步在充滿著藝術、音樂和食物的巴黎街頭，與現場表演一同綻放光芒。預定你的通行證吧，一路順風！每對佳偶一萬兩千盧比，包含香檳。」

廣告單以銅板紙印刷，回收商按每公斤支付兩盧比，相當於四美分。

拉塢對於有錢人的新年儀式感到膩了。「低能，」他下結論說：「還不就是大家喝酒跳舞，站在那裡做愚蠢的事，就像這裡的人每天晚上做的一樣。」

「酒店那些人喝酒的時候變得很奇怪，」他告訴他的朋友們：「昨天晚上派對結束時，有個男主人長得很英俊，穿很貴的布料製成的條紋西裝。他喝得醉醺醺，開始把麵包塞進褲子的口袋、西裝上衣的口袋，然後他又直接往褲子裡繼續塞麵包捲！麵包掉在地上，他就鑽到桌子底下拿。有個服務生說，這傢伙從前肯定餓過肚子，是威士忌酒讓他想起過去。哪天我變得很有錢，能住大酒店的話，我才不會當這種窩囊廢！」

穆西笑了，問起許多人在二〇〇八年的孟買問過自己的問題：「那麼你打算做什麼，閣──下，才能在這樣的酒店讓人款待？」

拉塢沒有回答，徑直離去，他的注意力轉移到在安納瓦迪入口處一棵菩提樹上勾破的塑膠綠風箏。風箏看起來是破了，但只要把風箏的骨架壓直，他估計他能以兩盧比的價格轉賣出去。他只需趁著其他嗜錢如命的男孩尚未產生這種念頭之前拿到它。

拉塢從他母親阿莎身上學到這套連續創業法則。阿莎這女人讓阿布杜的父母有點恐懼，她是濕婆神軍（Shiv Sena）政黨的忠實擁護者，該黨的主要成員是出生於孟買所在地馬哈拉施特拉邦（Maharashtra）的印度教徒。

隨著大孟買地區的人口朝兩千萬邁進，就業和住屋競爭日趨激烈，濕婆神軍黨指責外邦移民奪去理當屬於本地人的種種機會。（該黨年近九旬的創始人薩克雷〔Bal Thackeray〕，依然對希特勒的種族淨化方案情有獨鍾。）濕婆神軍黨目前的鼓動目標，是清除孟買境內來自北印度貧窮各邦的移民；其對孟買少數穆斯林的仇恨，更是由來已久，且持更暴力的立場。這使得阿布杜這一家立根於北部烏塔普拉德許邦（Uttar Pradesh）的穆斯林人，蒙受雙重的質疑。

然而，拉塢和穆西之間的友誼，超越了種族、宗教和政治。穆西有時只是為了逗樂拉塢，便掄起拳頭，高喊濕婆神軍黨的問候語：「馬哈拉施特拉萬歲（Jai Maharashtra）！」這兩個九年級生外表甚至有點相像，因為他們決定把前額頭髮留長為蓬鬆的瀏海，在眼睛的部分撩開，像電影男主角阿傑．德烏根（Ajay Devgan）一樣。

阿布杜很羨慕他們那麼親近。他唯一所謂的朋友，是十五歲的流浪兒卡魯（Kalu），他在機場附近打劫回收筒。不過，卡魯都在阿布杜入睡後的晚上幹活，況且他們也已經很少講話。

阿布杜對他兩歲的弟弟拉魯（Lallu）懷有最深厚的感情，這讓他擔心了起來。聽著寶萊塢情歌，他斷定自己的心已經變得太狹窄，從未非常渴望得到一個女孩；即使他確信他愛他的母親，但那並不是一股強烈湧出的感覺。然而，單是看著拉魯，他就會淚眼汪汪。阿布杜畏縮不前，拉魯卻無畏無恐。他的臉頰和後腦勺上，有許多因老鼠咬過而腫起來的傷口。

該如何是好？倉庫變得越來越滿，在高峰期這幾個月，垃圾堆積在他們的棚屋裡，也引來了許多老鼠。可是如果阿布杜把垃圾留在戶外，就會被拾荒者偷走，而他不願購買兩次相同的垃圾。

下午三點，阿布杜正在分類瓶蓋，這是個痲煩的差事。有些瓶蓋有塑膠內裡，必須剝除後才能歸類於鋁製品。有錢人的垃圾一年比一年複雜，充斥著混合材料、雜質和冒牌貨。有些看起來像木頭的板子，裡頭灌的是塑膠。他該如何分類菜瓜布？回收廠的老闆要求同一類的垃圾不能參雜其他東西。

他的母親蹲在他旁邊，拿石塊擦洗髒衣服，一邊瞪著在門口打盹的穆西。「怎麼？學校放假啊？」她說道。

婕若妮薩指望穆西能在三流的烏爾都私立語言學校考過九年級，為此，他們一年繳交三百盧比的學費。他們不得不繳錢，因為印度政府還沒有能力提供普及的教育機會。

機場附近的免費市立學校止於八年級，學校的老師還經常沒去授課。

「不唸書，就幫你哥的忙。」婕若妮薩對穆西說道。穆西看了一眼阿布杜的回收物後，便打開他的數學課本。

近來，就連看著垃圾，也讓穆西感到沮喪。對於弟弟這樣的轉變，阿布杜盡量不讓自己產生不滿。非但如此，他還試著和他父母懷有相同的希望：待他弟弟唸完中學，他那不得了的才智和魅力，將戰勝身為穆斯林在就業市場的不利條件。雖然孟買被認為比任何其他印度城市更國際化、更重視人才，穆斯林依然被摒除在許多好工作之外，包括穆西渴望的某些豪華飯店工作。

阿布杜明白，在一個多種語言的城市，人們也將他們自己分類，就像分類垃圾那樣，同類歸同類。孟買的人太多，不可能人人都有工作，因此，來自馬哈拉施特拉邦昆比（Kunbi）階級的印度教徒，怎麼會不雇用來自同邦的其他昆比階級，而去雇用一名垃圾相關產業出身的穆斯林？但穆西說，如今大家都混為一體，舊有的偏見已逐漸消失，只是阿布杜不明白而已，因為他成天把頭埋在他的垃圾堆中。

此刻，阿布杜要盡可能在天黑前完成工作，因為黃昏時分，魁梧的印度教男孩們便開始在廣場打板球，朝他分類成堆的垃圾瞄擊，有時還瞄準他的頭。儘管板球手們嚴酷地考驗阿布杜的不對抗政策，但他只和兩個十歲的孩子發生過一次肢體衝突，因為他們侵占了他弟弟的地盤。而這些板球手，則用他們的球拍把另一個穆斯林孩子的腦袋砸個粉碎，把他送進了醫院。

在阿布杜的頭頂上空，拉塢正在另一棵樹的樹枝間跳上跳下，嘗試解開另一個可供轉售的風箏。樹上的葉子像安納瓦迪的許多東西一樣，因為從附近水泥工廠吹來的砂石而呈現灰色。「吸進去不會死，」一老前輩向那些為濃濁空氣發愁、眼睛泛紅的新來者擔保。然而，人們似乎不斷因病喪命，包括未經治療的哮喘、肺阻塞、肺結核。阿布杜的父親無業在家閒蕩，卻提出了真正讓人感到安慰的論點：水泥工廠和其他一切建設，都為這個新興機場城市帶來更多工作；毀壞的肺，則是必須為進步付出的代價。

下午六點，阿布杜心滿意足地站起身來。他擊敗了板球手們，在他的面前，擺好了十四大袋整理好的垃圾。四周的飯店冒出團團煙霧，通常傍晚他們以煙燻法驅趕蚊子。阿布杜和他的兩個弟弟，將袋子拖上一輛萊姆綠的三輪破老爺車。這輛小車是胡賽因家最重要的財產之一，能讓阿布杜把垃圾運交給回收商。這時，他來到機場大道，進入這座喇叭嗚響的城市劇院。

四輪車、腳踏車、公車、摩托車、成千上萬的行人……，由於里拉酒店花園旁的嚴重交通堵塞，阿布杜花了一個多鐘頭才開了快五公里。在飯店街角，一輛輛歐洲轎車在一家名為「汽車溫泉」（Spa de Car）的公司前等候維修。城內的一段鐵路系統在此修建，是為了搭配在機場大道上方逐漸凌空而起的高架快速道路。阿布杜擔心在車陣中用光汽油，不過，在天黑前的最後一道光線中，他那喘著氣的老爺車，總算來到名為薩基納卡（Saki Naka）的大貧民窟。

在薩基納卡成片的棚子中，有熔解金屬和粉碎塑膠的機器，這些機器的所有人，身穿漿洗過的白色長襯衫，宣告業主和他們這一骯髒行業之間的距離。工廠有些工人的臉因碳塵而染黑，他們的肺肯定也因鐵屑而變黑。幾星期前，阿布杜眼見一個男孩把塑膠放進粉碎機時，一隻手硬生生被截斷。男孩眼裡含著淚水，卻沒有尖叫，只是站在那裡，任截斷的手流著血。他的謀生能力從此結束，於是向工廠老闆表示歉意。「沙巴，對不起，」他對穿白衣的男人說：「我不會報告這件事，給你添麻煩。請你放心。」

儘管穆西提過當前的進步，印度依然讓一個人清楚自己的地位。阿布杜認為，希望這種情況有所改變，只是一種幼稚的消遣，就好比想把你的名字寫在一碗融化的雪糕裡。他在他生來所屬的這個被誣衊的行業裡，日以繼夜地辛勤工作，而這份工作也終於不再無利可圖。他決心帶著完好的雙手和滿口袋的錢回到家裡。他對他的商品所做的估價大致正確；旺季的可回收物，結合火熱的國際市場，帶來了一筆安納瓦迪居民難以想像的收入。他每天賺五百盧比，相當於十一美元，這個數字已足以實行逃離安納瓦迪的計畫。

有了這份收入，加上去年的存款，他的父母不久就能為一個安靜社區裡的三十四坪土地繳付頭期款，此社區位於穆斯林回收者占大多數的市郊瓦塞（Vasai）。只要生活和全球市場都能繼續走下去，他們很快就能成為地主，不再是違章建戶，住在一個阿布杜相信再也沒有人叫他垃圾的地方。

02 幼稚園老師阿莎

在那個充滿希望的冬季，拉塢的母親阿莎留意到：安納瓦迪的貧民窟主羅勃．皮雷（Robert Pires）變得瘋狂又虔誠！他毆打他的第二任老婆，但讓她活了下來。他在他的屋外立了個基督教神龕，而後又立了第二個神龕，獻給一位印度教女神。每個周六，他在這些神龕前，合上他的胖手祈禱，施茶水麵包給飢餓的孩子，藉以抵銷過去所犯的罪行。平日，他便和他養在貧民窟的九匹馬相互交流，消磨懶散的時光，其中兩匹馬被他畫上條紋，扮成斑馬。羅勃把假斑馬連同一輛拉車，出租給中產階級孩子們的生日派對——他改做這種誠實的生意，進行審判的諸神或許會看在眼裡，他如此想道。

在這洗心革面的過程中，三十九歲的阿莎．瓦根卡（Asha Waghekar）看見了機會。就在羅勃對權力失去胃口的當兒，她倒發現了自己對權力的興趣——讓別人去串金盞花環，讓別人去整理垃圾吧！為了想剝削安納瓦迪的上流人士，以及想存活下來的劣等公民，她要成為有頭有臉的女人。

貧民窟主是個非官方職位，不過居民們都知道這項職務由誰擔任——地方政客和警察依當局利益挑選出來的管理人。即使在急遽現代化的印度，女性貧民窟主依然相對罕見，而成功取得這項權力的女人，一般不是繼承了土地權，就是替補有權有勢的丈夫。阿莎沒有土地權。她的丈夫是個酒鬼，一名流動建築工，完全缺乏野心。她負責撫養他們的三個孩子，直到如今他們已長成青少年，因此沒幾個鄰居把她想成是任何人的老婆。她就是阿莎而已，一個獨立自主的女人。情況若不是這樣，她或許沒機會認清自己的腦袋想要什麼。

羅勃對安納瓦迪歷史的主要貢獻，是把阿莎和其他馬哈拉施特拉邦民帶進貧民窟，以配合濕婆神軍黨擴大其機場投票區域的計畫。他們以提供公用供水系統為誘餌，到了二〇〇二年，馬哈拉施特拉邦民的勢力已超越當初開墾這塊地的坦米爾勞工。然而，在一個幾乎沒人有固定工作的貧民窟，保持多數並非易事。人們來來去去，在興隆的祕密交易中出售或出租他們的屋子；到了二〇〇八年初，濕婆神軍黨所抨擊的北印度移民已成為多數。不僅阿莎明白，安納瓦迪所在的七十六選區選出的市政代表也很明白：羅勃如今只在乎他的斑馬，他已經對濕婆神軍和貧民窟失去興趣。

市政代表薩旺（Subhash Sawant）是個滿臉脂粉、染髮、戴飛行員太陽眼鏡、足智多謀的男人。儘管接替羅勃成為貧民窟主的人選，顯然是善於辭令的濕婆神軍激進分子阿維納什（Avinash），然而阿維納什心有旁騖，無法為市政代表牟取利益。他為了讓他的兒子上私立學校，從早到晚都忙著整治飯店的化糞系統。

阿莎則不一樣，她有的是時間。她在一家大型市立學校兼差教幼稚園，報酬雖不高，卻是市政代表幫她取得的閒差事，完全無視她只有七年級學歷的事實。為了報答，她把大量的上課時間花在講手機上，處理濕婆神軍的政務活動。她能動員左右鄰居參加投票，也能調動一百個婦女進行最後一刻的抗議遊行。市政代表認為她能做更多的事，便叫她解決安納瓦迪的一個瑣碎問題，然後叫她解決另一個不那麼瑣碎的問題，接著又是另一個完全不瑣碎的問題——那時他還送了一束花給她，使他的胖太太開始對她很不友善。

阿莎把這些事情視為即將取得勝利的跡象。來到安納瓦迪八年後，她把改善經濟的希望投資於政治工作，現在她終於有了一個具有影響力的贊助人。她猜想，總有一天，就連安納瓦迪的男人也必須承認，她已慢慢成為這個薰臭之地當中最有權有勢的人物。

剛開始，有許多男人對她虎視眈眈。在打量過她的大胸脯和她那瘦小的酒鬼丈夫之後，他們提出或許能讓她的孩子們緩解貧困的娛樂活動。某天傍晚，當她在水龍頭前裝滿水罐時，咄咄逼人的羅勃提出直截了當的建議。阿莎放下水罐，冷冷地回答：「你想幹嘛就告訴我吧，畜生！我是不是該脫個精光，立刻跳支舞給你看？」從來沒有其他女人，曾對貧民窟主羅勃那樣說話。

阿莎自小在馬哈拉施特拉東北部一個貧窮農村的田裡幹活，培養出一副伶牙俐齒。和好色的男人一起工作，犀利的措詞是有效的防禦方式。謹慎和精明這些對駕馭貧民窟非常有用的特質，則是她來到城市後學會的東西。

孟買是個充滿希望和抱負的城市，而阿莎已經看到有利可圖的必然發展：孟買也將成為怨憤和妒羨日益加深的地方。在這能夠致富的不平等城市，有哪個人不把自己的不滿怪罪到其他人身上？有錢的市民指責貧民窟居民把孟買搞得骯髒汙穢、不宜居住，儘管這些供過於求的人力使他們的女傭和司機一直保持極低工資。貧民窟居民則抱怨有錢人設置的種種障礙，讓他們分享不到更多利益。

每個地方的每個人，都在抱怨他們的左鄰右舍。然而，在這二十一世紀的城市，為解決紛爭而聯合起來上街示威的人卻越來越少。在基於階級、種族和宗教的群體認同逐漸削弱的同時，憤怒和希望亦變成私有化，就像孟買其他許多東西一樣。如此一來，對精明調解人的需求亦隨之增加——在這世界上最大的城市之一，這些人體緩衝器，必須為人們的衝突與利益爭奪而奔走。

當然，一段時間過後，許多緩衝器便失去了彈性。可誰又能說，一個女人家，一個相對的新手，無法證明她能維持得更久呢？阿莎的確有幫助鄰人解決問題的天賦。如今市政代表也聽取她的意見，她便能解決更多問題來賺取回扣。等她真正擁有對貧民窟的控制權，她便能自己製造問題來解決——透過觀察市政代表，她學會了這種有利可圖的手段。

那種打敗羅勃的罪惡感，是對於成功走後門的一種障礙，阿莎視之為奢侈的情緒。「貪腐，一切都是貪腐造成的。」她對她的孩子們說道，一邊拍動她的雙手，好似兩隻振翅而飛的鳥兒。

某天下午，阿莎教完書回家，看見請願者靠著她屋子的牆站成一排時，她並沒有加快步伐。她從市政代表身上，學會了讓大家焦急等候的心理戰術。她只向訪客們點了個頭，便走到屋後的蕾絲簾子後，解開她穿去上班的深紅色紗麗。

如今她年紀大了，她的眼睛比胸脯更引人注目。她能夠立即讓眼睛成為武器，哪個男孩被她瞧見張嘴注視她那漂亮的十九歲女兒曼竹，都會像遭到攻擊一樣敗退而逃。

阿莎算錢時會瞇起眼睛，而大多數時間她都在算錢，安納瓦迪居民便在背後叫她「瞇瞇眼」。事實上，她的眼睛炯炯有神。多數人的眼睛，都會隨著歲月和失意而呆滯；可阿莎的眼睛，如今比她年輕時代的相片中還要光彩許多。那張照片裡的阿莎，是一個高個子、駝背、瘦弱的農家女孩，皮膚被太陽曬得黝黑，剛剛走入一場災難性的婚姻——阿莎看那張照片時總是大笑。

她從簾子後走出來，穿著一件走樣的家居服，這又是從市政代表那兒學得的戰略。他經常坐鎮於他那淡紫色牆壁、淡紫色裝潢的客廳，穿著汗衫，腰布僅蓋住他的雙腿，而他的請願者們則身穿人造纖維西裝，滴著涔涔汗水。他好像在大聲說：你們擔憂的事對我無足輕重，我才懶得費心打扮。

阿莎在地板上坐下，接過曼竹端來的茶杯，點頭讓她的第一個鄰居開口說話。一個滿臉皺紋、容顏美麗的老婦人，一頭纏結成圈的銀髮，她並不是為了解決問題而過來請求幫忙。她哭著表達感激，因為三年前的這天，阿莎幫她找到一份市政府的臨時工作——從堵住的下水道把垃圾撈出來，一天賺九十盧比。在阿莎還不太懂爭取利益之前，已做過許多諸如此類的免費服務。

老婦人從自己的工資拿出一部分，為阿莎買了件廉價的綠色紗麗。雖然阿莎不喜歡這顏色，但讓其他訪客聽見老婦人的祝福，看她把額頭按在阿莎的光腳上，也是好事。

接下來開口說話的，是另一個哭哭啼啼的人：一個肥胖的豔舞女郎，她丟了酒吧的工作，目前靠著當已婚警察的情婦，勉強過日子。由於她必須在與母親和子女合住的小屋裡接待警察，把家裡的人搞得歇斯底里。「他說這些鬧劇讓他不打算再過來了，那我們要吃什麼？」

阿莎嘖了兩聲。一場道德宣傳運動把性工作者逐出機場地區，因此安納瓦迪俗稱的「外圍婦女」，如今要滿足她們的客戶，只有三個糟糕的選擇：在她們自家的屋裡；在每晚停在安納瓦迪外圍的一排卡車後方；或者在瀰漫著山羊味的一房式妓院當中。

阿莎迅速地給出建議：更清楚地跟妳的家人說明這段姦情的長遠利益。「這位警官現在或許沒給妳太多錢，不過往後，他可能會幫妳整修屋子。告訴他們稍安勿躁，拭目以待。」

她一邊說，指尖一邊劃過她家中橘色的新陶瓷地磚。八年前，當安納瓦迪仍是簡陋的營地時，她的三個孩子曾跳到卡車後車廂，盜取木頭和鋁片，一家人拿槌子把這些東西釘成一間棚屋。如今，他們的棚屋有灰泥牆、吊扇、使用電蠟燭的木製神龕，和一個雖然故障但代表崇高社會地位的冰箱。不過，這地方又窄又擠。這是交換條件的結果：

為了籌集裝修資金，讓左鄰右舍相信她節節上升的地位，她把一塊塊生活空間出租給一些剛到孟買、川流不息的新來者。流動房客分別住在邊房、後廳和屋頂上。

儘管濕婆神軍黨仇視這些移民，阿莎卻一向講究務實多過意識形態，她認為賺錢機會無分大小。「何必在乎別人叫我們守財奴？」她對她的孩子們說。賺錢就如村裡的人所說：滴水成湖。

「快點，還有人等著見我。」阿莎對著手機說。電話那端是讓她妒忌的妹妹，她的妹夫是個勤奮工作的司機，他們在附近貧民窟的棚屋，有一套立體音響和四條毛茸茸的白狗，只是玩賞之用。阿莎感到安慰的是，她妹妹的女兒姿色平凡、反應慢，比不上曼竹；曼竹是安納瓦迪唯一一個上大學的女孩，此刻她正在揉麵糰做晚餐，裝作沒在偷聽她母親談話。

阿莎的妹妹一直想走入調解行業，在她的貧民窟，有個印度教女孩和一個穆斯林男孩私奔，她在這件事上看到了機會。阿莎走到屋外，放低聲音。「關鍵在於，」她建議她妹妹：「妳可以向女孩的家人要錢，但千萬別說是妳要的錢。告訴他們，是警察要的錢。我得走了。」

阿莎回來時，一個老朋友拉賈・坎伯全身緊張起來，因為輪到他說話了。阿莎和坎伯先生同時來到安納瓦迪，他們的孩子從小一起長大。現在，坎伯先生看起來令人同情，尤其是那膝蓋瘤和凹陷的眼窩。他指望阿莎救他的命。

坎伯先生在一個比阿莎更貧困的環境長大：棄嬰、住人行道、做無望的工作，包括辛辛苦苦走到一家家公司，推銷塞進電話筒裡的香氛巾，賺取最微薄的佣金。「來張電話香氛巾吧，沙巴？可以隱藏熱天的臭味喔！」然而，他在三十幾歲時碰上了好運。他在火車站的小食亭工作時，一個在市政府擔任維修工的老顧客，漸漸喜歡並同情起他。沒過多久，這個人賜予坎伯先生他自己的姓氏、一個老婆，和孟買每個窮人夢寐以求的固定工作。

那份工作是清理公廁，並竄改他的恩人和其他清潔工的工作時間表，讓他們在領取市府薪資的同時，還能接其他工作。這項職責使坎伯先生備感榮幸。他和老婆生了三個子女，為他們的屋子砌上磚牆，還在一面牆上幫兩隻寵物鴿安裝鳥籠。（他住在人行道上的那些年，培養出對鳥的喜愛。）坎伯先生是安納瓦迪最大的成就之一，是個值得冠上「老爺」或「先生」等頭銜的人物——直到有天，他在清理糞坑時倒了下去。

他的心臟狀況不佳。衛生部門資遣了他，說只要他更換一副新的心瓣膜，並取得醫師許可，他就能回去上班。照理說，孟買的公立醫院應當以極低的費用做這類手術，但醫院的外科醫生會私下索取紅包。「六萬盧比，」錫安醫院（Sion Hospital）的醫生說道。庫柏醫院（Cooper Hospital）的醫生索取更多。

安納瓦迪每兩個逐步往上爬的人當中，便有一個陷入災難，可是坎伯先生仍有希望。過去兩個月來，他拖著辜負他的那副身子，出門請求政客、慈善機構和企業捐助他的心瓣膜基金。市政代表提供三百盧比，一家油漆工廠的主管捐出一千盧比。經過數百次懇求後，他還缺四萬盧比。

此時，他咧著嘴朝阿莎薇笑，十顆方方正正的黃牙，在他憔悴的臉上顯得巨大。「我不要別人施捨我，」他說：「我只想把心臟醫好，讓我能繼續工作，看著我的孩子成家。能不能請妳幫我安排一筆政府貸款？」

他得知阿莎在一起貪汙案當中扮演舉足輕重的角色，這起貪汙案涉及新德里中央政府為了讓更多民眾參與經濟成長，而制定的諸多掃貧計畫之一。政府以補助利率，借錢幫助貧窮的企業家，開創製造就業機會的事業。不過，這些新公司可能純屬虛構。一個貧民窟居民可以為假想的事業申請貸款，由一名地方政府官員確認這能帶給窮困的社區多少就業機會，再由邦屬丹納銀行（Dena Bank）的主管予以批准。而後，官員和銀行經理便能分得一部分貸款。與銀行經理友好的阿莎，則幫忙挑選能獲取貸款的安納瓦迪居民，期望她自己也能分一杯羹。

坎伯先生決定把他的假想事業定為小食亭，就像他碰上厄運前從事的工作一樣。如果他獲得五萬盧比的貸款，從中各付五千給阿莎、銀行經理和政府官員，他的心瓣膜基金就只短缺五千盧比，可以借高利貸補齊。

「妳也看到我的狀況了，阿莎，」他說：「我沒工作，沒收入，除非動手術。如果我不動手術的話──妳了解的。」

她打量他一番，發出她思考時經常發出的呿呿聲。「是啊，我看得出你狀況不佳，」她過了一分鐘才說：「我認為，你應該去廟裡。不，去找我的聖人加賈南神聖法王（Gajanan Maharj），向祂祈禱。」

他驚呆了。「祈禱？」

「是啊，你應該每天為你的夢想祈禱。祈禱一筆貸款，祈禱身體健康──向這位聖人祈禱。保持希望，請求他幫忙，或許你能如願以償。」

阿莎的女兒曼竹倒抽了口氣。在成長過程中，她有時會希望慈祥的坎伯先生是她的父親。她了解，正如坎伯先生所了解的那樣：當阿莎要他去廟裡向聖人祈禱時，意思就是，提出更好的價錢再來。

「但我們是朋友啊！妳認識我，所以我以為……」坎伯先生的聲音沙啞得就像吞了一把沙子。

「安排貸款不是簡單的事。正因為我們是朋友，我才要神明幫助你，讓你一生幸福長壽。」

坎伯先生一拐一拐地走開。阿莎相信他在去任何一座廟前，會回來找她。一個垂死的人希望活下去，理當花一大筆錢。

近來，阿莎自己都懶得上廟裡去。她自認是虔誠的女人，但最近幾個星期，她注意到，不論她是否祈禱或齋戒，她都能從神明那兒實現所求。有一陣子，她打算詛咒一個女鄰居，那鄰居惡言攻擊阿莎和市政代表的關係，可阿莎尚未這麼做，女鄰居的丈夫就病倒了，她的大兒子被車撞，小兒子從摩托車上摔下來。阿莎從這件事和其他證據得出結論：她掉進了一個幸運的漩渦當中，或許正是坎伯先生最近剛讓出來的地盤。

在房間另一頭，她的女兒正在發脾氣，那種文靜的脾氣，也是曼竹發過的唯一一種脾氣。她把切碎的洋蔥扔進煎鍋，使勁之猛，讓一些洋蔥末彈了出來，掉在地上。阿莎揚起眉毛。今晚，這女孩即將溜出門去，在髒臭不堪的公廁和她的朋友米娜碰面，而且肯定會為她母親對一個鄰居見死不救而哭泣。阿莎本來不該知道這些在公廁裡的談話，然而，在安納瓦迪發生的事，最後很少不傳回她這裡。

阿莎非常滿意曼竹的順從、她那地方公認的美貌，以及為家裡帶來莎士比亞作品中「泰坦妮亞」（Titania）和「戴絲蒙夢娜」（Desdemona）等陌生名詞的大學學歷。不過，阿莎認為曼竹的多愁善感，顯示她對子女的管教失敗。這女孩利用下午的時間，教幾個安納瓦迪最窮的孩子學英語。這份工作起初是阿莎的主意，因為一個月能掙得三百盧比；可現在，曼竹卻老在談某個孩子遭繼母毒打的事。

阿莎了解她自身的諸多矛盾，像她或許以讓兒女免於困苦為榮，卻也同時怨恨他們可以免於困苦。阿莎童年糧食匱乏之時，家裡的女孩子都挨餓過日子。雖然大多數人將飢餓視為肚皮的事，阿莎記得的卻是口裡的味道——一種會鑽進舌頭裡的怪味，幾十年後，有時在她吞嚥時依然揮之不去。在阿莎試著描述的時候，曼竹以同情的目光看著她母親，卻無法理解。

儘管阿莎習慣從左鄰右舍的投訴中，看到賺錢的機會，不過到目前為止，大都只是雞毛蒜皮的小事。比方說，婕若妮薩・胡賽因和「獨腿婆子」法蒂瑪為了誰的小孩掐了誰的小孩而爭吵。兩個女人阿莎都討厭。法蒂瑪會拿拐杖揍她的孩子，而婕若妮薩則臭屁得叫人受不了。三年前，在一場致命的季風雨中，胡賽因一家無家可歸，那時拉塢還維妙維肖地模仿婕若妮薩的抽泣。如今，她和她那孤僻的兒子阿布杜據說已經賺了不少錢。「穆斯林髒錢！暴發戶！」阿莎如此罵道。她自己的抱負建立在掃貧問題上，而非垃圾之上。

一個政府資助的婦女互助組織看起來頗有前途，因為此時她已懂得遊戲規則。這項計畫原打算鼓勵有財務困難的婦女，把她們的積蓄湊合起來，在需要時為彼此提供低息貸款。但阿莎的互助組織更喜歡把湊集的錢，以高利息貸給她們排除在組織之外更窮困的婦女——買紗麗給她的下水道老清潔婦就是一例。

儘管如此，當外國記者來到孟買，欲了解互助組織是否確實賦予婦女力量時，政府官員有時就帶他們去見阿莎。她的職責是隨意挑一群女性鄰居，在官員講述她們的組織如何使她們脫離貧困時，裝出矜持的微笑。曼竹接著被帶出來，阿莎則說出決定性的句子：「現在，我的女兒即將唸大學，不依靠任何男人。」她說出這句話時，外國女人總是激昂不已。

「大人物們總以為，我們因為窮，就懂得不多。」她對她的孩子們說。其實阿莎懂得很多，她是一場建構夢想的全國性運動當中的一員，在這場運動中，印度的許多老問題如貧窮、疾病、文盲、童工問題等，都得到積極的解決。與此同時，貪腐以及較不弱勢者對弱勢者的剝削等其餘的老問題，則在極少受到干預的情況下持續運作。

在西方，以及印度的部分菁英之間，貪腐這詞全然只有負面意義，會阻撓印度現代化與全球化的努力。然而，在一個被貪腐竊取了許多機會的國家，貪腐對窮人而言，反倒是仍未消失的一個真正機會。

曼竹做完飯時，阿莎打開她的電視，這可是安納瓦迪的第一台電視機，儘管顏色老早出了問題。桃紅色的新聞播報員正在提供拉希米（Lakshmi）寶寶的最新近況，這個剛學會走路的孩子生來有八隻手腳，恰如其分地以印度教多臂女神的名字取名。幾個月前，班加羅爾（Bangalore）一支精銳的外科醫師小組為她進行截肢手術。這則新聞報導遵循一貫的腳本：醫療技術的奇蹟，外科醫師的英勇行為，兩歲小女孩的居家短片，照理說，女孩應當快樂又正常。然而，即使在壞了的電視螢幕上，也看得出女孩狀況不佳。阿莎認為，原本這家人的經濟狀況可以好一些，只要他們讓拉希米去馬戲團表演，而不是讓她動手術。不過，也正是這種醫療發展的報導，能進一步煽動觀看同一個馬拉地語（Marathi）頻道的坎伯先生。

安納瓦迪的每個人，都想要一個能夠改變一生的奇蹟，據說發生在新興印度的奇蹟。他們想從無名小卒變成超級英雄，而且一蹴即成。阿莎相信新興印度的奇蹟，卻認為這些奇蹟只會逐步發生，因為超越左鄰右舍的優勢，會慢慢累積為更大的優勢。

她的長遠目標是，不僅成為貧民窟主，還要成為七十六選區的市政代表。印度蜚聲國際的進步立法，讓這個夢想彷彿有成真的可能。為確保婦女在印度治理過程中占有重要地位，政黨必須只提名女性候選人參加某些選舉。上回七十六選區舉行全女性投票時，市政代表薩旺推舉他家的女傭，結果女傭勝選，他於是繼續管理該選區。阿莎認為，下回的全女性選舉，他倒不如挑她出來競選，因為他新請的女傭是聾啞人士，很適合為他保守祕密，卻不太適合競選活動。

七十六選區有許多貧民窟比她的規模更大，不過，阿莎剛剛跨出了第一步，在安納瓦迪以外建立起名聲：砸錢打造一面大型塑膠旗幟，旗幟上寫著她的名字、貼著她的彩色照片，和她做為濕婆神軍婦女派系代表的一系列成就。這面旗幟目前掛在一公里外的露天市場。遺憾的是，她必須把濕婆神軍黨其他三名婦女的照片加進去，市政代表已經多次對她的獨占功勞發出警告。

「但是我必須付全部的錢啊！」阿莎對丈夫訴苦，他在晚餐出現時，不再是醉得想揍人，而是醉得樂陶陶，這種改變叫人放心。「其他女人仍然是鄉下人心態，」她告訴他：「她們不了解，一開始多花點錢，之後你能得到更多。」

拉塢和她最小的兒子甘尼許（Ganesh）也進來了。阿莎站起身來，笑著把拉塢的休閒短褲往上拉。「我知道這是流行，你的流行，美國流行，」她說：「只不過，還是蠢得很。」他們各自拿了一盤扁豆、煮糊的蔬菜和形狀古怪的小麥烤餅，清淡無味的飯菜，或許是曼竹對坎伯先生一事表達的無言抗議。

阿莎知道，由於她的計謀和她的非法交易，以及她與市政代表、警察和政府官員商量計畫的夜間會議，她的女兒會以此來評價她。然而，讓曼竹不屑一顧的政治，卻為她買來大學教育的機會，或許哪天還能把他們提升到中產階級。

「我是不是需要再教妳一遍，怎麼把烤餅做成圓形？」阿莎逗她的女兒說，開心地拿了一個起來。「我說，妳做出這麼奇形怪狀的餅，誰願意娶妳啊？」

在阿莎指間晃動的烤餅，形狀是如此慘不忍睹，連曼竹都忍不住笑起來，這讓阿莎誤以為，她的女兒已經把坎伯先生的事忘得一乾二淨。

03 拾荒者蘇尼爾

阿布杜老是神經緊張，二〇〇八年二月，他在拾荒人的眼中更是如此：他把口袋裡的錢幣弄得叮噹響，抖著腿彷彿準備飛奔，嚼著火柴棒時舌頭在牙齒後方做古怪的動作。當時在全城各處，馬哈拉施特拉邦年輕人組成的幫派開始毆打來自北部、被稱為拜亞人（bhaiyas）的移民，好把他們逐出城去，緩解工作競爭。

阿布杜雖生於孟買，他的父親卻來自北部，因此他們家理所當然成了撻伐的對象。高喊「打倒拜亞人！」的暴民，穿過機場附近的貧民窟，洗劫北印人的小商店，燒毀北印司機的計程車，扣押流動小販陳列在毯子上的貨物。

這些窮人反對窮人的暴亂，並非自發性的群眾示威，以抗議城市缺乏工作機會。在現代化的孟買，暴亂鮮少由此而生。相反地，這場反移民活動的策劃者，是上流城市的一名有志政客——濕婆神軍創始人的姪兒。他想讓選民看見，他成立的新政黨，甚至比濕婆神軍更厭惡阿布杜這些拜亞人。

阿布杜暫時停止幹活，待在家中避開暴亂，流動的拾荒者們則不斷帶來駭人聽聞的暴動報導：有人肋骨斷裂，有人頭部被踹，還有兩個男人被焚……「夠了，」阿布杜在某天夜裡喊了出來：「能不能別再講這些？這些暴亂只是一場表演，只是幾個混帳東西吵吵鬧鬧，嚇唬民眾罷了。」

阿布杜覆述他父親卡拉姆安慰他的話。卡拉姆要他的孩子們對這類無能為力的狀況，保持無動於衷。儘管卡拉姆和婕若妮薩時而低聲談論一九九二到一九九三年間發生於孟買、以及二〇〇二年發生於古吉拉特邦（Gujarat）的印度教民和穆斯林暴亂，他們仍然在撫養孩子的過程中，灌輸他們關於印度的愛國歌曲，在這些歌裡，由一千個種族、信仰、語言和階級組成的寬厚人民，彼此和睦相處。

我們的印度，比全世界更美好
我們這些夜鶯，居住在這個花園

這首以烏爾都語大詩人伊喀巴爾（Iqbal）的詩句改編而成的歌曲，會在每回卡拉姆的手機響起時播放。「首先，這些孩子得學會找飯吃，」他告訴他老婆：「等他們長大，再去為其他事操心。」

然而，擅於察言觀色的十二歲拾荒人蘇尼爾．夏瑪（Sunil Sharma），能夠解讀阿布杜嘴裡瘋狂嚼動的火柴棒。他知道，這個垃圾分類者已經開始感到擔心。

印度拜亞人蘇尼爾，思量著阿布杜這個人，他認為阿布杜比安納瓦迪其他任何人幹活幹得更辛苦。「他從早到晚都在埋頭苦幹。」蘇尼爾有回在大太陽底下看見這個垃圾分類者的臉，不由大吃一驚。除了那雙孩子的眼睛像鑰匙孔一樣烏黑，阿布杜在他看來，簡直就像個沮喪的老人。

蘇尼爾這男孩是個小不點，甚至比阿布杜更瘦小，不過，他認為自己比其他拾荒人更世故。以他的年紀來說，他尤其擅長覺察別人的動機。這是他斷斷續續待在聖三一侍女會（Handmaids of the Blessed Trinity）孤兒院期間學得的本領。

蘇尼爾雖不是孤兒，卻明白「愛滋孤兒」以及「我曾在泰瑞莎修女身邊當助手」這些話，有助於管理聖三一侍女會兒童之家的寶麗（Paulette）修女從老外那裡弄到錢。他知道為什麼他和其他孩子，只有在攝影記者來訪時，才吃得到冰淇淋；也知道為什麼捐給孩子們的食物和衣服，會在孤兒院大門外偷偷轉賣出去。蘇尼爾發現人們行為背後隱藏的原因時，極少動怒。認識世界赤裸裸的運作方式，讓他覺得能藉此保護自己。

當寶麗修女斷定十一歲以上的男孩不易管理，蘇尼爾因而被趕到街上時，他嘗試專心於在她照管下所學會的東西。他已經學會馬拉地語，學得就像他的印度母語一樣好，還學會用英語數到一百、在世界地圖上找到印度，以及一點乘法。他還學會，修女並不像一般人所說的那麼與眾不同。

他的妹妹蘇妮塔（Sunita）小他兩歲，不想獨自待在孤兒院，因此他們一起走回安納瓦迪，他們的母親很早以前就因肺結核死在那裡。他們的父親仍在安納瓦迪最髒臭的巷弄租屋居住，野豬在那條巷子飽食腐爛的飯店食物。屋子長三公尺、寬兩公尺，骯髒、黑暗、塞滿做飯用的柴火，蘇尼爾對這屋子，幾乎像對他的父親一樣感到羞恥。

這男人喝醉時渾身爐子味，沒喝醉時則從事修路，為了再一次喝得渾身爐子味，他很少留下吃飯錢。只有蘇尼爾一個人照應蘇妮塔，有一回，在他五、六歲時，她走失了一個禮拜，在那之後，他一直小心別再讓她走失。

蘇妮塔走丟，是蘇尼爾少數記憶清晰的兒時回憶之一，拉塢的母親阿莎相當於心不忍。那時她突然成了他的盟友，在城南找到蘇妮塔，然後衝進他父親屋裡，說像他這樣酗酒，他的孩子們會活不下去。沒多久，蘇尼爾和蘇妮塔橫過機場大道，各牽著阿莎的一隻手，彷彿他們是相處許久的家人。然而，當他們來到孤兒院的黑色鐵門前，阿莎就把他們的手放開，轉身離去。

之後幾年，蘇尼爾不時回到安納瓦迪——每當他罹患水痘、黃疸或其他對寶麗修女的被監護人造成健康威脅的身體狀況時。於是，他對這幾段過渡時期已經習以為常：他重新習慣拾荒工作，習慣老鼠在他睡覺時從柴堆裡冒出來咬他，習慣幾乎持續不斷的飢餓狀態。過去，蘇尼爾和蘇妮塔在晚餐時間，會默默站在他們的鄰居屋外，總有憐憫他們的婦女端著盤子走出來。蘇妮塔如今仍能採行這個方法，可蘇尼爾已經超過接受施捨的年齡了。十二歲的他，看起來更接近九歲，這雖使他的男性自尊心受到傷害，卻至少有可能帶來實際的幫助。然而，現在再也沒有人同情他了。

他很在意只有在吃飯時間得不到同情。在孤兒院，當有錢的白人婦女來訪時，蘇尼爾拒絕向她們討錢。相反地，他內心隱藏了一種想法：其中一個婦女或許會挑他出來，獎勵他高貴的自制精神。多年來，他一直在等待這位獨具慧眼的訪客和他目光相遇；他打算自我介紹說他叫「桑尼」，老外可能喜歡的名字。終於，他漸漸察覺他的希望不可能實現，他在需要幫助的群眾中，只是一張模糊的臉孔。後來，不向任何人要求任何東西的習慣，已成為他的一部分。

在他返家後的最初幾個禮拜，由於疏於鍛鍊拾荒技能，他必須從正在睡覺的父親腳上脫下涼鞋，賣給阿布杜，換取食物。待他父親醒來，狠狠修理他一頓時，他已經吃掉了五個小餐包。又有一天，他賣了他父親的燒菜鍋。他用自己的涼鞋換來米糧，最後能賣的東西也所剩無幾。飢餓的難受，可藉由吸菸屁股來緩解，或者躺下來也行。不過，沒有一件事能夠減輕他對於飢餓造成發育不良的恐懼。

蘇尼爾繼承了他父親的厚唇、分得很開的眼睛，以及從額頭往上勾的密髮。（他父親的一大特點是，即使把頭浸到水溝裡，他的頭髮仍然很好看。）然而蘇尼爾擔心，他也繼承了父親的瘦小。

一年前在孤兒院時，他就停止生長了。他試著相信，他的身體只是停頓下來，在某種劇烈的增長之前積聚能量。然而，蘇妮塔後來長得比他更高。

為了推動他的身體成長，他發現自己必須成為更好的拾荒人，而不去顧忌這個顯而易見的事實：他的職業能在很短的時間內，毀壞一個人的身體。鑽進垃圾箱的擦傷造成感染；蛆鑽進皮膚破裂的地方；蝨子在頭髮上定居，壞疽蠶食手指頭；小腿腫成樹幹那樣粗——阿布杜和他的弟弟們不斷打賭，誰是下一個死去的拾荒人。

蘇尼爾有自己的猜測：那個責備飯店、相信凱悅想把他害死的瘋子。

「我想他的大限已到。」他對阿布杜說道。可是阿布杜說，應當是眼睛由黃轉橘的一個坦米爾拾荒人，結果阿布杜猜對了。

像大多數拾荒人一樣，蘇尼爾知道自己在經常出入機場的人看來是什麼樣子：光著腳丫、一身骯髒、可憐兮兮。冬天結束前，為了對抗這種想像出來的蔑視，他練出一種豪闊的步伐，專門在機場大道上使用。那是在上學途中的男孩的走法，不慌不忙，東遊西蕩。在他每天固定行走的第一段路程，他的袋子仍是空的，因此可夾在腋下，或像超級英雄的斗篷般披在肩上。當寶麗修女搭乘司機接送的白色麵包車經過時，還可以罩在頭上掩飾。他現在把她想成了「寶麗馬桶」（Paulette-Toilet）修女。他想像她坐在車上，沿著機場大道尋找比他更有可為的孩子。

清晨的這條路上，衣著講究的年輕婦女，從公車站趕往飯店上班，拎著比家庭神龕還大的手提包。他不喜歡在擁擠的人行道上碰上這些包包，這些包包足以把一個孩子撞到街上。但在黎明時分，這城市感覺就有足夠空間容納每一個人。他不僅無須被川流的行人推著走，還能在機場新裝設於路邊的花園內四處搜尋。他是攀爬專家，打算在椰子樹結果時好好施展身手，他會小心不去踩到百合花叢後方那些神智恍惚的枯瘦毒蟲。

他覺得很有意思，從機場大道上，此時只看得見安納瓦迪的縷縷炊煙。機場的人架設了高大閃亮的鋁製護欄，就在多數駕駛人轉入國際航廈前的貧民窟旁邊。從另一個方向來到航廈的駕駛人，只看得到一道牆，牆上蓋滿金黃色的廣告。那是義大利地磚的廣告，該公司打出的口號橫跨整面牆壁：「美好永遠美好永遠美好永遠」。蘇尼爾經常走在「美好永遠」的牆頂上審視垃圾，可機場大道卻乾淨得讓他一無所獲。

對撿破爛的人來說，航空貨運裝卸貨物的所在道路，是最有利可圖、也因此最具競爭性的機場區域。這地方擠滿了卡車、貨車間、多得氾濫的垃圾箱和小快餐店，每個禮拜都被更多的拾荒人侵占。有些人亮出刀子，好讓蘇尼爾不能接近富有潛力的垃圾箱；更多時候，他們會等他的袋子裝滿後，再踢他一腳，搶走袋子。傳統上專事撿破爛的馬螳（Matang）階級婦女，則會扔他石頭。

馬螳婦女身穿紅綠色紗麗幹活、鼻子鑲著珠寶，回到安納瓦迪排隊把袋子放在秤上秤重時，都對蘇尼爾很好。然而，其他階級的人，逐漸侵占了馬螳人歷來的謀生之道，因為穩定的工作很難找到，而垃圾則始終存在。對馬螳人而言，像蘇尼爾這種屬於烏塔普拉德許邦某木工階級的人，是貨運大道（Cargo Road）上的入侵者。

對馬螳人以及蘇尼爾來說，更糟的是垃圾業日趨激烈的競爭。一批身穿制服的工作人員，努力保持國際航廈附近的清潔；大型回收公司則取得多數豪華飯店的垃圾。「那是一筆難以估計的財富，」阿布杜說。在街上，市政府的新垃圾車來回行駛，還有以寶萊塢女主角代言的公民運動，皆試圖反擊孟買這個骯髒城市的惡名。垃圾箱上方新潮的橘色告示，發出「打掃乾淨」的命令。一些自由拾荒人擔心，他們可能不久就要失業。

蘇尼爾在殘酷的一天結束時，把他尚未被人搶走的垃圾賣給阿布杜。馬螳人一天平均賺四十盧比，他的收入卻鮮少超過十五盧比，大約相當於美元三十三分。蘇尼爾認為，除非他發現其他人尚未想到的撿垃圾地點，否則他永遠都無法長高，因此，他慢慢不把注意力放在其他拾荒人身上，轉而留意扔棄東西的人。安納瓦迪的烏鴉正是這麼做：盤旋觀察後，再試圖攫取。

有錢的旅客的確會在國際航廈外扔棄垃圾，可是，機場維安人員會驅逐接近的拾荒人，即使是年紀小的拾荒人也一樣，而他們只是想聽聽列出降落班機的告示板，是否像安納瓦迪老一輩的人所說，在更新時卡卡作響。蓋新航廈的建築工人也留下垃圾，可他們的工地圍有藍白相間的鋁製護欄，無法提供攀爬所需的附著力。位於機場範圍的薩哈派出所，裡頭的員警也會製造源源不絕的垃圾，然而，就像安納瓦迪的多數人一樣，蘇尼爾害怕警察。他於是把注意力放在派出所旁邊的一個計程車招呼站。

招呼站的一個小吃攤，為等候機場來客的司機提供服務。大多數司機大口喝完塑膠杯裡的茶，吃完咖哩餃後，便把垃圾丟在腳邊。這塊精華地段隸屬於其他拾荒人，然而蘇尼爾留意到，並非所有的司機都是相同的行為。

有些計程車司機把他們的杯子罐子，扔過小吃攤後面的一道矮石牆。在牆外的底下二十公尺處是米提河（Mithi River）——事實上是機場擴建時，河流被重新導向的水泥閘道。司機們或許以為他們的垃圾掉進水裡、漂流而去，但是蘇尼爾爬過牆去，發現牆外底下一公尺半的地方，是狹窄的岩架。扔過牆的垃圾總是被風吹了回來，落在這道岩架上。這裡的空間能讓一個小男孩保持平衡。

當然，他一旦失足，就會掉進河裡。蘇尼爾會游泳，他是在瑙帕達（Naupada）學會的，瑙帕達是洲際酒店旁邊的貧民窟，每年的雨季都會淹水。不過，他從沒聽說過有誰在瑙帕達溺斃。瑙帕達是當地人所謂的戲水場所，而水流反常的米提河，則是屍體難以計數的地方。跳過幾次後，他開始相信自己的腳了。

岩架從計程車招呼站延伸一百二十公尺，到達一個交流道，駛上交流道的人，有時會慢下來，指著高高蹲在河水上方的他。他喜歡讓其他人從遠處看他在岩架上幹活。其實，比起在貨運大道幹活，或在暴民高喊「打倒拜亞人！」的暴亂中拾荒，這是比較不可怕的工作。為了不當矮子，他願意冒險。他在岩架上移動時，他的袋子成了累贅，但他學會只專注於眼前的垃圾，不看下面也不看前方。

三月，暴亂結束了，其造成的深遠效應，逐漸在安納瓦迪這些貧民窟浮現出來。許多北印度人已經兩個禮拜不敢幹活。由於這些人缺乏收入，新政黨馬哈拉施特拉復興軍黨（Maharashtra Navnirman Sena）把他們從孟買鏟除的希望也開始實現。

阿布杜的父母把他們屋後一間一坪多的房間，出租給來自北部比哈爾邦一名嘟嘟車司機的大家庭。三月中旬的一天下午，苦惱的司機太太來看阿布杜的母親。婕若妮薩把她的兩歲兒子拉魯抱在懷裡，聽她的房客把話說完。

這個女人的丈夫和他的兄弟，以兩百盧比的日租，租下他們的嘟嘟車。暴動期間他們雖未上工，卻仍須繳付計程車租金。如今他們沒錢加油，也繳不出他們拖欠胡賽因家的租金。她請求婕若妮薩寬宏大量。「我還能怎麼辦呢？請別把我們攆出去！」

「哎，暴動傷害的是我們大家，」婕若妮薩說：「阿布杜也一樣得停工，我有什麼好瞞妳？妳知道我孩子他爸的健康狀況，我們自己再過四天，也得去睡人行道了。」她喜歡向她的鄰居、拾荒人和前來收賄的警察，誇大她的貧窮。

「可是你們的生意能讓你們繼續過下去，」比哈爾女人說道，一邊撫弄披在她頭上的綠紗尾端：「你們的房子也還在。妳知道我們怎麼過日子的，我們得賺錢才能吃飯。妳也看見我老公辛辛苦苦幹活，我的子女都是好孩子。」她的二兒子是阿莎的女兒曼竹開辦的小型學校裡最優秀的學生。每個英文字母，他都知道一個英文單詞：慢跑（jog）、風箏（kite）、獅子（lion）、金盞花（marigold）、夜晚（night）、貓頭鷹（owl）、鍋子（pot）、女王（queen）、薔薇（rose）。

婕若妮薩嘗試把話題帶往政治。「阿拉，去他們的濕婆神軍，還有那叫什麼來著的新黨！這些年來，他們一直想趕我們走，我們辛辛苦苦幹活，誰靠他們施捨啦？他們有沒有來把食物放在我們盤子上？他們只會過來搞些沒用的娛樂節目——」

比哈爾女人的紗麗尾端，此刻已被她揉成一團。她不想談論政治，尤其是和聊起天來沒完沒了的婕若妮薩。她端詳著牆上鼓起喉嚨的蜥蜴，最後，她打斷她的女房東。「聽聽妳的心怎麼說吧！我不怕帶孩子們回鄉下，在我的鄉親父老面前丟人，至少我可以在那兒種糧食。可我的老公和他兄弟怎麼辦？難道讓他們流落街頭？」她盯著婕若妮薩的臉，直到這個穆斯林女人別開眼去。

阿布杜的母親就像拾荒人們說的那樣：即使有十個男人拖住她，她也不會掏出一毛錢來。比哈爾女人淚水盈眶的當兒，婕若妮薩輕搖懷裡的拉魯，為他唱歌。拾荒人們也常說：她把那個被寵壞的大嬰兒，像盾牌一樣穿在她身上。於是，最後那個比哈爾男人流落街頭，老婆和孩子則搭了三天的火車回到鄉下。

「她說聽聽妳的心怎麼說，我的確聽了啊，」幾天後，婕若妮薩告訴阿布杜：「我的心告訴我，如果我們放了這筆錢，瓦塞那塊地的下一次分期付款，我們怎麼繳？萬一你爹又回醫院去，那可怎麼辦？我們好不容易賺了點錢，可一旦我們開始以為我們有了保障，就可能永遠困在安納瓦迪打蒼蠅。」

「雨季過後，新的人會來到這裡。」阿布杜告訴蘇尼爾和其他拾荒人，因為他父親這麼說：「除了這裡，他們還能上哪裡去？」對移民來說，這是個艱辛的城市，有時甚至堪稱可怕，卻也比其他任何地方都好。

幾十年來，安納瓦迪賴以維生的機場，一直是修補膠帶、搖晃的廁所和混亂無章的領地。如今，藉著國際競爭的名義，政府讓這裡私有化。新的管理財團，由講究形象的企業集團GVK領軍，負責興建一座漂亮、超高效率的新航廈——這一建築傑作，能讓旅客留下孟買成為國際城市的印象。新的管理集團同時接受委託，拆除當初在機場閒置地興建的安納瓦迪和其他三十個違章建築區。儘管機場貧民窟拆除運動已經提出並擱置了數十年，GVK和政府似乎開始準備把這件事完成。

從約九萬戶違章住家手中收回土地的原因之一，是保護機場外圍。原因之二則是土地的價值，因為這個棚屋遍布的空間，經過縱向開發後，可賺得巨額利潤。原因之三，在一個以孔雀羽毛做為「印度新門戶」標誌的機場當中，則是民族自尊心。快速全球化對印度造成的改變之一，即是他們對貧民窟問題更加敏感。

正當美國和英國各大銀行紛紛破產，惶惶不安的資金於是看向東方。新加坡和上海日趨繁榮，孟買賺的錢卻不太多。雖然擁有大量年輕、廉價、可供訓練的勞工，然而，這個印度金融中心又被稱做「貧窟買」（Slumbai）的事實，也暗藏著機會成本。經濟雖然增長，大孟買地區卻有半數以上的居民，居住在臨時住屋。在孟買機場走下飛機的國際商人，有些以嫌惡的眼光看待貧民窟景觀，有些則感到憐憫，但幾乎不會認為這裡是個運作順利、管理良好的城市。

安納瓦迪居民知道他們的社區普遍被視為一大禍患，而他們的家，就像他們的工作一樣，都只是臨時性的而已。然而，他們仍死守的這半畝地，對他們而言是三個不同區域。阿布杜和拉塢住在最古老、最好的坦米塞納加（Tamil Sai Nagar）區，也是公廁所在地。蘇尼爾居住的地段比較貧窮簡陋，是由來自馬哈拉施特拉邦農村地區的達利人

（Dalits）所建。（達利人是印度種姓制度最受壓抑的階層，曾被稱為賤民，位於社會最底層。）安納瓦迪的達利人，稱他們的貧民窟巷弄為果坦納加（Gautam Nagar），是以在機場管理局的定期拆除工作中死於肺炎的八歲男孩命名。

安納瓦迪的第三區，是位於貧民窟入口處的坑窪路段，也是許多拾荒人的居住之處。拾荒人睡在他們的垃圾袋上，以防被其他拾荒人偷去。

小偷睡在車轍道上。他們的主要目標是機場四周的建築工地，建築工有時會對螺絲、鋼條和釘子掉以輕心。機場私有化之前，許多小偷曾在那兒幹活，幫忙旅客把行李搬上車，換取小費。然而，使國際航廈區幾乎和豪華酒店區一樣賞心悅目的改造計畫，也使下層社會的搬運工被驅逐出境，連同抱著嬰兒乞討牛奶錢的母親們，以及叫賣小神像的孩童。

由行李搬運工化身的小偷，比蘇尼爾這些撿垃圾的人多賺一點，會把大部分的錢拿去向一個中國女人在機場大道上的攤位買宮保雞飯。他們通常以Eraz-Ex這種印度的立可白，結束他們的晚餐。辦公大樓的人會把還沒用完的Eraz-Ex瓶子扔掉，安納瓦迪的街童們知道這些殘渣的價值。把它用唾液稀釋後，塗在抹布上，吸進去——這一劑藥，將使你敢於從事午夜過後的活兒。

然而，吸入 **Eraz-Ex** 可能造成長遠的問題。阿布杜曾對蘇尼爾指出，吸食者不是骨瘦如柴，就是肚子裡長出又大又麻煩的腫瘤。

阿布杜對這身材矮小的拾荒人隱約感到憐惜。不同尋常的東西，能引得這孩子興奮不已，比如他最近在機場工人的流動餐飲站外看到的一張城市地圖。回到安納瓦迪後，蘇尼爾談論那張地圖的口氣，就好像他在水溝裡找到一塊金磚，別的拾荒人卻不感興趣，這讓他似乎覺得吃驚。阿布杜明白其他人對自己的發現無動於衷那種困惑，所以他早已不再闡明自己的個人愛好，他估計蘇尼爾總有一天也會體會到自己的孤獨。

至於蘇尼爾，他必然會注意到，那些吸毒的小偷，比清醒、勤苦的阿布杜過得更快活。春天到來時，他們鬧哄哄地聚集在安納瓦迪的第一個遊樂場，那是路邊的一個窩棚，內有兩台巨大的紅色電動遊樂器。

遊樂場是一個老坦米爾人的廉價促銷品，用來與阿布杜爭奪拾荒人的貨物。這個坦米爾傢伙幾乎和阿莎一樣聰明，他借拾荒人玩「炸彈超人」和「越南大戰三」所需的一盧比，借他們肥皂、借他們錢買東西吃，還借小偷剪開鐵絲網或掰開輪軸蓋的工具。由於受惠於他，拾荒人和小偷就得把貨品賣給他。

胡賽因家認為這是不公平競爭，某天夜裡為了報復，穆西闖進遊樂場，清空了遊樂器的投幣盒。老坦米爾人發現肇事者時不禁大笑，因為遊樂場的營收，比起他從贓物取得的報酬，簡直微不足道。

在蘇尼爾眼中，有個街童和其他人不同：一個鬼靈精的十五歲孩子，名叫卡魯，是阿布杜最親近的朋友。卡魯嘲笑遊樂場男主人穿的腰布太短，也不認同他說阿布杜這些穆斯林都是磅秤底下藏了磁鐵的騙子。卡魯的偷竊專業，在於經常裝有廢鋁的機場回收筒。雖然回收筒位在有刺鐵絲網保護的圍場內，他對疼痛的容忍力卻是個傳奇。多虧Eraz-Ex同時也被當地人拿來治療鐵絲網刺傷，他可以在一個晚上越過圍欄來回三次。把廢金屬賣給阿布杜後，他有時會塞給蘇尼爾幾盧比買東西吃。

像蘇尼爾一樣，卡魯幼年喪母，從十歲就開始工作。其中一份工作，是在一家戒備森嚴的當地工廠打磨鑽石，讓其他男孩一想到就非常激動。

「為什麼不把鑽石塞進你的耳朵？」

「或是把十顆鑽石塞進你的屁眼？」

卡魯每天工作結束後必須通過鑽石檢測器的說法，他們完全不以為然。

蘇尼爾喜愛卡魯的一點，就是他能活靈活現地演繹他曾看過的電影，給從沒去過戲院的小孩觀賞。卡魯能夠尖著嗓門，操著類似孟加拉語的腔調，成為寶萊塢恐怖片《古宅風雲》（*Bhool Bhulaiya*）中被鬼附身的女人。帶著喉音，用類似華語的腔調，他便成為《龍爭虎鬥》（*Enter the Dragon*）當中的李小龍。儘管一再有人請求，他卻拒絕再演《金剛》。演《愛在寶萊塢》（*Om Shanti Om*）裡的荻皮卡（Deepika），更使他高興。「美女明星！」他搖曳生姿地說道：「只有她能把那些老式的衣服穿得那麼美！」

卡魯本身的相貌平平，如果把那張臉的五官分別拆解，就是小眼睛、塌鼻子、尖下巴、黑皮膚。別的街童給他取了「卡魯」這個綽號，意思是「黑小子」，這可不是恭維。但他有地位，不僅由於他對疼痛的容忍力，還有他製造樂趣的才能。當他對模仿電影明星感到厭倦，他便扮演安納瓦迪著名的怪人，包括塗唇膏、走路時臀部突出的「獨腿婆子」，她最近搞上了一個有海洛因毒癮的街童。街童能有艷遇，即使是跟「獨腿婆子」這樣的身障女人，也是求之不得。

蘇尼爾經常偷聽卡魯入夜後的交談，因此得知警察有時建議街童去附近的倉庫和工地偷些建材，再讓警察從中分得獲利。某天午夜，蘇尼爾無意中聽到卡魯異常嚴肅地向阿布杜說起，他在機場附近搞砸的一次行竊探險。

一名員警通報他去一個工業用地，地上有金屬，但沒有鐵絲圍欄，卡魯稱之為「工作間」。他晚上十一點過去，看到幾片廢鐵，卻被一個警衛追趕，於是他把鐵片扔在雜草叢中，跑回家去。

「要是天亮前不去拿鐵片，別的男孩就會找到，」卡魯對阿布杜說：「可我累得要命，現在沒辦法回去。」

「那就叫這裡的某個男孩待會兒叫醒你。」阿布杜建議。

然而其他男孩神智恍惚，也沒什麼時間概念。

「我可以叫醒你。」蘇尼爾主動提議，反正他屋裡的老鼠讓他睡不著覺。

「那好，」卡魯說：「凌晨三點過來，你要是不來，我就完了。」

卡魯說「完了」的語氣輕描淡寫，一如他對其他事情的態度，蘇尼爾卻放在心上。他躺在廣場上，離阿布杜幾步遠的地方，透過月亮的運行來監測時間。在他所推算出來的凌晨三點，發現卡魯蜷著身子睡在一輛嘟嘟車後座。十五歲的卡魯站起身來，抹抹嘴唇，說：「原本要跟我去的男孩已經精神恍惚，那你來不來？」

蘇尼爾吃了一驚，隨即感到榮幸。

「你怕水嗎？」卡魯問道。

「我會游泳，我在瑙帕達游過。」

「你有沒有床單？」

蘇尼爾有的就是床單。他跑去拿來，而後跟隨卡魯來到機場大道。兩個孩子過馬路時，蘇尼爾把自己裹在床單裡。他渾身發抖，儘管這天晚上並不冷。卡魯轉頭笑說：「你這樣想嚇人啊！大家會以為你是鬼哩！」蘇尼爾才不情願地把床單包成一團夾在腋下，同時他們來到通往國際航廈的馬路。

這時仍然有車從機場出來。「從歐洲和美國抵達的班機。」卡魯說道。在搬運行李期間，他得悉航班時刻，以及世界各大城市的名字。他說小費給最多的前三名是沙烏地人、美國人和德國人。

經過閃閃發亮的「出境」招牌，和幾道寫有「旅途愉快」的維安路障，兩個孩子沿著一條工程車專用、鋪了一半的路跑去，隨後轉進一條黑漆漆的小路。蘇尼爾能摸黑而行。過了幾道高柵欄（飛機餐就在那後面製作），來到一個戶外廁所，他經常在這兒發現空水瓶。兩個男孩很快跳過這塊荒地。此時，他們站在一條米提河溢流流入的寬溝。蘇尼爾不時到這兒來抓鯰魚，帶回貧民窟出售。在他還是孩子的時候，水是藍的，「像游泳池的水一樣。」他說道。後來水變得又黑又臭，不過，魚嚐起來依然香甜。

寬溝對岸的右手邊是安全圍牆，保護燈火通明的飛機棚。噴射客機一一駛進棚內過夜。溝渠最左邊，便是卡魯說他們即將去的地方，昏暗而寂靜。蘇尼爾看見一棵細長的菩提樹，以及在樹後若隱若現的幾棟像棚子的大型建築。卡魯跳進發出惡臭的水中，朝這些建築物划去。蘇尼爾也游了起來，隨後看見卡魯涉水而過，於是也涉過水去。溝裡的水流徐緩，畢竟雨季已過了九個月。不過，蘇尼爾向岸上爬去時，仍感覺到液體沖撞著肚皮。

卡魯所謂的「工作間」，是一個新的大型工業區，負責礦石融鍊，塑化劑和潤滑油，還有一家名為「吾家金飾有限公司」的企業。其中幾間倉庫前方的淡藍色燈光，照亮身穿制服的警衛身影，他們的影子像有九公尺那麼長。

蘇尼爾很想潛回水中，不過，卡魯已經計劃好迂迴的路線，可以前往他藏鐵片的雜草叢。「警衛不會看見的，」他說：「簡單得很。」結果的確如此。

草叢中的鐵片，在蘇尼爾看來就像啞鈴，舉起來的時候，感覺也像啞鈴。這也是今晚唯一傷腦筋的問題：兩個男生游著泳，搬得動多少重量？他們把床單擰成吊索，決定每人運三塊鐵片。

他們荷著這些貨物，搖搖晃晃地離去，十五分鐘後，他們渾身濕透地回到安納瓦迪。阿布杜天亮醒來時，以三百八十盧比買下鐵片，蘇尼爾分到三分之一的利潤。警員拿了多少，蘇尼爾不敢肯定。卡魯對他的獲利似乎默默表示滿意。對蘇尼爾而言，這是他一生中的第一筆可支配所得。

這會兒該去「粉紅有聲片城」（Pinky Talkie Town）了。卡魯帶頭來到電影院，這兒的地毯和乾淨迷住了蘇尼爾。午間上映的電影是一部美國片，男主角名叫威爾・史密斯（Will Smith），在電影裡，他似乎是紐約一場瘟疫中僅存的人類。一隻母狗也在這場瘟疫中倖免於難，成為男主角的朋友。牠是黃色皮毛的狗，背上有個大斑點，像馬鞍一樣，男主角會跟牠說話，彷彿牠都聽得懂。接近結尾時，男主角卻掐死了牠。

蘇尼爾猜想男主角殺死他唯一的朋友，必然有個動機。除了瘟疫，還有一個鬼魂和一場爆炸，雖然這些事件肯定是男主角下決定的因素，蘇尼爾卻弄不懂邏輯推理。當他從黑暗的戲院步入春日下午的烈日之中，背叛母狗的行為使他感到厭惡，直到吃到肚子鼓脹後，他的心情才稍微恢復。

幾個星期後，卡魯又一次請他幫忙，蘇尼爾想到其他小偷可以狼吞虎嚥地吃宮保雞飯，卻也開始比較這個有潛力的職業，和導致蛆蟲、膿腫和橘色眼睛的撿破爛活兒之間孰優孰劣。但目前看來，他心想，他最好還是堅守他的垃圾箱和岩架。

阿布杜對蘇尼爾做出的選擇，似乎鬆了口氣，儘管蘇尼爾一直無法完全搞懂這個像老頭子的男孩在想什麼。卡魯也沒逼他，這也好，因為蘇尼爾不知道其他人能不能明白他的想法。他的理由是：在他一生中賺最多錢的那天，他並沒有達到其他男孩所謂「充滿喜悅」的興奮狀態，那隻被掐死的母狗只是部分原因。他有時說起身為拾荒人，會說「我不喜歡我自己，幹這份活兒像一種侮辱。」但他認為，當個小偷，他很可能更不喜歡自己。況且，卡魯和薩哈派出所打的交道，令他感到不安。

往後，蘇尼爾將逐漸了解孟買警察左右安納瓦迪街童的權力程度。不過目前，儘管他擅於推敲他人的動機，卻也只能斷定，卡魯那份夜間工作的背後運作，並非他的理解能力所及。

04 第一個女大學生曼竹

《黛洛維夫人》（*Mrs. Dalloway*）的情節，在阿莎的女兒曼竹看來毫無道理。她讀著大學課本，覺得懶洋洋提不起勁，擔心自己又患上登革熱或瘧疾，畢竟她住在距離蚊蟲嗡嗡作響的汙水湖僅九公尺。「不可能，」她斷定，只是天氣的問題而已。才春天而已，卻已經烈日炎炎，如刀的尖銳白光刺痛著眼睛，使安納瓦迪的水牛提早發情。曼竹覺得她母親看起來同樣疲乏，不過，那或許是因為市政代表薩旺在法庭被指控選舉舞弊的關係，阿莎還指望他能讓她登上貧民窟主的地位。

曼竹第一次問起這個傳言時，阿莎只是聳聳肩。畢竟這位贊助人先前曾讓兩起謀殺指控銷聲匿跡。正如市政代表所說，「在孟買，所有案件都可以處理。」他的肚子看起來已經比胸肌還大，緊繃的領子似乎和天氣不太協調。

正如印度政府只允許婦女參加某些競選一樣，為了增加向來不被接納的族群在印度政黨的人數，某些選舉也只保留給低種姓候選人參選。在前一年七十六選區所進行的這類選舉中，市政代表輕鬆獲勝。然而，薩旺並非低種姓人士，他只是假造一份新的種姓證明書、新的出生地和新的祖先，以符合候選人資格。在其他選區，至少有十名候選人也這麼做，多數是濕婆神軍黨。

但是，七十六選區的國大黨（Congress Party）候選人，是得票數第二的道地低種姓人士，如今到高等法院提交薩旺偽造文書的證據，請求法官扭轉選舉結果。突然間，市政代表覺得有必要向市民表達敬意。他治理這一選區已逾十年，對於以前的嘟嘟車行駛和處理過的瑣碎案件幾乎記不得了。因此，他開始造訪該選區的貧民窟，領受選民的愛，希望多少把偽造文書的事壓下去。

下一站輪到安納瓦迪。於是阿莎和曼竹得把貧民窟居民，聚集到汙水湖旁的粉紅色寺廟，和他一起祈禱勝訴。

他下達的命令使阿莎感到退縮。現在正是學校的考試期間，由於怕孩子丟下課本，父母都不願意離開屋子。然而，她必須施展她全部的影響力，確保體面的出席人數。

在指定的那天太陽下山時，薩旺穿著一身無可挑剔的白色狩獵裝，在隨行人員的陪同下，大步跨入安納瓦迪。蘇尼爾和其他拾荒人從遠處看得目瞪口呆。市政代表會用警察那種大跨步走法，彷彿他的大腿贅肉多到無法正常走路。他頭髮上抹的油，也多到足以炒蒜頭。

市政代表讚許曼竹和她的朋友米娜為典禮製作的油餅。對於小廟裡的裝飾，他也很滿意，是一張老舊的金屬課桌。當初興建安納瓦迪的坦米爾建築工人築起這間小屋，供奉抵抗瘟疫的馬里安曼（Mariamma）女神，米娜的父母也參與其中。在薩旺的認可下，阿莎幫馬哈拉施特拉人取得了這裡的控制權，此後，粉紅小廟多數時候總是鎖起來。這天下午，米娜和曼竹把小廟好好擦洗了一番，死蒼蠅和老鼠糞都不見了，新的神像閃閃發亮。

「把大家叫來，晚飯後，我會過來講話。」市政代表告訴阿莎，隨後，他和隨從們搭乘休旅車離去。晚間八點，阿莎敲打廟鐘，不久廟裡便擠滿了人。一名塔布拉鼓手輕輕敲鼓，阿莎則在課桌旁打點自己，把自己最好的紗麗穿出來，十多盞許願燭照在紗麗的金色鑲邊上。

廟裡幾乎所有的人，包括阿莎在內，都是真正的低種姓階級，大多數是濕婆神軍黨打算逐出孟買的移民。然而，居民到這裡來，並不只是害怕惹惱阿莎，更是出於對市政代表本人的信任。

他們清楚薩旺的貪腐，也認為他的確偽造了種姓證明書。「但是只有他一個人，親自來到這裡。」安納瓦迪的居民們說道。每次選舉前，他便利用公款，或者向著名的美國基督教慈善機構「宣明會」（World Vision）索取資助，提供安納瓦迪某項設施：公廁、旗竿、水溝、汙水湖旁的水泥平台，也是他來這裡時通常站的地方。他每回來訪便告訴居民，他多麼全力抗爭，才延後了機場當局的推土機前來，那些推土機曾在二〇〇一至二〇〇四年間將住屋夷為平地。在機場現代化以及治理孟買的過程中，市政代表只是個小角色，一個填補空位的政客。然而，在安納瓦迪居民對政治的想像中，他比印度總理更為重要。他需要他們的選票；他們則必須相信，他有能力保護他們。

「他哪時候來？」大家問道。

「馬上就到。」阿莎保證。擠滿人的小廟，隨著流溢的汗水發出體臭。貧民窟住家，包括寺廟在內，幾乎把整個城市的熱度都吸聚進來；但是在頭一個小時，沒有人表現出痛苦的神情。下一個小時，廟裡的嘆息聲則不絕於耳。

安納瓦迪居民的時間很寶貴，即使是對孩子的考試不覺得緊張的人也一樣。他們天亮時就得幹活，打掃房子，給孩子們洗澡；最重要的是，必須趕往貧民窟水流涓細的水龍頭前，趁它尚未流乾儘快打水，這得花數個鐘頭排隊。市政當局早晚把水送到安納瓦迪的六個水龍頭，各持續一個半小時。濕婆神軍黨的人將水龍頭占為己有，向左鄰右舍收取使用費，這些水掮客雖然令人憤慨，卻比不肖的「宣明會」社工好得多，那些社工為新的水龍頭向安納瓦迪居民募款，拿了錢後就逃之夭夭。

晚上十點鐘，阿莎紗麗上衣的脖子和腋下部位已經汗水涔涔，不過，她終於用電話聯絡上薩旺的司機。「他就在路上。」她告訴群眾，隨後帶大家一起祈禱，以便在市政代表抵達時，能看見居民的虔心禱告。

晚間十一點鐘，他仍未到。阿莎對她的女兒做手勢。「把食物拿過來。」曼竹準備的飯菜，原打算典禮後再吃，可是大家已開始離去，而市政代表或司機都沒再接電話。

本打算參加典禮的人，吃過東西就回家去，僅剩下十來個人留在廟裡，多半是一事無成的醉漢。阿莎的神色不再鎮定。

離去的人會說，阿莎答應送市政代表過來，卻沒能遵守諾言；更糟的是，薩旺抵達時將發現廟裡空無一人。這場災難，只有她一個人將受到譴責。他給她的微笑，只能被解讀為一種侮辱。他會說，她得不到居民的敬重，說安納瓦迪還沒做好迎接女貧民窟主的準備。不用說，他一定會提及其他多少個貧民窟、聚集了多少人、晚會辦得多麼圓滿成功。

正當阿莎怨憤地向她的女兒陳述這些可能性，一個年輕漂亮的閹人踱入安納瓦迪。

他看見空空的廟裡燈光閃爍、一名鼓手閒坐在那裡，於是走了進去，跳起舞來。

閹人留著一頭長而濃密的捲髮，睫毛長到觸及眉毛，手腕上戴著廉價的金屬手鐲，臂部開始慢慢搖來晃去。他伸出如雕像般靜止不動的手臂，他的腿卻像蛇一般扭動。鼓手也跟著活躍了起來。曼竹看得瞠目結舌，閹人的上半身和下半身彷彿由不同的控制器操縱。他停下來用牙齒叼住一盞許願燭，而後開始旋轉，弄熄了火焰。

閹人或稱「海吉拉斯」（hijras），在孟買既受人懼怕，亦被奉為偶像。他們非常不幸，因為性別不明，而這種厄運又被認為有傳染性；所以當閹人來到你家門口，你得付給他們錢，請他們走開。如果你要他們丟顆椰子到你的仇人面前，就多付點錢。只不過椰子一旦擲出，厄運便會從此跟隨，即使你的仇人雇請宗師點三炷香，插在一杯米中，灑上硃砂，亦於事無補。

安納瓦迪住了六個閹人，化了妝的臉龐寫著無盡風霜。其中幾個跟著那位年輕的閹人進到廟裡。然而，這位年輕的閹人是外地人，毫無瑕疵，他的女性化並不在於他的衣著和脂粉，而在於他臉上某種無以名之的東西。他不要別人給錢請他走開。此刻他旋轉得如此之快，使他的頭髮幾乎與地面垂直，他的汗水濺在貧民窟居民的臉上，這些居民回到廟裡來，流連忘返。

他手腳著地，弓起背，屁股高高翹在空中，隨後唱出嘹亮的高音，和他身體的抽動一同起伏。他叫蘇臘吉（Suraj），十八歲。阿莎的兒子拉塢立即猜到其他人所沒猜到的：在緊身牛仔褲底下，蘇臘吉的身體依然完整如初。只是令他的母親和姊妹們感到心碎的是，他一直覺得自己是四分之三的女兒身，四分之一的男兒身。現在，他會到各個貧民窟跳舞，賣力到令他胃腸發疼的程度，以賺取小費過日子。像阿莎一樣，他也想在七十六選區闖出名氣。

兩個女人湧向前去，和閹人一起轉了起來，紅綠交雜，模糊一片。而後，閹人癱倒在地。大家倒抽口氣，懷疑他疾病發作，直到他宣布體內的女神有話要說。「葉藍瑪（Yellamma）女神說，帶一片苦楝葉給她，她就回答你有關未來的問題！」

阿莎皺皺眉頭。萬一薩旺到的時候看見這種表演怎麼辦？隨後她暗自斷定，這總比看見一個空無一人的廟來得好。大家仍陸續聚集，跳起來、伸著脖子爭睹閹人。街童出來了，妓院老闆和他的客戶們也走了出來。斑馬主人羅勃的兒子們，在廣場上放火燒兩個輪胎，使氣氛更加熱鬧，而在廟裡，大家紛紛向被女神附身的閹人提出問題。

「我該不該貸款修我的房子？」「我該不該付錢給那個說能幫我找到工作的男人？」「我要怎麼負擔我女兒的婚禮開銷？」「我兒子將來會怎樣？」許多問題關於孩

子們能否通過考試，一個問題關於心瓣膜，還有許多問題是關於機場管理局。「機場那些人哪時候會破壞我們的房子？」女神或許比市政代表薩旺知道得更多。

閹人的答覆有如囈語、或誰都聽不懂的神言神語，這些都無關緊要。重要的是那聲音——無論是女神或閹人的聲音，都具有一種催眠力，聽起來像是祝福。

此時大家喊出他們的提問，在廣場對面胡賽因家的屋內，也聽得見叫喊聲。

「這在搞什麼！他們哪時候才要閉嘴？」阿布杜的弟弟穆西叫道，把額頭頂在他的數學課本上，不知道要怎麼準備他的九年級考試。他的父親來回踱步，咒罵市政代表和安納瓦迪的印度教徒：「這些好吃懶做、崇拜偶像的人，每年一百個節日，都用他們的噪音讓我們受罪，今天甚至還不是節日，他們卻跳舞跳得昏了頭……怪胎！」

安納瓦迪程度最高的學生，是二十一歲的普拉卡什（Prakash），他住的地方和廟的距離僅隔五戶人家。他坐在家中，把經濟學課本放在腿上，雙手抱著腦袋。兩顆淚水滾落在他的手指間。他至關重要的大學畢業期末考，被一個旋舞的閹人給毀了。他打算一有機會，就逃到班加羅爾（Bangalore）去，他認為那城市比較尊重學者。

凌晨一點，市政代表接了電話。他不來了，因為有更重要的人讓他分不開身。不過，他對阿莎很滿意，因為他以為電話那頭傳來的熱鬧喧囂，是整個安納瓦迪正在共同向他致意。

阿莎的好運再度降臨。「到裡面去吧。」她對曼竹說。

「這就來，」曼竹茫然說道，她的眼睛仍盯著汗濕的閹人。「不過，媽，我這輩子從沒見過這樣的場面。」

安納瓦迪居民一致認為，從曼竹的長相、她母親的政治關係以及她累人的每日行程來看，她實在太過乖巧溫順了。早上，她去大學唸書。下午，在住家的棚屋裡，她管理貧民窟唯一的學校。其他時候，她為一家五口提供燒飯、打掃、打水和洗衣等服務。這些義務，是以每晚只睡四個小時的代價來完成，且鮮少對她的性情造成影響。不過今年春天，因為一連串神祕的感染和發燒，她的沉著開始受到考驗。

阿莎擔心她女兒的身體燥熱起來，將使她失去貞節的風險提高。但曼竹沒有危險之虞。她從少女時期，就讓自己變成舉止得當、儀態莊重的典範，這些都是她認為母親欠缺的風度。

一天下午，她的弟弟拉塢站在牆上的小鏡子前，一面用曼竹的「白雪公主」（Fair and Lovely）美白霜按摩他的臉，一面透過布滿褐色斑點的鏡子審視曼竹。她跪在地板上，黑亮的辮子披在肩上，臉上掛著越來越絕望的神情，一面低誦英文字。

「妳臉上是什麼表情啊？」拉塢說道。曼竹抬起頭來。

「拉塢，不要塗那麼多面霜！」

「白雪公主」面霜對保持她的淺膚色至關重要，對於她在婚姻市場的地位亦起著關鍵作用，不過，拉塢和他們的弟弟甘尼許，比她塗得更多。

拉塢轉開電視，電視上的卡通鼠傑利（Jerry）以鞋油做為掩護，正在說服湯姆貓，他已經吞下足以炸毀一座城市的炸彈。曼竹看了一會兒之後，又嘆了口氣。「我不知道自己在幹什麼，」她說：「我的學生一個小時內就要過來，而我自己的工作進度卻還落後。我的電腦老師說：『問問妳母親要妳做哪件事：妳的修圖軟體作業，還是妳的家事？』否則他就要當掉我。我有沒有跟你說昨天在心理學課堂上發生的事？我把錢包擺在課桌底下，去洗手間，有人就把錢給偷走了。什麼樣的人啊！別的女生可是比我還有錢哪。算了，我何必費心跟你說？你的眼睛一直盯著電視看，連聽也沒在聽。」

「我在聽啦，」拉塢抗議道：「只是妳的壓力這麼多，我不曉得該去想哪個。」

拉塢也有他自己的壓力，必須在九年級的考試和酒店的晚班兼差之間保持平衡。現在，他已能熟練地模仿洲際酒店服務生在接近房客時，臉上裝出的表情。你必須抬頭挺胸地說：「我反應機靈，樂於助人，」同時卑躬屈膝地說：「只要你喜歡，先生，我隨時可以消失。」他擁有一張開朗的臉，和一雙好奇的眼睛，能快速得到安納瓦迪的女生認同。不過，他覺得一張經過好好打理的臉，能讓他免於在最近一次酒店派對中丟臉。

那次派對的問題開始於一名DJ，午夜過後，他似乎開始隨興所至點播歌曲。先是克莉絲汀（Christina Aguilera）的流行歌「我很美麗，不管他們怎麼說……」，緊接著是〈站起來〉（Rise Up），是拉塢目前最愛的舞曲。

站起來！別再倒下去

站起來！我打破枷鎖許久許久

舞曲的英語歌詞對他沒有意義，倒是低音部分令他傾心。每回聽到，都讓他內心震盪。當第一段回音震盪的合音，通過酒店的喇叭傳出來時，他本來可以微笑，或用一隻腳輕輕打拍子。但突然間，兩個年輕的酒店賓客拉著他的胳膊，請他示範幾個「孟買動作」。

大家都知道，爛醉如泥的白種人小費給得很大方。於是他自認謹慎地示範起幾個步法——不用肩膀和手，只用頭和腳。

「你瘋了嗎，蠢貨？」

酒店的一名上司扯住他，其餘的經理也從房間另一頭跑過來，彷彿他拿著叉子捅了寶萊塢明星一刀似的。在他被拉著腳跟拖進垃圾間時，正職員工們都在竊笑。直到回家逐漸平復後，他才找到可用來捍衛自己的論點：假使酒店工作的第一條法規是不准盯著賓客看，那第二條法規難道不是他們要什麼，就給他們什麼嗎？

隨著卡通湯姆貓把房子炸成碎片，拉塢轉頭繼續照鏡子，曼竹開始讀她主修的英國文學。今天的作業是十八世紀的復辟時期戲劇，以及康格里夫（Congreve）的《如此世道》（*The Way of the World*）。

曼竹沒讀過《如此世道》，她的教授也不指望她讀。除了主要由高種姓、有錢學生組成的一流大學，印度的文科教育都是死記硬背的教學方式。在她那間水準平庸、獅子會創立的女子學院，老師只要求她熟記課程大綱中每部文學作品的故事梗概，然後在學校的考試、以及後來的邦考中重寫一遍。曼竹有背誦天分，她稱之為「用心熟記」。不過，她發現這種方法很難用在《如此世道》中的人物上。

「米勒曼特（Millament）、米拉貝爾（Mirabell）、佩圖藍（Petulant）——你聽說

過這些名字嗎？而且還有更多更多，」過一會兒，她對拉塢說：「每個人都在說謊，拐騙別人的錢，但老師寫的故事內容讓我無法理解。」

「愛即服從」是問題所在。雖然她從未和同齡的男生牽過手，「愛」這個字卻讓她充滿信心。然而，「服從」這兩個字帶來的只是她對母親的氣惱，她母親並未遵守諾言，買一本英語—馬拉地語辭典給曼竹。拉塢和她母親都不懂英語，但這種印度前殖民者的語言，被公認為在辦公室和酒店找到一份好差事的必要條件，這令他們很不服氣，馬拉地語不也一樣值得推崇？

對曼竹而言，英語的新重要性，是隨著她大致歡迎的更全球化、更精英領導的印度而來，不管是藉由研讀康格里夫、在英語口語班或國際客服人員訓練班練習美國大通銀行Visa卡的對話，都可以學習這種語言。「具備英語能力」這種彰顯受過高等教育的一紙證書，乃是脫離貧民窟的可能跳板。曼竹的英語依然有點鈍，但已經很不錯，足以在安納瓦迪排名第二。

英語講最好的是普拉卡什，住在寺廟附近的經濟學學生。在安納瓦迪年輕人結構複雜的社會層級中，普拉卡什是頂尖等級的人。這種層級如今不太建立於種姓之上，而是建立在未來的經濟前途上。他一度曾是中產階級，在私立好學校唸書，後來他父親被火車撞了。於是他利用空閒時間，為印度工業信貸投資銀行（ICICI）賣共同基金，打電話給不認識的人，賺取微不足道的佣金。

曼竹猜想，普拉卡什應當知道「服從」這詞的意思，不過她沒跟他講過話。貧民窟的年輕女孩，對於與男性之間每一個可能互動的價值，以及可能引發的謠言，都必須予以權衡。已經有人在議論，一個板球手弄到她的相片，還加上心形護膜。因此當她到屋外搓洗衣服時，她瞥也不瞥在屋外唸書的大學同學，儘管距離僅數公尺之遙。

「米拉貝爾，花花公子。米勒曼特，情郎。費諾爾先生，戴綠帽。」她喃喃說著片段的情節摘要，一邊拿石塊搓洗她母親的大內褲、她父親的小襯衫。

「錯了，米拉是情郎。」她把擰乾的衣服拿進屋裡，晾在牆上的繩子上。部分牆壁只到距離屋頂半公尺的地方，她父親已經承諾要把縫隙堵起來很久了。不過，那就像要她母親帶一本英語─馬拉地語辭典回家一樣，是不可能的事情。

她一邊清理二口瓦斯爐，一邊背誦：「作品主題是愛情、社會地位和財富。」上百隻蟑螂散布各處。她跨過此時睡在地板上的拉塢，把一些食物殘渣拿出去，倒進汙水湖，炎熱的季節讓湖水充斥一大片布袋蓮。

「米拉貝爾透過和美人兒米勒曼特的婚姻，尋求社會優勢。」

當曼竹背誦的時候，經常想像自己處在女主角的地位，可這位女子米勒曼特卻使她無動於衷——她既有錢又獨立，有資格商議自己的婚姻，卻總是在發牢騷。曼竹大學畢業後想當老師，但她最怕的是，她母親一氣之下，可能把她嫁給某個認為女人不該工作的鄉下小子。那她這輩子，都得做她現在所做的事：打掃屋外吹進來的灰塵，拖地，然後打掃在她拖地時吹進來的灰塵。

「在康格里夫的戲劇中，財富比愛情重要。」

這是她母親的立場，顯而易見。曼竹的小弟甘尼許在家門前放置一小批雜貨，這是阿莎最近的創業方案，卻未能成功。為了開店，她弄到坎伯先生原本希望能資助他心瓣膜的政府貸款。阿莎打算讓她老公經營這家店，他卻把所得貸款，拿去在上工時喝得爛醉。他現在正醉倒在甘尼許腳邊。

曼竹對金錢不感興趣。她渴望美德，這種渴望部分是出於恐懼。讀書時，她有時會撫弄脖子上多年前的傷疤：那天晚上，她偷了她母親的錢買巧克力，阿莎便拿著斧頭揮砍她。不過，曼竹為善的欲望也是一種反抗，用來譴責一個據說靠著行為不端而得到電視機和其他好處的母親。

曼竹展現情操的工具，是她每天下午在家管理的學校。學校由中央政府資助，透過一個天主教慈善機構運作，阿莎是公定的老師。但她終日忙於濕婆神軍黨務，因此曼竹從七年級開始便幫學生授課，她的全心全意付出，很讓她的母親氣惱。雖然阿莎對於學校給家裡帶來的小額津貼覺得滿意，她卻認為曼竹應當只在督學前來視察的日子授課，像其他許多家教老師那樣。

中央政府稱呼曼竹這些學校為「過渡學校」。她的工作簡而言之，是給童工或因家務責任待在家裡的女孩子，每天提供兩小時的課程，以便讓他們適應、想接受正規教育。激發他們的熱情並不難，因為每一個貧民窟居民都知道，擺脫貧窮主要有三個途徑：找一份事業，像胡賽因家找到的垃圾事業；政治和貪腐，像阿莎所寄予的希望；還有教育。貧民窟裡，有幾十個父母，為了支付私立學校的學費，只靠煎餅加鹽度日。

過去五年裡，機場周邊開了一百多所學校，有些是高學費的好學校，有些是騙局，有些則像曼竹的家教班，由不合格的青少年授課。不過大家都了解，所有的學校都比瑪洛市立學校（Marol Municipal）來得好，阿莎是該校的約聘教師。該邦有近六成的公立學校老師未完成大學學業，許多長聘教師為了穩固教職，會給學校官員大紅包。市政代表便屬於寧可充分利用這些放牛學校，而不願予以改革的政客。他開辦了自己的私立學校，由他人掛名。

「在瑪洛學校，我們玩遊戲，下課休息，再玩遊戲，然後吃午餐。」這是尼泊爾男孩阿達許對公立學校課程的描述。免費午餐是吸引力之所在。阿達許平時下課後，會來到曼竹的家教班，因為她至少都會教些東西——往往是她在大學唸書嘗試背誦的故事摘要。她的學生們對於《黛洛維夫人》的情節並不比她了解，不過，他們了解奧賽羅（Othello）因為他的黑皮膚，而不受人信任。

此刻，一個學生飛也似地奔進她的屋內，速度之快，使釘在牆上的薩克雷海報飄落下來。「德昀（Devo）！你來早了！」曼竹抗議道：「你還忘了脫鞋！」

隨後，她的眼光從地上的泥印，挪到他那滿是血的臉上。

「啊，」男孩抱著腦袋說：「有一輛計程車……」

安納瓦迪的孩子們經常在混亂的馬路上被車撞，通常是在過一個危險的十字路口到瑪洛市立學校上學時。新手駕駛邊講新手機，可能是一種致命的組合。曼竹跳了起來，抓起爐邊的薑黃，把黃色粉末倒在德昀的頭上。薑黃不僅對於傷口，對準備結婚的新娘也有好處。她塗上薑黃香料，直到它和血融拌成鮮橘色的糊狀，然後用力按壓。在她檢查是否已經止血時，德昀的獨眼寡母走進門來，揮舞著三十公分長的金屬條。

「沒有車會撞上你！也沒有神會救你！你闖到馬路上那樣走來走去，現在，我就親自讓你死在我手裡！」

德昀衝到曼竹家的木製儲物櫃底下，搶先發出痛不欲生的嚎叫。他的母親把他拖了出來，開始用金屬條抽他。

「不！」曼竹說：「別打頭！別打他受傷的地方！」

「我要打斷你的牙齒！我要讓你皮肉發紅！」德昀的母親喊道。在安納瓦迪，最快速的傾家蕩產方式，不是受傷就是生病，而這女人因為借高利貸，支付她已故丈夫最後一程的醫療費，已經負債累累。「萬一司機把你撞得更嚴重，我要怎麼付醫療費？告訴我，德昀！我有沒有半毛錢救你的命？」

「住手！」曼竹叫道，嘗試抓住女人的手，卻未能成功。拉塢這會兒已經醒來，翻翻白眼；他認為，家教學校是家庭芭樂劇的首選之地。在心平氣和的時候，曼竹可能會主張，父母在一個似乎危險倍增、而他們尚未完全了解的城市裡，會害怕管不住孩子。雖然曼竹厭惡任何類型的暴力，但偶爾的鞭打，就像她母親偶爾拿斧頭劈砍一樣，能有效地讓孩子乖乖待在家中。

然而，德昀的母親如今已顧不得建設性的教導，於是曼竹撲到兩人中間，設法抱住德昀的母親。

「你保證，」曼竹喘著氣對德昀說：「不再闖到馬路上去。」

「好，」他爬了起來，發出陣陣嗚咽。

離開前，他的母親用她那只剩一隻的眼睛，望著曼竹說：「明天他如果不來這裡和妳坐下來唸書，我就打斷他的腿，把煤油澆在他臉上！」

曼竹再次為男孩的傷口止血時，一個小女生責備說：「老師，妳上課遲到了。」

曼竹解開她身上盡是鮮血和香料的披肩。「來，我們去找其他人吧。」如果把她的學生留在屋子裡，他們有可能像她的弟弟們亂抹「白雪公主」面霜一樣放肆。

曼竹從屋裡出來時，看起來總是很生氣，因為凡是離開她家的人都要緊閉嘴唇，除非他們想吃進一嘴蒼蠅。貧民窟裡只有這些蒼蠅對她母親新商店裡的走味商品感興趣。

「同學們，來吧，」她吆喝道，一邊穿過廣場，輕輕繞過阿布杜分類完成的垃圾堆。她知道阿布杜是誰，因為拉塢和他的弟弟穆西形影不離，不過，她當然沒和他說話。據她所知，這個垃圾小子不跟任何人說話。

「孩子們，快點，」她喊道，一邊拍手，一邊轉入一條貧民窟巷弄。「快點！時間晚了！」她的職責是要趕學生上課，這讓她頗傷腦筋。他們不是該主動出現才對嗎？

但事實上，她喜歡出門來，朝各家門口窺視，蒐集左鄰右舍的八卦，在這幾分鐘的時間，老師的地位使她免於被人說長道短。今天的八卦和宣傳本田機車的寫字板有關，那是由阿肯色州西羅亞泉（Siloam Springs）一家經銷商提供。「宣明會」慈善機構原本打算把寫字板當禮物，送給安納瓦迪的三十多個助養兒童，但這些寫字板卻被指派發送的社工人員囤積起來。曼竹每回聽說她的母親沒在當地醜聞中扮演關鍵角色，總是如釋重負。

她的學生，大多是十二歲以下的女孩，陸陸續續從屋子裡出來。他們被陽光曬白的衣服，有些拉鍊壞了，露出瘦骨嶙峋的背部。曼竹不擔心小莎妲（Sharda），這女孩生來就骨瘦如柴，跟她母親一樣，她的母親先前在馬路上敲石頭，後來肺也毀了。拉希米（Lakshmi）的情況才慘，她的繼母把家裡的食物全留給她自己的子女。妓院老闆的十一歲女兒，穿著緊身黑短褲，戴著搖來盪去的耳環，後面跟著她的弟弟。兩個孩子在嫖客到他們家時，喜歡跑到屋外，尤其當嫖客嫖的是他們的母親時。對這些孩子當中的許多人來說，曼竹的小小學校並非過渡學校，而是他們能得到的全部教育。

這班人隨後朝曼竹的祕密學生——好友米娜家前進。米娜的父母對於女孩子的教育固守舊有傳統，認為太有學問會讓女孩子不夠溫馴。然而，曼竹一直偷偷教米娜英語。十五歲的米娜是安納瓦迪第一個誕生的女娃，在她父母幫忙把沼澤改建成貧民窟的兩年後出生。她是賤民階級；曼竹則屬相對稍高的昆比務農階層。像大多數的安納瓦迪居民一樣，這兩個女孩也認為長輩對階層的注重，是一種不合時宜的文化遺物。曼竹和米娜成為朋友，是因為她們都喜歡跳舞；能夠繼續當朋友，則是因為她們能守住對方的祕密。

此時，看見曼竹在她家門口，米娜露出一絲微笑，但不是她那爽朗燦爛、電影明星似的笑容——其他女孩子試圖仿效卻未能成功的笑容。今天的微笑是「回去吧」的版本，表明她正被關禁閉，只能去打水或上廁所。她的罪行一如往常，是因沒對她的兄弟和父母保持沉默。她為什麼不能在廣場上聽男生們談論酒店的事？她為什麼不能上學？白天她乖乖料理家務，可到了晚上，她有時會克制不住憤怒而爆發，她的母親和兄弟於是覺得非揍她一頓不可。她這樣的行為，有可能破壞他們在坦米爾納德邦鄉下為她安排好的婚事。

曼竹經常勸告米娜，要像她一樣，把不滿埋在心底。不過，米娜的反抗舉動，卻觸動了曼竹的內心某處。今天早晨，當曼竹準備去大學唸書時，貼在她額頭上的銀色眉心貼（bindi）滑了下去，落在頸凹閃閃發光，看起來很美。阿莎已經出門幹活，所以曼竹沒去動它。一個女孩就算樣子不完美，還是可以貞淑賢慧。

回到屋裡，她的學生們在沾血的地板坐下。

「同學午安。」她用英語說道。

「老師午安。」孩子們以震耳欲聾的音量回喊。

她停了下來，不確定接下來該做什麼。她對《如此世道》不夠了解，無法和她的學生們鑽研故事情節。那得留待稍後，在她做晚飯的時候，在她的母親為了父親喝醉而和他吵起來之前，再行消化。

這天的正式作業，是水果的英文名稱——蘋果、香蕉、芒果、木瓜。她打算循序漸進，在複習過前一課的汽車、火車和飛機之後，再進行到這裡。不過由於一開始孩子們仍在嬉鬧，得先來個十分鐘的「頭兒肩膀膝腳趾」，消耗他們的體力。

一如平常的這個時刻，學生們的誦唱聲在廣場迴盪。小拾荒人蘇尼爾在把他的貨物賣給阿布杜時，喜歡偷聽他們上課。一月分，他曾在曼竹的課堂坐了幾天，熟悉一閃一閃小星星的英文歌，而後，他覺得他還是把時間花在為食物努力比較好。他如今認為，曼竹的學校，只是在屋子裡玩無聊的遊戲。

阿布杜認為，曼竹是安納瓦迪幾乎擁有一切的女孩，對於小男孩蘇尼爾的優越感，他只感到納悶。在獨腿婆子自焚事件發生、一切改觀之前，阿布杜最驕傲的就是能夠預測其他人的命運，尤其是拾荒人。不過，蘇尼爾的未來很難看見。雖然遭到輕蔑是促使人改變的力量，然而撿垃圾的差事，尚未汙染蘇尼爾的心靈；只要他依然覺得，背誦「蘋果的蘋，Apple 的 A」或許能給他的生活帶來些許改變。

卷二　引火自焚

Behind
the beautiful forevers

身障女人的遭遇細節，不是警察最關注的事。他們關注的，是從這起悲劇中獲利。「看來，你在安納瓦迪賺了大錢。」一名員警一再對卡拉姆說道。阿布杜如今了解到，印度刑事司法制度就像垃圾市場一樣——清白或有罪，就像一公斤塑膠袋一樣，可供買賣。

05 幽靈屋

起初，獨腿婆子法蒂瑪以兄妹的心態，去愛她那上了年紀的窮丈夫。婚後，她才得知其他方式的戀愛。這種愛的滋味是莫大的發現，無法隱藏。到她三十五歲左右，安納瓦迪居民公認她的性需求就像她的唇膏一樣明目張膽。如果她是正常的女人，她的風流韻事可能就是純粹的醜聞；而她的身體缺陷，則使這些韻事成為笑話。還有她那蔚為奇觀的發飆場景，為安納瓦迪的許多傍晚帶來活力。

鑒於生來膝蓋以下變成鰭狀肢所承受的侮辱，法蒂瑪早年即把她的語言兵工廠提升至爐火純青的地步。三十歲時，她的罵人功力甚至凌駕婕若妮薩。當一項政府措施提供她一副金屬拐杖時，她形同具備雙重武裝。肩膀強而有力的她，會舉起楞杖使勁朝她認為無禮的鄰居打下去。她還能神奇地瞄準目標，甩出拐杖。「一定是私酒，」有些人竊竊私語，為她發作的脾氣提出解釋；儘管整個安納瓦迪的私酒，都沒多到能讓法蒂瑪保持著這種火爆脾氣。

她有殘缺，她直言不諱地承認。她不識字，這點她也承認。然而，如果說她的脾氣無理又野蠻，那簡直是一派胡言。她的憤慨，絕大部分來自她後來的覺醒——自己和任何人一樣都是人。

有時候，共度午後的男人會留給她錢；但多數人窮得沒錢給她。然而，即使是當中最窮的人，也幫她領會到她父母從她手上奪走的東西——那兩個感到羞恥、本身也同樣令人羞恥的父母，把法蒂瑪這個身障女兒藏在屋裡。

看著她的兄弟姊妹跑去上學，放學回家接受父母的愛，是她每天必須承受的懲罰。「我那時多麼憎恨自己，」法蒂瑪告訴讓她既信賴又惱恨的婕若妮薩：「我聽到的，全是我的出生是個錯誤。」如今，當她母親搭火車到城市這頭拜訪時，總要把法蒂瑪妹妹拍攝的藝術照拿出來傳閱——她是一個雙腿健全的美人，戴著光彩奪目的鼻飾。「這是個好女孩，」她母親喜歡這麼說：「瞧她多麼好看，皮膚又白。」

「像獨腿婆子那樣的成長過程，她本來可以變得更壞，」婕若妮薩對阿布杜說道，儘管她私下認為，一個成年婦女還在抱怨自己的童年，不免稍嫌任性。婕若妮薩不禁講起自己早年在巴基斯坦吃「水泡麥殼湯」的日子，而後媒妁婚姻才使她越過邊境，來到這裡。安納瓦迪很少女人有甜蜜的年輕時代可供回顧。不過，法蒂瑪認為，早年的坎坷歲月，該用幾年的好日子加以平衡，而她根本還沒有享受到。

她沒興趣扮演某些慈善家期待身障人士扮演的角色：曳足而行、心懷感激。想在貧民窟維持尊嚴已經很不容易，就連吃苦耐勞的女人，也因料理家務搞得筋疲力竭。雨季期間，法蒂瑪的早晨往往這麼展開：用一條腿和兩支枴杖，拿重達十二磅的水瓶裝著幫浦汲來的水，踩著泥濘滑溜的道路，然後啪搭一聲跌倒在地。此外還有她追趕不上的小女兒們——那些貧困又放縱的小傢伙，讓她在追趕之中醜態盡出。唯有在老公上工去、女兒上學去之後，別的男人來訪，她才會感覺自己獻出的身體部位，比她欠缺的部位更來得重要。

六月，為期四個月的雨季就此展開，每個懷有危機意識的安納瓦迪居民都憂心忡忡。這貧民窟是個淹水盆，四面環有高牆和成堆非法傾倒的建築碎石。二〇〇五年一場讓整個城市陷於停頓的洪災，使法蒂瑪家失去大部分財物，就像胡賽因家和其他許多安納瓦迪居民一樣。兩個居民淹死——原本可能淹死更多人，多虧興建洲際酒店加蓋區域的建築工提供繩子，把貧民窟居民拖離洪水，送到安全地帶。

今年，雲層提早出現，雨水像鐵釘一樣傾盆而下，持續一個禮拜。安納瓦迪外圍的建築工程停頓下來，領日薪的工人做好挨餓的準備。棚屋牆壁因發霉而變綠變黑，公廁的穢物排向廣場，黴菌如同小型雕塑般從腳上突出——這對有戴腳趾環傳統的人來說尤為痛苦。

「這雙腳會害死我。」一個婦女說道，她在雨中排隊打水，腳上的黴菌像蝴蝶翅膀一樣呈扇形散開：「照我的孩子們那樣吃法，我存的米可撐不到兩個禮拜。」隨著季節性的牢騷越演越烈，在她身後的婦女說道。「我不想跟我老公一起在家困好幾個月。」「至少妳老公不是坎伯先生，一天二十四小時都在那邊『心瓣膜』。」然而，就在婦女們漸漸融入發雨季牢騷的節奏中，雨停了，由淡黃色的太陽所取代。隨後，婦女們又希望再度下雨；在她們看來，這麼多天沒下雨，似乎有違天理。

孩子們則用不同的眼光看待雨停。新的學年即將開始，好天氣容許他們最後一次大玩特玩。阿布杜的弟弟穆西，利用旗竿和破裂的自行車內胎，在廣場發起巨型套圈遊戲。

「算你僥倖。」穆西對拉塢說道，拉塢的內胎一抖一抖地滑下旗竿。

「才不是僥倖，」拉塢抗議道，其他男孩則群起歡呼，捶打他的背。「看我的，我可以再來一遍！」

婕若妮薩出來看他們玩，她看著她生氣勃勃的兒子，一邊拭去眼淚。穆西似乎已經忘記他沒通過九年級考試這件事，給家裡蒙上的陰影。她一直認為他是她最聰明的孩子，甚至想像他當上醫生。如今，他突如其來的失敗，使胡賽因家的家庭危機晉升為三：她的丈夫在醫院與死神抗爭；還有她的大女兒喀卡珊，離開了她結婚一年的丈夫。

穆西的歡天喜地，和他姐姐的返家大有關係。胡賽因家的每個孩子都很高興看到她。不只是因為她能代替他們大部分時間都待在醫院的母親燒飯打掃，對弟弟妹妹們來說，喀卡珊就像第二個母親，而且比真正的母親更有條理、更有活力。不過，她回來時，眼裡帶著心痛的神情。

喀卡珊的丈夫也是她的表哥；婕若妮薩和她的一個姐姐，在她們的孩子兩歲時，安排了這門婚事。然而他手機裡的親密照片，讓婚後一直困擾喀卡珊的問題得到了答案，即使照片裡的人並不比她漂亮——她的新婚丈夫為什麼不想做愛？「有一次他告訴我：『因為妳很早睡。』於是我很晚才睡，」她對她母親說：「後來，他晚上不再回家。他說：『不要指正我，妳沒權力管我。』這是什麼樣的生活？」她婆家的婦女施行嚴格的深閨制度（purdah），也就是足不出戶，除非由男性陪同。「因此我窩在家裡，完全依賴這個男人，」她說：「結果發現，他的心從來沒跟我在一起。」

婕若妮薩希望喀卡珊能讓丈夫迷途知返，可對於她女兒最緊迫的問題——「怎麼可能強迫一個人來愛我？」——對此她沒有答案，因為她自己丈夫卡拉姆的缺點，並不包括缺少愛。

喀卡珊的返家，吸引了印度教板球手們的注意，他們斷定，這位穆斯林女孩光彩照人的容貌，勝過她食用山羊和住在垃圾堆的汙點，即使現在她已被認定不是處女。男人盯著她的屋子瞧；喀卡珊則別開眼去。有時為了尋求平靜，她恨不得自己其貌不揚。

婕若妮薩責怪法蒂瑪把那些發情的公狗引來他們家門口。她曾經揍跑法蒂瑪的一個情人，他不斷繞過來色眯眯地看著她的女兒，可他有吸食海洛因的惡習，因此身體軟弱無力，若換作其他男人則有可能還擊，法蒂瑪也可能找她麻煩。喀卡珊遭受的打擊、穆西的失敗、要她照顧的學步兒、住院的丈夫，還有她持續不退的燒，凡此種種，都讓婕若妮薩已經沒精神和獨腿婆子爭鬥。

婕若妮薩試著不去評斷法蒂瑪的私德；她知道這女人渴望被愛被尊重。然而，當婕若妮薩想到法蒂瑪的孩子們時，她的尊重便流失殆盡。近來，法蒂瑪會拿枴杖撲向她八歲的孩子努孋（Noori），使勁之猛，讓婕若妮薩和另一位婦女不得不出面攔阻。還有法蒂瑪的兩歲女兒美迪納（Medina），這個小女孩罹患肺結核後，法蒂瑪也忙著擔心自己被感染。隨後，美迪納就溺死在水桶裡。

「事情發生時，我正在廁所。」法蒂瑪對婕若妮薩聲稱，而他們共用的牆壁卻洩漏了祕密，其中一個祕密是，美迪納溺死在那很小的屋裡時，法蒂瑪和她母親正在屋內。法蒂瑪六歲的女兒希娜（Heena）也在現場，事後她說：「那天之前，美迪納一直是很乖的妹妹。」

婕若妮薩出了壽衣和墓地的錢，她試著說服自己，美迪納的死實際上是一場意外。她想到她自己的孩子，想到她有一半時間都不知道他們在幹什麼。

警方有天來到安納瓦迪，詢問美迪納的死，審問很快就結束。貧民窟的女孩子不斷在各種可疑情況下死亡，只因為大多數貧民窟家庭，都不像有錢人家負擔得起超音波費用，能在女嬰出生前把她墮掉。有時身體不好的男女孩童也會被處理掉，因為龐大的醫療費將導致破產。

一歲的丹努什（Danush）住的地方，和胡賽因家隔兩條巷子，他在他誕生的骯髒公立醫院受到感染。他的皮膚剝落，碰到床單便尖叫不已。他的父母連續借高利貸，花了一萬五千盧比，希望治好他。然而，三月的某天晚上，他的父親把老婆打了回去，將一鍋沸騰的扁豆，倒在莎麗吊床裡的丹努什身上。阿莎的兒子拉鳩奮然插手這樁恐怖事件，跑去叫警察來。婕若妮薩為此對他欽佩不已，丹努什送醫後也倖免於死。如今，婕若妮薩每回看見他便感到痛心：在那張烙著燙傷疤痕的臉上，有著一隻嚴峻、不眨眼的眼睛。

美迪納溺死後，法蒂瑪似乎異乎尋常地如魚得水。婦女們把她說得壞到不行，她則發現她不怎麼在乎。她畫上誇張的黑色眉毛，臉頰搽上粉，還姘上一串新情人。「花個五十盧比，變成白皙淑女，」胡賽因家的男孩子竊竊私語。「妳看見那小子和他朋友看我的樣子吧？」法蒂瑪總是對婕若妮薩說：「妳嫉妒嗎？沒有男人會看妳一眼。」她告訴這位鄰居，她請進家中的男人覺得她很美，還說整個印度沒有任何女人比得上她、說她應該過更好的生活。

胡賽因家對法蒂瑪的丈夫感到同情，他在另一個貧民窟分類垃圾，每天工作十四小時，一天賺一百盧比。穆西直截了當地說：「她把那老頭子當舊鞋對待。」那隻鞋經常過來抱怨他那乖張的老婆，有天晚上，婕若妮薩跟他打趣說：「傻瓜，你結婚以前應該先來問我。我能給你挑個兩條腿的穆斯林女人，好好撫養你的孩子，好好料理家事。」

結果她錯了。牆很薄，法蒂瑪跑過來當著她的面，揮舞著拐杖大罵：「妳是什麼人，敢說我是惡妻！」

儘管如此，法蒂瑪跟她老公吵架時，仍然會呼喊婕若妮薩的名字，婕若妮薩也總是過去她家，嘆著氣，拉開這對怨偶，就像她在開齋節和其他穆斯林節日，請他們過來一起吃她做的咖哩羊肉之前，也會嘆氣一樣。虐待小孩的法蒂瑪一家、可恥的妓院老闆一家——她在安納瓦迪的穆斯林同胞就是這些。

「一根筷子容易斷，一把筷子不易折，」她對她的孩子們說：「家人，還有和我們信仰相同的人，都是這樣。即使有小小的分歧，穆斯林還是必須團結起來，一起面對大苦大難，一同慶祝開齋節。」

烏雲籠罩在城西的山丘上空，但並未下雨。安納瓦迪的孩子們繼續朝旗竿丟擲內胎，七月的一天早晨，阿布杜的父親從門口看著孩子們遊戲，光采煥發。他的襯衫寬鬆地掛在他身上，就像往常一樣，不過，法蒂瑪和其他鄰居看見他的臉時，感到驚訝。垃圾的收益，支付了他在私立小醫院住院兩星期的費用，他在那裡呼吸的是氧氣，而不是貧民窟的髒空氣，因此卡拉姆容光煥發，看起來煥然一新。

「我不敢相信，」經營釀酒店的坦米爾女人對婕若妮薩說：「他的臉年輕了十歲！他看起來就像寶萊塢男主角沙萊曼・罕（Salman Khan）！」

「他看起來是該不錯，」婕若妮薩說：「我們付給醫院兩萬盧比呢。不過說真的，他變得年輕極了，像個小伙子一樣！我從眼角瞧見他就在想，我的媽呀，我忘了我還有另一個孩子，現在我得安排另一樁婚事啦！天曉得，我已經有很多婚事得去安排。」

下一樁婚事將是阿布杜。雖然財務方面仍有待克服，她和她丈夫卻已商定一名合適的對象，是薩基納卡一名廢金屬商的十六歲女兒，薩基納卡是阿布杜出售貨物的工業貧民區。她是個標緻的女孩，沒有明顯的胎記，最重要的是，她能夠忍受骯髒。她來過家裡三次，穿蒙面罩袍，顯得很端莊，後面跟著她的妹妹。在穆西看來，這位妹妹相當火辣，為表示對她的讚賞，他在屋前畫了一顆大大的紅心。

穆西自稱渴望結婚。有一天，遠在他父親聽力所及範圍之外，他說：「媽，我要一個像妳一樣的老婆，活兒全由她幹，我什麼也不做。」阿布杜則對結婚持謹慎態度，就像他對其他一切的態度那樣。

「我經常聽說愛這玩意，因此我想我懂吧，可我卻感覺不到，我自己也不清楚原因，」他感到煩惱：「這些人愛來愛去，然後女朋友跑掉，就用刀片割他們的手臂，把香菸頭摁在手上弄熄，他們不吃不睡，只是唱歌——他們的心肯定跟我的不一樣。」

他告訴他的父母：「你不會把燙熨斗握在手上，不是嗎？你會先讓它冷卻。你會慢慢考慮。」

「我覺得我們該趕緊讓他娶老婆，」婕若妮薩在她丈夫從醫院回家幾天後，一邊做午飯一邊對他說道。他要求吃肉好增強體力，所以她蹲在地上邊幫拉魯哺乳，邊熬煮軟骨燉湯。「我覺得，婚姻能讓他快樂起來。他內心有太多不安——我想，他只要待在安納瓦迪，一天都不會快樂。」

「住在這地方，誰快樂啦？」她的丈夫答道，一邊從他掛在牆上的塑膠藥袋掏出銀箔紙包的皮質類固醇。「我快樂嗎？我們身邊全是三流的人，沒有半個人能和我談話。這裡有誰知道美國在伊拉克的戰爭？他們只知道彼此的事情，可我沒向妳抱怨。阿布杜又何必抱怨？」

「你懂自己的兒子嗎？他什麼也沒說，只是幹他的活，做我們要他做的事。可為什麼只有他媽看得出他不快樂？」

「我們到瓦塞後，他會快樂些。」他答道。

「到瓦塞快樂些。」她悄聲重複他的話，用的是諷刺的語氣，他選擇不予理會。

他們在一月分繳了瓦塞那一小塊土地的訂金，那裡位於離市區一個半小時遠的郊區，是個由建築供應商和工業回收商所組成的社區。其中許多居民是來自烏塔普拉德許邦的穆斯林人，那也是卡拉姆長大的地方，在尼泊爾邊界。他從一個穆斯林開發商那兒得知瓦塞這個社區，此人相當熱衷於宗教研究，被穆西和阿布杜稱之為長老，經常翻著白眼。

卡拉姆頭一次參觀該地時，被一群手裡攢著報紙、在茶攤談笑風生的男人所吸引。他想像他們正在談論美國那個成為總統的黑人。卡拉姆聽說過，這位歐巴馬私底下是穆斯林，因此支持他。

從茶攤盤旋而上的沙土路，到處是雞，令他想起他的家鄉。他並不留戀他出生的那個村莊，因為除了甘蔗田外，那裡的工作機會很少，而且孩童死亡率在印度名列前茅。不過，他覺得四周被富裕包圍的城市貧民窟，使孩子們變得瞧不起他們的父母——「因為我們買不起名牌服飾和車子。」他慶幸穆西只是懶散而已，而不是個性反叛的 Eraz-Ex 吸食者，不過，穆西底下還有另外六個孩子。對卡拉姆而言，瓦塞是城鄉兼具、機運和敬老尊賢得以兩相融合的理想居處。

「至少他們不會因為宗教原因受人侮辱。」他對他的妻子說道。

婕若妮薩覺得把他們對孩子的夢想，寄託在僅擁有部分所有權、甚至連四根竹竿撐起油布的睡覺地方都沒有的一小塊土地上，未免言之過早。「這是我們的幽靈屋。」她習慣這樣稱那塊地，但她允許他付訂金。他總是向她徵求財務方面的決策，因為他不聽她勸的那兩回，結果都極其悲慘。可是，他還沒有帶她去看那塊地，這使她相當惱怒。「有這些孩子要照顧，我怎麼帶妳去？」他已經說了一整年。然而，即使這會兒有喀卡珊幫忙，她仍未看到那個地方。她猜想，該社區是否和他的家鄉十分相像，讓他也像住在那兒的保守穆斯林那樣思考。

在婕若妮薩的丈夫住院治療前，開發商曾來討論購地付款事宜。她身穿蒙面罩袍，提供茶水，然後蹲坐在一角，就像她母親在巴基斯坦時那樣。全身包著罩袍，不得被家人以外的男人看到——婕若妮薩當時以為她就要如此度過她的成年生活。然而，嫁到烏塔普拉德許邦之後不久，她可以在晚間、在男人群當中，到甘蔗田裡幹活。她不斷祈求她丈夫的肺結核病情有所緩和，讓她能重返深閨生活。「那時候我甚至沒辦法開口說話，」她對她的孩子們說：「整個世界都讓我害怕。」有個男人代她面對周圍的世界，讓她覺得很不錯。

喀卡珊出生後，她不再祈求重返深閨。她相信應當把重點放在對阿拉的請求上，每回只麻煩祂一件事。因此她為喀卡珊的健康祈禱，而後為阿布杜的健康祈禱，他出生於洲際酒店旁的土堆中。他的丈夫帶著全家人來到孟買，希望找到比務農容易掙錢的工作。租輛手推車，將垃圾運給回收商，就是他所能找到的工作。

阿布杜是個脾氣不好的寶寶，時常拒絕吸吮母親的乳汁。不過，不像他的下一個弟弟那樣，他活了下來。隨後，穆西出生了，又胖又俊，之後六個同樣健康的孩子繼之而來。婕若妮薩生活中最大的滿足，莫過於她的孩子們都像她一樣，身強體壯，而不像她的丈夫。在阿布杜之後，他們當中沒有一個矮個子。

再過不久，其中一個小兒子就能證明自己足夠能幹，可以勝任她在阿布杜事業中扮演的角色——同拾荒人、小偷和警察交涉談判。而後，她便能心滿意足地待在家中。至於重返深閨生活？她後來才意識到，這在瓦塞或許難以避免，而她丈夫居高臨下的態度可能因此加劇，這一點，讓偶爾必須朝他嚷嚷的她很受不了。

「我只是不識字，你就讓大家以為你是這個家的英雄，而我什麼都不是，」她最近對他說：「就好像我如果沒有你，就只能困在娘胎裡出不來似的！去吧，你就繼續當你的名流貴族，可別忘了都是我一個人在打理一切！」

安納瓦迪沒有一味批評的保守穆斯林，這使她能視乎需要對她丈夫大吼大叫，同時也讓她能夠工作，養活她的孩子。放棄這些自由，是極其痛苦的事。

「在你心裡，你已經搬到瓦塞去了，」她對她丈夫說道，一邊舀出燉湯，用住在狹小、人口過多的屋子裡的人所培養出的簡潔動作遞了過去：「也許你應該行李收收就走人，然後去沙烏地——喔，你在那裡真可以好好放鬆！不過，這個房子可是你老婆和孩子住的地方，你看看，你那位長老過來的時候，你還覺得難為情哩！」

洪水使牆壁腫脹，留下水漬。石板地凹凸不平，每個角落都囤積著回收物，更多的回收物存放在一張鐵床底下，床是他們最近才買的，因為卡拉姆睡在高於垃圾三十公分的地方時，呼吸問題能得到改善。不過，假使他像蝙蝠一樣睡在天花板上，便避不開各種臭味：垃圾、混濁的油煙味，以及十一個人因缺乏足夠的水清洗而散發的味道。

「我也想離開這個地方，」婕若妮薩說：「可你的孩子們要在哪兒長大？幽靈屋裡嗎？」

他看著她，感到困惑。昨天整個晚上，和今天整個上午，她一直非常激動。然而，婕若妮薩自有主意，在她丈夫出院時，她感受到一種關鍵性的時刻來臨。那無關乎月亮和星座的位置，而是關乎生命的短暫，和降雨的中斷。

「你記不記得你住院時多麼焦慮？」她說：「你那時候在想，萬一離開這個家怎麼辦？」當時他告訴她：「我擔心上天在召喚我。」

卡拉姆點點頭，皺著眉頭：「所以呢？」

「這回祂饒過了你，」她稍微停頓：「我是不是為這個家努力幹活？我有沒有要求穿金戴銀？」

「沒有，」她丈夫承認道：「妳沒要求。」

她越來越不確定她想去瓦塞，越來越不確定她丈夫能活著去住那裡。她想，借用她孩子們充沛的活力，在這兒有個更乾淨的家。她要一個能讓她做飯的架子，沒有老鼠侵擾，而且是一座石架子，而不是撿來的三夾板。她想要一扇小窗戶可以排放油煙，因為油煙導致小小孩們也像父親一樣咳起嗽來。至於地板，她想要能擦得乾淨的瓷磚，像在「美好永遠」牆上廣告的那些瓷磚，而不是每道溝紋都藏汙納垢的破水泥地。隨著這些小小的改善，她想她的孩子們或許能在安納瓦迪過得健健康康。

在她尚未講完她的請求前，她的丈夫即表示同意，因而啟動了一連串連鎖事件，將對兩個家庭造成永遠的傷害。胡賽因家將把他們的部分積蓄，花在建造一個像樣的房子上。次日，卡拉姆照例表現得就像翻修住屋是他自己的主意一樣，但在這種情況下，開心的老婆也不在乎老公怎麼胡說八道了。

06 她稱為窗戶的洞

胡賽因家的小孩知道翻新屋子是嚴肅的事，因為父母讓他們待在家不去上學，而學校如今已經開學。隨後三天，連六歲的小孩也被分派工作，首先是把屋裡的所有家當拖到廣場上。先拖出生鏽的鐵床，而後卡拉姆和婕若妮薩坐下來，看守他們的家當，以防路人偷竊，一邊看著阿布杜指揮他的兄弟勞動軍。

「終於，我的廚房！」婕若妮薩說道，緊靠著她的丈夫，她的頭巾滑落到肩膀上。

「你看阿塔爾（Atahar），」過一會兒卡拉姆說道。他們的第三個兒子正使勁攪拌水泥，以免在當天逼人的暑熱中凝固。「我對他不抱希望，他沒長腦子。八年級了，還不會寫數字八。好在他肯幹，像阿布杜一樣，不怕吃苦。」

「他不會有問題的。」婕若妮薩表示同意。他們的第五個兒子薩夫達爾（Safdar），才是她擔心的孩子。他愛幻想，不切實際，就像她丈夫一樣。他喜歡青蛙，有時會游過汙水湖追捕。在他游完回來之後，沒人喜歡睡他旁邊。

阿莎的丈夫馬哈德奧（Mahadeo）出現在鐵床邊。他的身材瘦小乾癟，清醒時只會說單音詞，打從阿莎找到一個更聰明的藏錢包處，他便一直清醒至今。為了緩解此種痛苦，他向胡賽因家提供他的施工技能，以換取一百盧比。

不很清楚自己正在做什麼的阿布杜，很樂意馬哈德奧助他一臂之力。那戶人家，唯有阿莎一個人讓他感到不安。「我覺得她的野心使她發狂，」前幾天晚上阿布杜的父親說：「她想要一種輝煌燦爛的公眾生活，想當大政客，可她的私人生活卻丟臉得很。她以為大家聽不見她晚上和老公吵架啊？」他們的爭吵確實和獨腿婆子法蒂瑪夫妻一樣大聲。根據傳聞，吵贏的人總是阿莎。

馬哈德奧和胡賽因家小孩一同幹活時，曼竹的幾個學生感到好奇，晃了過來。曼竹不久就要叫他們去上課，不過在此期間，他們細細審視胡賽因家堆在廣場上的家當，大人們也過來參觀。只有少數幾個鄰居去過胡賽因家，不過，從那一堆家當判斷，這一戶穆斯林拾荒人家，生活比大家想像的還要寬裕。

許多安納瓦迪居民都還記得，胡賽因家在二〇〇五年的水災中喪失了多少東西。他們最小的女兒幾乎溺死，他們的衣服、米糧和五千盧比的積蓄全被水沖走。而今，他們有個粗工製作的木頭衣櫃，比阿莎的櫃子大上兩倍；一台分期付款購買的小電視機；兩條厚棉被，一條藍白格紋、一條巧克力色。還有十一個不鏽鋼盤、五口鍋子，以及新鮮豆蔻和肉桂，比大多數安納瓦迪居民使用的香料來得好。再來是一面破裂的鏡子、一條百利美髮乳（Brylcreem）、一大袋藥品，然後是生鏽的鐵床。貧民窟的大多數人，就連阿莎都得睡在地板上。

「看見我們在翻修房子，每個人都嫉妒我們，」喀卡珊對一個剛從鄉下過來的表親說道。

「那就讓他們嫉妒吧，」婕若妮薩嚷道：「我們既然日子好過一點，為什麼不該住好一點的屋子？」不過，她仍然決定在翻修工程期間，把電視機託給妓院老闆保管。

沒有一個旁觀者質疑，既然機場當局可能拆除屋子，何必翻修？這裡幾乎所有的人，若有能力修繕屋子就會去做，不僅為了追求更好的衛生、防範雨季，還為了避免機場當局迫害。大家認為，倘若推土機來摧毀貧民窟，擁有一間像樣的屋子就是一種保障。馬哈拉施特拉邦曾經承諾，二〇〇〇年來在機場地區非法居住的家庭，將被遷往公寓大樓。對安納瓦迪居民而言，一戶人家的屋子如果不易剷除，當局承認其機場用地所有權的機會便能提高。也因此，他們願意把錢花在將被摧毀的屋子上。

對阿布杜而言，翻修住屋似乎是不智之舉，原因和機場當局並不相干。這在他看來，就像站在屋頂上，吹噓穆斯林家庭賺的錢比印度教徒多。有必要這樣火上加油嗎？他母親的新地磚，到頭來還不是堆滿破爛。

倘若家庭經費由他支配，他會買個iPod。穆西跟他說過iPod這玩意，阿布杜儘管對音樂所知甚少，卻為這個想法而陶醉：一台小小的機器，讓你只聽得到想聽的聲音，還能淹沒鄰居的聲音。

排放油煙的窗戶，在第一天完成。第二天，孩子們敲碎裂開的石板地，把地面整平，準備鋪上地磚。「陶瓷地磚。」婕若妮薩囑咐她丈夫，他感覺身體已經康復，能出門購買瓷磚。兩歲的拉魯無法參與翻修工程，因此怏怏不樂，為了父親重大的出行，他拿抹布幫他擦鞋。午後不久，卡拉姆把兩千盧比放進口袋，動身前往薩基納卡一家小瓷磚店。阿布杜很高興看他父親出去。拖延是他父親的專長，阿布杜希望能在天黑前完工。

「你們大家敲得太大聲了！我聽不見我的收音機！」法蒂瑪沒過多久，便隔著牆壁喊了起來。胡賽因家年紀還小的男孩們面面相覷，覺得好笑。前三回他們幫屋子進行小幅的修繕，每回她都發了一頓她那著名的脾氣。

「我們在敲碎地板，要安裝廚房，」婕若妮薩喊了回去：「我也希望瓷磚和架子能像變魔術一樣，自己就安裝上去，可是不可能啊，所以今天會有一些噪音。」

阿布杜對她們的對話置之不理，專注於他自己的問題。他母親的煮飯架子簡直要使他發狂。一公尺長的灰色石板，像地板一樣凹凸不平，因此架子在他建造的兩根支柱上搖搖晃晃，險象環生。這間蠢房子沒有什麼東西是正的，穩住架子的唯一方式，是在本身也同樣凹凸不平的磚牆上開個槽，再用水泥讓石板固定。

阿莎的丈夫宿醉得厲害，今天幹不了活，另一個鄰居於是表示願意幫忙，只要先付錢給他。此人似乎也踉踉蹌蹌，不過，阿布杜在他們兩人一同鑿起磚牆時，便把這事拋到九霄雲外。婕若妮薩說：「我們現在真要聽見獨腿婆子抗議了。」三十秒後，法蒂瑪開始叫嚷起來。

「我的牆怎麼回事？」

「別緊張，法蒂瑪，」婕若妮薩喊了回去：「我們正在做架子，只要給我們這一天就好。我們也想趁還沒下雨之前儘快完成。」

阿布杜繼續幹活。他不僅幫垃圾分類，也幫人分類，法蒂瑪的外表雖然與眾不同，他卻認為她不過是普通人。她惡劣的性情，就像其他的邪惡本性一樣，其根源多半是嫉妒；而嫉妒的根源，則或許是希望——希望他人的好運哪天能夠屬於她。他的母親說，早在安納瓦迪居民的生活都差不多悲慘時，街坊鄰居的仇恨即已存在，儘管大家都知道，婕若妮薩是懷舊的人。

「你們這些混帳東西！你們想推倒我的牆啊！」

又是法蒂瑪。

「『妳』的牆？」婕若妮薩惱火地說：「我們砌了這面牆，從沒拿過妳一分錢，我們難道不能偶爾敲個釘子進去？忍著點，萬一出了什麼事，我們一把架子裝上去，就會去修理。」

法蒂瑪安靜下來，直到她那邊的磚塊開始崩落。「磚塊碎片掉進我的飯裡！」她大喊：「我的晚飯毀了！沙子噴得到處都是！」

阿布杜感到驚慌。他長期以來對於磚頭可能崩解的疑慮，如今得到了證實。這些磚頭摻入太多沙子，磚縫的灰泥早已變質；這些劣質磚塊甚至沒有黏在一起，與其說是牆，倒不如說是搖搖欲墜的磚堆。正當他考慮著如何裝上廚房的架子而不弄垮整間房子時，婕若妮薩走到門外。法蒂瑪也走了出來，兩個女人於是開始推來搡去。鄰人紛紛跑出來看熱鬧，孩子們則討論她們誰比較像美國職業摔角協會的印度摔角手巨人卡里（Great Khali）。

「妳這狗娘養的！妳再繼續破壞我的房子，我就讓你們自投羅網！」法蒂瑪喊道。

「我是在破壞我自己的牆，婊子，」婕若妮薩回嘴：「如果我們慢慢等妳砌好一堵牆，現在我們大家還在看彼此一絲不掛咧！」阿布杜跑到門外，把兩個女人推開。他拉著他母親的脖子，回到家裡。

「妳有沒有子女啊？」他嗤之以鼻地說：「妳沒比獨腿婆子好到哪裡去，還在外面當眾吵架！」這些場景有違他在安納瓦迪的根本法則：不要引起別人的注意。

「誰叫她先罵髒話。」他的母親抗議道。

「那女人連對自己的男人講話都很難聽，」阿布杜說：「對妳難道不會罵髒話？可妳不必反罵回去啊。她神經不正常，她瘋了，這妳也知道。」

法蒂瑪橫過廣場離開安納瓦迪時，仍謾罵個不停。阿布杜聽見她走的時候，女鄰居們在嘲笑她，不過，他對女人嘲笑的事不感興趣。他只知道，法蒂瑪不在場，讓他有機會安安靜靜完成架子的安裝。只不過，他雇來幫忙他的鄰居，此時倒了下去，石板也跟著掉落在地。

「你喝醉了！」阿布杜指責被石板壓在地上的鄰居。男人無法否認，因為他患有晚期肺結核：「最近我要是不喝酒，就沒力氣抬任何東西。」

阿布杜看著牆壁當前的剝蝕狀態，覺得想哭。幸好，石板掉下來時並未打破，而這件意外，似乎反而讓這位鄰居清醒過來。他向阿布杜保證，他們一小時內就能完工。阿布杜讓自己冷靜下來，想像他的母親如果有個更好的住家環境，她或許會開始學習更好的說話方式。

但是現在，有鄰居過來通報一個不尋常的景象。有人看見法蒂瑪這個沒什麼閒錢的女人居然搭上嘟嘟車離去。十五分鐘後，又有人通報：法蒂瑪在薩哈派出所，指控婕若妮薩暴力攻擊她。

「老天，」婕若妮薩說：「她哪時候變得這麼會說謊？」

「快點趕過去，」喀卡珊說：「妳如果不趕緊去派出所，他們只會憑她一個人講的話下判斷。」

卡拉姆返家時，他的老婆正要出門。瓷磚比他原先設想的來得貴，他還短缺兩百盧比。她對他說：「別再拖了，拿了錢就去買瓷磚。萬一警察過來，看見我們屋外的全部家當，可能把我們掃地出門。」年幼的兒子們已經在撿起家當，扔進儲藏室中。

「不用擔心我，」婕若妮薩對阿布杜說：「別停下來，把工作完成。」

婕若妮薩跑了將近一公里，氣喘吁吁地來到派出所時，法蒂瑪正坐在桌前，把她的情況告訴一名高大的女警員庫卡妮（Kulkarni）。

「揍我的人就是她，妳瞧，我是瘸子，只有一條腿。」法蒂瑪說道。

「我沒揍她！」婕若妮薩抗議：「很多人都在外面看，沒有一個人會說我揍她。是她先來挑釁！」

「他們敲破了我的牆壁，讓沙子跑到我的飯裡！」

「她說她要讓我們自投羅網！可我們只是幹活，只管我們自己的事——」

法蒂瑪在哭，因此婕若妮薩也轉開她自己的水龍頭。

警員舉起手掌。「你們兩個女人瘋了嗎？拿這些事情來煩我們！妳們以為警察沒事幹，只能聽妳們為小事吵架？我們可是在保護機場哪。妳回家煮妳的飯，照顧妳的孩子去，」她告訴法蒂瑪，然後對婕若妮薩說：「妳坐那邊。」

婕若妮薩在一排塑膠椅上坐了下來，彎下身去。此時，她流下真正的眼淚。法蒂瑪如她所威脅的那樣，讓她自投羅網。她就要回到安納瓦迪告訴大家，警方像對待普通罪犯一樣，扣押婕若妮薩了。

當她從一陣啜泣中恢復過來時，阿莎正坐在她身邊的椅子上。

阿莎幫一些警察找到一間政府補助的公寓，用於經營副業——這是她希望能真正搞到錢的掮客工作。調解兩個穆斯林之間的紛爭所能獲得的潛在利潤，不會太多；然而，倘若她不去處理安納瓦迪的瑣碎衝突，大家可能轉而求助國大黨一個稱為「白莎麗」的女人，還可能傳到市政代表薩旺那裡去。

阿莎和婕若妮薩目光相接。「花一千盧比，」阿莎說，這樣她就能說服法蒂瑪別再繼續找麻煩。錢不只是給阿莎自己，她也會把其中一部分交到法蒂瑪手中。

對於金錢，阿莎並非總是如此直言不諱，但她覺得必須對婕若妮薩直說。穆西有回偷竊贓物被逮，婕若妮薩於是向阿莎求援。阿莎向警方強調，穆西只是孩子，而且身體不好——這剛好是事實，因為在他的屁股上，有六個嚴重感染的鼠咬傷口。阿莎帶穆西回家時，婕若妮薩只向她道謝，彷彿她不知道阿莎的幫忙早已成為營利事業似的。

然而，婕若妮薩對阿莎的不信任程度，就像阿莎對她一樣。阿莎是濕婆神軍黨，反穆斯林，像派出所的警員一樣。

「我們會找法蒂瑪的丈夫解決這件事，」婕若妮薩對阿莎說道，結束了對話：「謝謝妳，不會有事的。」

一個鐘頭後，當庫卡妮警員請她用茶並提供建議時，她開始相信一切都沒事。「妳真的有必要好好揍一頓獨腿婆子，把這件事一次徹底解決。」

「啊，可她是瘸子，我怎能揍她？」

「你如果不把那種人痛揍一頓，妳就得三番兩次對付他們。揍她一頓就是了，她如果發牢騷，我會處理。不用擔心。」

婕若妮薩認為，女警員的友善，或許也是要求付款的表示。名叫托卡勒（Thokale）的男警員，則比較直截了當。他向這家人定期索賄，因為機場用地的違建戶不許做生意。「妳欠了我好多個月的錢，」他看見她便說：「妳在躲我嗎？既然妳在這兒，我們不妨把帳結算一下。」

婕若妮薩比法蒂瑪有錢，能從她這兒榨出錢來，或許正因為如此，扣留在派出所的人是她，而不是法蒂瑪。她得付錢給托卡勒，否則他可能讓他們的生意關門大吉。不過，她決定用淚眼汪汪的神情注視庫卡妮警員，為揍她鄰居的建議表達莫大感激。隨後，她把注意力轉向一杯奶茶。

正是黃昏時分，在安納瓦迪，喀卡珊氣得七竅生煙。她坐在廣場上守護家中的財物，看見她那幾個驚慌的弟弟們正在鏟水泥，想趕在警察過來索賄前完工。喀卡珊還能從法蒂瑪敞開的門口，看見她拄著枴杖，隨著卡帶大聲播放的印度電影歌曲擺動身體。

從派出所回家後，法蒂瑪把她的臉塗得比平時更誇張：額頭上閃閃發亮的眉心貼，眼睛四周的黑色眼線，還有紅色唇膏。她的模樣就像要上台表演。

喀卡珊沒辦法不吭聲。「妳說的謊讓我媽被警方扣留，妳卻在這裡濃妝豔抹，像電影明星一樣跳起舞來？」

一場爭鬥在廣場重新展開。

「賤貨，我也可以讓妳關進派出所，」法蒂瑪叫道：「我不會罷手，我要讓你們一家自投羅網！」

「妳做的還不夠嗎？妳讓我媽被關起來哪！我真該把妳的另一條腿扭斷！」

左鄰右舍又一次聚集，觀賞這場餘興節目。從來沒有人看過喀卡珊生氣，她通常都是為安納瓦迪的婦女進行斡旋。此時的她眼睛冒火、淚珠閃爍，看起來就像《家家有本難念的經》（*Kahaani Ghar Ghar Ki*）肥皂劇中的帕瓦蒂（Parvati）。

「妳儘管扭斷我的腿吧，但我能把妳害得更慘，」法蒂瑪說：「妳說妳已經嫁人，可妳老公在哪？他知不知道妳出賣皮肉給其他男人？」

卡拉姆聽見有人誣衊女兒的貞節，走到屋外。但喀卡珊最憂慮的不是被人罵婊子，她對父親說：「你是不是忘了時間？眼看天就要黑了，媽還在派出所裡。」

「跑去看你媽好不好。」卡拉姆吩咐穆西，而後他對法蒂瑪說：「聽著，叫化子，等完成這件工作，我們就永遠別再干涉彼此的事！」

在屋裡，阿布杜把磚頭殘片裝入袋中；煮飯架子現已安裝上去。這幾天來，阿布杜都在想像母親看見架子完工時的喜悅，如今，她卻被警方扣押。地板一半是瓦礫，一半是未乾的水泥，等著鋪上他父親尚未採買的瓷磚。存放在妓院老闆家的分期付款電視機，已被那男人的兒子弄壞。阿布杜的弟弟妹妹們被剛才的大吼大叫嚇壞了，而他的父親審視著家中殘局，似乎就要發狂。

突然間，卡拉姆憤然衝回法蒂瑪家門口。「蠢蛋，」他吼道：「妳撒謊，說我老婆揍妳，現在我要讓妳嚐嚐真正被揍的滋味！」

但回頭一想，他並不想親自動手揍人。

「阿布杜，」他呼喊他的兒子：「過來揍她！」

阿布杜愣住了。雖然他一輩子都聽從父親的話，他卻不打算毆打一個身障婦女。幸好，他的姐姐出面干預。「爸，冷靜下來，」她下令：「等媽回家，她會處理！」喀卡珊明白，危機時刻誰才是家中的權威。

她帶著卡拉姆往家裡走時，他回頭喊道：「獨腿婆子，跟妳老公說，我們這些年的好意，如果換來妳今天這種對待，那我要你們負責這道牆全部開支的一半！」

「沒錯，你需要一點錢來給你自己辦喪事，」法蒂瑪答道：「我要傷害你們全家！」

穆西不久從派出所返家，帶回勘查的結果：他的母親顯然毫髮無傷，和一名女員警靜靜地坐著。喀卡珊鬆了口氣，開始準備晚飯。

此時，整個安納瓦迪生起炊火，滾滾炊浪在貧民窟上方匯聚成一股巨大的煙柱。住在凱悅飯店頂層的客人，很快就要陸續打電話給大廳。「一陣大火朝飯店燒過來！」或者「我想，發生了一起爆炸！」再過半個小時，針對牛糞灰燼撒落在飯店游泳池的投訴，也即將開始。

這時候，在法蒂瑪屋裡，燃起了另一場火。

法蒂瑪八歲的女兒努孋回家吃晚飯，可當她推門時，木門卻打不開。在屋裡，一首情歌放得震天價響，她以為她母親正忙著跳舞，跳到忘記時間。努孋跑去找她母親的朋友辛席亞過來。辛席亞也打不開門，於是她把努孋舉到靠近屋頂的一個洞——被努孋驕傲地稱為窗戶的洞。

「妳看到了什麼，努孋？」

「她把煤油倒在她頭上！」

「不要，法蒂瑪，」辛席亞大喊道，試著讓她的聲音在樂聲中能被聽到。幾秒鐘後，電影歌曲被嗖的一聲、小小的轟隆聲和八歲孩子高喊「我媽著了火！」的尖叫聲所淹沒。

喀卡珊尖聲喊叫。妓院老闆頭一個穿過廣場，三個男孩迅速跟在後面，一同使勁把門撞開。他們看見法蒂瑪在地上掙扎，皮肉冒煙，一旁有個黃色塑膠罐裝的煤油打翻在地，還有一瓶水。她把做飯用的燃料倒在自己頭上，劃根火柴，然後用水把火焰澆熄。

「救救我！」她喊道。

妓院老闆緊張起來。法蒂瑪的下背仍有東西在燒，他抓起一條毯子撲滅了火，同時，一大群人在屋外聚攏。

「這些撿破爛的穆斯林人，吵鬧了一整天。」

「她做這件事前，有沒有想到她的女兒？」

「她沒事了，」妓院老闆宣告，把他在匆忙中為了滅火而倒在她身上的幾口鍋子推開：「還活著，沒問題！」

他把法蒂瑪拉了起來。他鬆開手時，她又跪倒在地，嚎叫起來。

大家留意到翻倒的水瓶。

「她肯定是傻瓜，」一個老翁說：「她想要稍微燒傷自己，演齣戲，可沒想到把自己燒得這麼慘。」

「都是這些人害我這麼做，」法蒂瑪叫了起來，她的聲音異乎尋常地清晰。大家都知道她說的是哪些人。

喀卡珊不再抽泣，向她的弟弟們和父親發布命令：「快跑！快走！她說她要讓我們自投羅網，她有可能說是我們放火燒她！」

「現在已經變刑事案件，他們完了。」一個鄰居說道，看著胡賽因家的男孩們從公廁旁邊跑過，大致朝一間套房每晚八百美元的里拉酒店而去。

「水！」法蒂瑪哀求道。她的臉又紅又黑。

「萬一她在你給她水的時候死掉，你就會鬼上身。」某人說道。

「女人的鬼魂最不好，過了好多年都不會離開你。」

倒楣的少女普莉亞（Priya）最後拿水過來。普莉亞是安納瓦迪最窮困的女孩之一，她偶爾幫忙法蒂瑪煮飯和照顧孩子，換取食物。據說已經有兩個鬼魂附在她身上。

「蠢蛋，聽說燒傷後不能喝水。」

這新來的聲音比其他人乾淨俐落：是阿莎。她站在人群後方。

大家轉過身去。「那叫她不要喝，阿莎！阻止她吧！」

「我要怎麼搶過來啊？」阿莎說：「萬一這是她活著的最後一刻，我可不想接收一個垂死女人的詛咒。萬一她這會兒就死了，那還得了？」

曼竹走了出來。她的母親阿莎叫她走開，曼竹最好的朋友米娜則湊近觀看。她看到的景象難以言說：法蒂瑪扭著身子，身穿兩件式棕色衣服，前後有粉紅色花朵，大部分的花已被燒去。原本有花的地方，垂著一塊塊皮膚。米娜覺得反胃而跑開，她看到的景象可能會讓她反胃一輩子。

「我怎麼去醫院？」法蒂瑪說：「我老公不在這裡！」

「誰去叫嘟嘟車，帶她到庫柏醫院？這些白痴只會袖手旁觀，她就要死在我們面前了！」

「但如果你帶她去庫柏，警方會說你是放火燒她的人。」

「阿莎應該帶她去醫院，」有人說：「她是濕婆神軍黨，警方不會找她麻煩。」

法蒂瑪的眼光鎖定阿莎。「老師，」她叫喊：「我這樣子怎麼走去醫院？」

「嘟嘟車的錢我出，」阿莎回答：「不過，有人在等我，我忙得很，沒辦法親自送她過去。」

安納瓦迪的居民看著阿莎大步走回她的屋子。

「我主動說要付車錢，可我為什麼該去？」阿莎回到家裡，對她的丈夫說：「這些撿破爛的人在吵架，誰知道牽連進去會發生什麼事？反正，婕若妮薩早該在派出所接受我提出的幫忙。她不了解最基本的道理：你早早付錢，之後就能少付一點。你付錢給獨腿婆子就是了，就像她是乞丐一樣，你必須趁還沒演變到歇斯底里的階段前，就立刻制止。你看現在搞成了刑事案件，她可需要律師了。她以為律師會先做事，再拿錢啊？接生婆哪會慢慢等你付錢？就算娃娃死了，接生婆也照樣收錢。不過，我不再理會她那家人，還有他們的髒錢了。暴發戶！」

她露出笑容。「獨腿婆子應該告訴警方：『我生為印度教徒，這些穆斯林就取笑我，放火燒我，只因為我是印度教徒。』那樣一來，這些傢伙就得坐一輩子牢。」

此時是晚間八點，廣場上方的天空像瘀青一樣呈青紫色。大家決定，法蒂瑪的丈夫幹完垃圾分類活兒回家後，就能送他妻子去醫院。

成年人三三兩兩回去吃晚飯，幾個男孩子則等著看法蒂瑪的臉皮會不會脫落。這曾經發生在阿莎的一個女房客身上。那女人的老公離她而去，她把自己燒得很徹底，跟法蒂瑪不同。女人燒焦的臉皮黏在地上，拉塢說，她的胸部簡直就像炸開，你一眼就看得見她的心臟。

07 崩潰

法蒂瑪劃火柴之前盤起的頭髮已經散開，此時她的臉又黑又亮，彷彿奉命為迦莉女神（Kali）雕像漆上眼睛的畫匠太過投入，把整張臉都塗黑了。服務孟買西郊窮人的庫柏醫院，十號燒傷病房裡沒有鏡子，但她不需要照鏡子就知道自己成了「大」人物。腫脹只是一方面，這場火還在其他方面壯大了她。

她那骨瘦如柴的丈夫揹她離開安納瓦迪時，她開始被當成重要人物對待。「我對自己做了什麼啊？」她衝著凱悅附近投以同情眼光的圍觀人群叫嚷：「既然都做了，我就要他們付出代價！」

由於可能對椅套造成損害，沒有一個司機願意載她這種狀況的女人。不過，有三個年輕人出面干預，威脅要司機的命，司機才送她去醫院。

而在庫柏醫院這兒，在牛虻般嗡嗡作響的日光燈下，她仍然覺得自己像個舉足輕重的人。小病房裡雖然充斥著臭紗布味，同許多病人躺在地上的一般病房相比，已經算不錯的地方，她只和另一個女人合住，那女人的丈夫發誓他沒點燃那根致命的火柴燒傷她。她擁有第一張泡棉床墊，此時浸泡著尿水。她的鼻孔插了一條沒接上任何東西的塑膠管。她有個靜脈注射袋，插著用過的針筒，因為護士說，每回更換新的針筒很浪費。她的身上有生鏽的金屬裝置，防止汙跡斑斑的床單黏住她的皮膚。不過，法蒂瑪在燒傷病房的一切新體驗中，最出人意料的是安納瓦迪湧來的那些女性訪客。

首先來訪的，是她昔日最好的朋友辛席亞，法蒂瑪把目前的狀況怪罪到她頭上。辛席亞的丈夫從事垃圾買賣生意，但隨著胡賽因家生意日漸興隆而一蹶不振，辛席亞於是鼓動法蒂瑪做一件戲劇性的事，引發一起刑事案件，陷害擊敗她家的那一戶人家。法蒂瑪事後才了解到，這是個可怕的提議，儘管辛席亞帶來的香蕉奶昔很不錯。

婕若妮薩也來了，法蒂瑪某天上午瞥見她蜷縮在病房外。接著，在阿莎的帶領下，又來了四個鄰居。阿莎來看她，使法蒂瑪感到榮幸。在安納瓦迪，這濕婆神軍女人都對她視而不見。現在，阿莎遞來萊姆汁和椰奶，在法蒂瑪焦黑的耳朵邊說悄悄話。

她提醒法蒂瑪，她和胡賽因家之間發生的事，有幾百個人在廣場上親眼目睹，法蒂瑪不該謊稱被揍或被焚。「這種自尊心能幹嘛？」阿莎想知道：「妳燒了妳的皮膚，幹下了這件蠢事，還一心想報仇？」

阿莎打算當中間人，尋求和解，避免引發這起刑事案件。法蒂瑪如果承認胡賽因家沒有攻擊她的話，婕若妮薩願意支付私立醫院的病床費，並且贈送一些錢給法蒂瑪的女兒。法蒂瑪明白，阿莎為解決這場紛爭，打算從婕若妮薩那兒收取佣金。她雖然燒傷，腦袋卻清楚得很。可如今說實話為時已晚，她已經向警方提出指控。

抵達庫柏醫院後，法蒂瑪說卡拉姆、阿布杜和喀卡珊放火燒她——她的陳述迫使警方在午夜過後前往安納瓦迪逮捕卡拉姆，就在阿布杜躲進他的垃圾堆時。然而次日一早，薩哈警方獲悉法蒂瑪的供述與事實不符，她八歲的女兒努孋陳述時還特別指明：她從屋子的窗洞，看見她的母親放火自焚。

對胡賽因家的指控如欲成立，並從他們家榨出錢來，必須提出一個更合理的受害者口供。為幫助法蒂瑪做出這種陳述，警方派了一位美麗、豐腴的政府官員前往庫柏，那是一個戴金框名牌眼鏡的女人，她在阿莎來到前不久，才離開法蒂瑪的病床邊。

馬哈拉施特拉政府的特別執行官普妮瑪．白珂勞（Poornima Paikrao），受命到病床邊記錄受害人的證詞。她體貼入微地幫忙法蒂瑪，為導致她自焚的種種事件建構一份新供詞；甚至在法蒂瑪承認她讀不懂執行官所寫的聲明，也沒辦法在聲明書下方簽名時，戴金框眼鏡的女人仍然彬彬有禮。反正按手印也行。

據特別執行官了解，煽動一個人嘗試自殺，在印度屬於重罪。英國人制定了這個嚴格的反自殺條款，以終止自古以來，家族為節省開銷而鼓勵寡婦陪葬的習俗。

在新供詞中，法蒂瑪承認自焚，而後把自焚之舉的責任，天衣無縫地轉嫁給其他人。她如實報告，喀卡珊在日落時辱罵她，說要擰斷她的另一條腿。她如實報告，卡拉姆揚言揍她，還要她丈夫出一半的錢，修理隔開他們屋子的牆。她並未提及婕若妮薩，因為她有最好的不在場證明，法蒂瑪自焚時，她正在派出所。相反地，法蒂瑪把控訴重點，放在阿布杜身上：阿布杜．胡賽因威脅她、掐她，她在證詞中說道。阿布杜．胡賽因痛打她。如果不把那戶人家幹最多活的小子揪出來，怎麼能擊垮他們家？

「我瘸了左腿，不能還擊。一氣之下，我把屋子裡的煤油倒在自己身上，放火自焚。」她的證詞以此作結。

特別執行官普妮瑪．白珂勞在證詞中加入：「在明亮的日光燈管下做的紀錄」，而後離開病房，展開她真正的工作。有了這份改良過的證詞，和其他幾份她希望能在安納瓦迪產生影響的證詞，她認為她能從胡賽因家獲得可觀的利潤。

法蒂瑪住進公立醫院的第三天，她臉上焦黑的皮膚皺了起來，使她杏仁狀的眼睛變成圓形，看起來好像大吃一驚，彷彿她不知道點燃火柴會發生什麼事。「我越說越痛。」她對站在病床邊的丈夫說道。儘管疼痛，她仍然覺得偶爾非朝他大吼不可，雖然她的音調比過去來得低。

她的丈夫一直是大餅臉，可現在，他的臉似乎一天比一天長。他雖然擁有垃圾分類工作者高超的整合力，悲慘的狀況卻使他變得笨手笨腳。把法蒂瑪的藥丸磨成粉時，複雜的體力工作似乎令他不知所措。他把帶過來的麵包捻成麵包屑餵她吃。

幸虧她不是太餓。數百萬個窮人賴以為濟、僅有五百張床位的庫柏醫院，不提供食物，也不提供藥品。「今已售完」是護士的官方說法；竊取供應箱裡的藥品轉賣出去，則是非官方說法。病人需要的藥品，家人必須從街頭買來，帶進醫院。醫生建議的燒傷專用藥膏——磺胺銀乳膏，一條要價兩百一十一盧比，兩天就會用完；為了再買一條，法蒂瑪的丈夫必須借錢。塗藥膏時，他唯恐弄痛他的妻子，尤其碰到她那已無血色的肚皮時。他原以為護士或許願意幫忙，但他們都避免和病人直接接觸。

高大的年輕醫生不介意碰觸病人。一天晚上，他過來伸直法蒂瑪的一隻手臂，接著又伸直另一隻，接著她那變黃變黑的繃帶鬆開了。

「不知出了什麼事，」她對他說：「我覺得很冷。」

「每天喝三瓶水。」他說道，把骯髒的繃帶綑回原處。但法蒂瑪的丈夫買了藥膏後，沒錢買瓶裝水。醫生在他背後說他這老頭子不負責任，不能提供老婆需要的東西。

法蒂瑪的丈夫為購買醫藥用品而回去幹活時，改由法蒂瑪的母親照顧病人。「隔壁那家人放火燒我。」法蒂瑪告訴她母親，接著，對於所發生的事，她又編了另一套說法，使她的母親困惑不解。法蒂瑪如今自己也感到困惑，不想從頭再解釋一次。她的任務是康復，既然胡賽因家的阿布杜和卡拉姆已被派出所扣押，指控細節就交由警方操心。

魚唇警員第一次抽下皮鞭時，皮鞭尚未落在阿布杜身上，他便尖叫起來——那是從一大早跑去派出所投案時，便在他內心醞釀而成的嚎叫。

沿著機場跑去時，他希望自己或許能解釋前一天晚上法蒂瑪發生什麼事，或者至少獻上自己的身體，保護他的父親免於暴力。或許，他趴在木桌上挨的打，原本可能落在他父親身上，他並不確定。唯一清楚的是，警員不聽他說。他們不想聽一則有關火爆脾氣和破爛磚牆的故事。他們似乎要阿布杜供認，他把煤油潑在一個身障女人的身上，隨後劃了火柴。

「她就快魂歸西天了，那可就成了三〇二條款囉。」一個員警對阿布杜說道，語氣在這男孩聽來像是幸災樂禍。阿布杜知道三〇二條款，在印度刑法是謀殺罪。

在接下來不知多久的鞭打後，他母親的聲音喚回了他的意識。她似乎就在警員所謂的會客室外面。

「別傷害他，」她用相當大的音量懇求：「和平解決吧！手下留情！」

阿布杜不要讓母親聽見他的叫喊，他嘗試匯聚自己的自制力。盯著他的手銬無濟於事，盯著魚唇警員或他卡其褲制服上筆挺的線條，也同樣無濟於事。他閉上眼睛，試著回想上次祈禱時的關鍵字。

他的努力沒能幫助他保持沉默。他的叫喊聲和接下來的啜泣聲，都傳到馬路上去了。後來，看著警員亮閃閃的棕色鞋子離開後，他設法告訴自己，他並沒有出聲。儘管在他挨打時，他母親的哀嚎聲變得震天動地，但這並不見得代表什麼。從他母親的習性來看，她很可能早就哀嚎了一整天。

幸好，她的悲痛此時從更遠處傳來。或許警察嫌她太吵，把她拖了出去。機場管理局改善了派出所老舊平房的周邊用地，種了粉紅色的花和熱帶植物，這些植物的葉子就像停在附近的新吉普警車一樣閃閃發亮。阿布杜希望他母親趕緊退到這塊狹長的花園之外，他寧願想像她待在家裡。

在他關押的大牢房住了另外七名囚犯，包括他的父親，他也在阿布杜面前遭到鞭打。這地方跟阿布杜在薩基納卡遊樂場裡觀賞的電影當中，那些家具稀少的牢房大不相同。相反地，房間裡有數張金屬椅子、一張桌面鋪著美耐板的漂亮大木桌，和四口新鐵櫃——那是阿布杜所見過最好的櫃子。戈德瑞（Godrej）牌，漆了銅色、天藍色和灰藍色。兩口櫃子的門上，嵌有閃閃發亮的鏡子。除了緊張氣氛和尖叫聲外，其他一切都讓他彷彿身在櫥櫃展示間。

薩哈派出所內，另有其他更正式的關押處。阿布杜和他父親被關押的房間，則是累犯所謂的「普通牢房」——一間大辦公室，警方的文書作業就在這兒完成。根據官方紀錄，胡賽因父子未被逮捕、未被關押，這間辦公室發生的事不在紀錄之中。被關押者一致同意，這間房間最值得稱道之處，是一個能讓親友遞來香菸和慰問的小窗口。

阿布杜一直等著蘇尼爾、偷垃圾的卡魯或其他哪個男孩來看他，問他好不好。他想像著自己的回答：不好，然後又想像其他令人放心的回答。然而，除了他母親之外，沒有人來看他。到了第三天，他不再期待有其他人來。

「你為什麼對一個身障人士做這種事？」警員一次又一次問他相同的問題。

阿布杜可憐巴巴地回答：「先生，像我這麼懦弱的人，挨了這麼多巴掌，早就跟你說實話了，可我沒做啊！我們大家只是罵來罵去。」

他另有一個可憐的回答：「請您到安納瓦迪問問大家，當時在場的人那麼多，我根本沒碰她。我為什麼要和女人鬥，更何況是一條腿的女人？問問任何人，我戲弄過女生嗎？我不打架、我不跟任何人說話，我只戲弄我的弟弟穆西。就算是以前，我也從來沒打過他，即使他是我自己的小弟，我知道我可以打他。」

然而，他擔心警方不會去安納瓦迪問大家。這激發他認命的回答：「她一氣之下就自焚了。她跟我媽起了小爭執，然後把事情鬧大。說這些有什麼用？她做了那件事、說了那些話，可是因為她燒傷了，你就只會聽她說，不會聽我說。」

警員問他父親更有趣的問題，比方說：「你幹嘛生這麼多孩子，穆斯林？你現在沒辦法養他們、教育他們了。你要在牢裡待上很多年，連你的老婆都記不得你的臉。」

「我寧可挨打，也不要看他們打你。」阿布杜對他父親說道，他父親也在一個失眠的晚上，對銬在一起躺在地上的阿布杜這麼說。卡拉姆兩個星期前在私立醫院接受的氣氣療效已被抵銷。

他們躺在瓷磚地上時，卡拉姆試圖讓他的兒子相信，警方並非真的相信他們想殺法蒂瑪。他低聲說，警察對於實際上發生的事，現在應當至少有些了解，畢竟現場有數百個目擊者。不過，身障女人的遭遇細節，不是警察最關注的事。他對他兒子說，他們關注的，是從這起悲劇中獲利。「看來，你在安納瓦迪賺了大錢。」一名員警一再對卡拉姆說道。

他們的想法，是要讓驚恐的犯人付出一切，以及向高利貸莊主所能借到的一切，避免不實的刑事指控被紀錄下來。鞭打儘管有違人權法，卻相當有效，因為這能提高囚犯為獲釋所願意付出的代價。

阿布杜如今了解到，印度刑事司法制度就像垃圾市場一樣——清白或有罪，就像一公斤塑膠袋一樣，可供買賣。

阿布杜不確定，他家在整修屋子和支付他父親的住院費後，還剩下多少錢。不過他認為，為了清白，剩下的都應該繳付出去。他想回家，回到那個他討厭的地方。

「萬一法蒂瑪明天就死了呢？」卡拉姆說道。阿布杜知道他父親在自言自語，並非在徵求意見。如果他們現在付錢，而法蒂瑪卻死了，他們的存款將付諸流水，警方仍可能以刑事案件控訴他們。到時候，他們怎麼付得起律師費？他父親每回提起「律師」這令人傾家蕩產的字眼，聲音就變了。另一個被警方非正式關押的男人，之前曾經受審，他警告說，假如他們用市政府的公共辯護律師，可能會永遠被關起來。

隨著關押的日子一天天過去，阿布杜和他父親不再講話，阿布杜覺得這樣也好。他能說什麼？難道要說，如果他父母像他一樣神經質、保持警戒，他們就會避免和獨腿女人起爭執嗎？在回答過首席調查員襄卡・葉嵐副督察（Sub-Inspector Shankar Yeram）的所有問題之後，他們寧可假裝累得不想講話。阿布杜如今斷定，葉嵐的嘴唇，看起來不像魚唇，反倒更像猴唇。

每一天，有時候一天兩回，憔悴的婕若妮薩會出現在囚室窗口，說明他們的自由必須付出的代價。阿莎說，想讓案子私了，得花五萬盧比。當然，錢並非全進她的荷包，她得付錢給警察，還得用一筆更合理的錢，安撫法蒂瑪的丈夫。

在自焚事件發生後的最初幾天，婕若妮薩對阿莎甚為感激。阿莎儘管在政治上對穆斯林和移民抱持反感，卻為胡賽因家的利益努力奮鬥，而且不收他們一毛錢。除了要求法蒂瑪收回她的不實聲明，她還陪同婕若妮薩前去派出所，再三向警方強調法蒂瑪放火自焚。但這種嘗試干預的企圖並未成功。一名員警大吼：「妳們兩個女人自以為是警察嗎？滾吧！我們自己會去調查！」阿莎在安納瓦迪雖有勢力，但在貧民窟的範圍以外可不見得。

在囚室窗口，婕若妮薩對她的丈夫說：「重點是，阿莎免費幫忙了幾天，但現在她卻說我坐在錢堆上，必須掏腰包才行。為了把你們兩個弄出去，我願意付錢，但我不確定是不是付錢給她就沒事了。」

婕若妮薩已經付錢給托卡勒警員，也就是她和法蒂瑪爭吵後，在派出所要她把「帳」結算一下的員警。自焚事件過後，他告訴她，他能確保調查「公正」，保證她的丈夫和兒子在拷問過程中不受重傷。「我告訴他，我願意照付，我想他真的為我們覺得難過，」她對她丈夫說：「他知道這是一場誣陷，而且他原本可以索取更多更多錢。」

在醫院提取法蒂瑪證詞的特別執行官，也一樣要錢。她已經拜訪過婕若妮薩，告訴她那份證詞、以及安納瓦迪其他證人的證詞，都由她控制。她對待婕若妮薩就像對法蒂瑪一樣體貼入微，她兩手一攤說：「妳要我怎麼做？好證詞或壞證詞？我為政府工作，我說什麼就算數。一切掌握在妳手中，妳得快快決定。」

婕若妮薩告訴她丈夫：「她和阿莎一樣，說我們付的錢不是給她自己，她還得把錢給法蒂瑪的老公。可我已經直接告訴他，我會幫助他的女兒，還會把法蒂瑪送去私立醫院、付所有的費用，包括床位、醫藥、食物。我不敢付錢給這個控制證詞的女人，萬一她從法蒂瑪老公那裡偷了這筆錢，讓法蒂瑪繼續待在庫柏醫院，那該怎麼辦？」

「妳提起私立醫院的時候，她老公怎麼說？」

「他一句話也沒說。他很難過，沒辦法做決定。真是瘋了，他難道要她死，好討個新老婆嗎？庫柏醫院會害死她，那我們的一切就——」

婕若妮薩聽穆西唱過一首打油詩：「進庫柏，上天堂。」萬一法蒂瑪上天堂，婕若妮薩的丈夫、兒子和女兒將面臨十年或更長的徒刑。

卡拉姆也認為，他的妻子無須理會特別執行官，應該為私立醫院的事，繼續向法蒂瑪的丈夫施壓。

「我會的，」她說道，一面哭了起來：「但你知道可能的後果。女官員很可能惱羞成怒，讓調查人員採信那些要我們好看的人所說的證詞。如果這是我們自己的村子，我們自己的村民，我們或許能期待目擊者因為關心我們，就實話實說。可在這個城市，我們只能孤軍奮鬥。」

某天晚上，下起了微雨，阿布杜聽著雨打在派出所的屋頂，想起一部他和卡魯看過的動作片《活著》（*Zinda*）。主角坐了多年牢，卻不知道自己為什麼坐牢，在一無所知當中發了狂。

卡魯喜歡結局部分：那傢伙從監獄逃脫，得知自己坐牢的原因，便把害他的人通通錘死，儘管自己的背上也插了把刀子。阿布杜至今仍記得其中一個情節：那傢伙仍在坐牢時，在囚室的一道磚牆上鑿了好多年，終於鑿出一個小洞——那道牆顯然比胡賽因家和法蒂瑪家之間的牆來得堅固。接著囚犯探出手去，懷念雨打在皮膚上的滋味。

在家時，阿布杜從來沒怎麼想過自己的未來，除了住在瓦塞的模糊幻想，以及更具體、與健康有關的擔憂之外。他的肺是否和他父親一樣每況愈下？他的右肩是否向前弓起？這是蹲著身子撿十年破爛的可能後果。

由於很早接受垃圾分類的生活，他自認和穆西、幾乎擁有一切的曼竹，或安納瓦迪其他自認將成為另一種人的年輕人，是不同的族類。阿布杜追求的未來和過去一樣，只是賺更多的錢罷了。一個賺錢不多的鄰居所爆發的怒火，並不在他的計畫之內。

他不清楚他母親是否說得對，她說在早期的和平年代，窮人俯首聽命於各自的神明，從而更友善地對待彼此。他只知道，她並非真的渴望同舟共濟的貧窮。她對卑賤的生活瞭如指掌，回憶起來就痛恨不已，所以她教導自己的兒子面對殘酷競爭的現代社會：在這個時代，有人興起，有人衰亡，他還小的時候，她就讓他了解，他必須興起。他們在二〇〇五年的洪災中損失慘重，可其他許多安納瓦迪居民也跟他們一樣。他覺得他母親並未讓他做好獨自衰亡的準備。

今天是哪一天？他在這兒多久了？他挨了一頓鞭打，隔壁房間的電話在響，阿布杜斷定那房間是某種控制中心，因為有收音機的嘎嘎響聲。所有的員警都說馬拉地語，他努力想聽清楚。嘗試搞清楚員警說的話，使他除了擔心明擺的清白問題以及在囚室挨打之外，能有事情做。

員警攻擊他的雙手，他賴以維生的身體部位。他小小的手青筋突出、帶著橘色鏽斑，還有幾道癒合的傷口——這是幹這行的常見現象。這雙手只受過一次重傷，那次是被腳踏車輪條深切而入。

他的思考稍稍被打斷。另一個房間裡的電話交談聲逐漸消失，直到後來，聲音重新出現時，他才覺察到，一名員警提到了他。

「攻擊瘸子的那些人……不是爸爸，是兒子……可是沒有誰揍誰啊，阿莎……不，不是那麼回事。」

安納瓦迪的阿莎在線上。她打電話來，或許是為了把毆打一事搞得更嚴重，好讓他的母親改變主意，決定給她一點好處。

突然間，托卡勒警員站在非官方囚室中。「阿莎說，這小子沒放火燒任何人，也沒在安納瓦迪製造任何麻煩，所以打他也沒有用。」他對手持鞭子的同事說道。阿布杜被從寬發落，他和他父親都未再挨打，阿布杜的腳鐐也被解開。

阿布杜嘗試搞懂這次緩刑的緣由：阿莎的兒子拉塢是穆西最好的朋友，或許是拉塢說服他母親保護阿布杜；也可能阿莎多年來看著阿布杜在廣場上做垃圾分類，看到他是個刻苦耐勞的孩子，一個沉默的失敗者，不該受到凌虐。

阿布杜的父親猜得比較對。這通電話可能是專為他們父子演出的一齣戲，指望他們向婕若妮薩報告這件事。阿莎和托卡勒經常攜手合作，此時，托卡勒正在展現他的勢力，設法不讓阿布杜和他父親在扣押期間受重傷——這就是他給婕若妮薩的保證，用以換取酬勞。對阿莎來說，這場演出則得以向胡賽因家證明，她在薩哈派出所確實具有影響力，從而增加她也分得一杯羹的可能性。

然而，卡拉姆不打算跟他那備受傷害的兒子說明緩刑背後的利益因素。他想，最好還是讓這孩子相信，有人留意到他為家裡所付出的努力，出於善心，決定為他辯護。

日落時分，自焚事件過後四天，一名穆斯林托缽僧帶著孔雀羽毛帚，來到安納瓦迪賜福驅邪。因為住在貧民窟的穆斯林極少，托缽僧難得來到安納瓦迪，他們的客戶多半付錢請他們提供靈界服務。

阿布杜的姐姐喀卡珊見到這位老翁時，跳了起來。她的母親擔心一個漂亮的女孩在派出所可能會出事，因此懇求托卡勒警員盡可能拖延關押她的時間，然而，喀卡珊如今接到前去自首的通知。她感覺迫切需要托缽僧的祝福。

她從胸罩裡取出一張十盧比紙幣，托缽僧用掃帚觸摸她的頭頂，她閉上眼睛。他並未拿掃帚打她，像某些托缽僧在進行念咒儀式時所做的那樣，這使她鬆了口氣。她希望這是因為他沒有感覺到惡魔盤旋在她上方，而不只是為了取悅客戶。喀卡珊坐著不動，讓托缽僧的祝福滲透她的全身，同時，托缽僧朝法蒂瑪家門口走去。

法蒂瑪的丈夫憤怒地衝出屋子，怒目而視。「你沒手沒腳啊？你來找我討錢？看在老天分上，去賺你的錢，找份工作吧！」

托缽僧望著天空，撫弄襯衫口袋裡的金絲線，往後退去。

這下，喀卡珊沮喪萬分。「真主阿拉！他居然趕走托缽僧，接受他的詛咒？」法蒂瑪的丈夫對托缽僧的說話方式，使他自己陷入厄運；而他可能遭遇的厄運，也可能毀了胡賽因家。

「那男人怎麼回事？」托缽僧想知道。

「他的老婆自焚了。」喀卡珊低聲說道。

「她哪時候死的？」

「不！不！」喀卡珊喊了出來：「保佑她活下來吧，否則我們可慘了。」

法蒂瑪的女兒努孋挨著喀卡珊。這女孩從看見她母親自焚以來，就一直倚靠在喀卡珊身邊。「我今天扮演男生，」努孋說：「講話也像男生。」

「就像我妹妹妲布（Tabu）一樣，」喀卡珊心不在焉地回答：「她只想穿男生的衣服，要不然就大哭。」喀卡珊決定不讓自己哭出來。

「去取米，讓我來洗，」她站起身來，撣撣衣服，對穆西說：「輪到誰去打水？」她最小的弟弟拉魯已經大到能像他母親一樣罵人：「趕快給我晚飯吃，要不然我就把妳的眼珠子挖出來！」她最小的妹妹則面臨崩潰，因為她沒拿到她應得的一包牛奶餅乾。

托缽僧完成他的神職工作，離開安納瓦迪時，胡賽因家門內的景象，和他經過的各家門後展現的景象幾無不同。夜幕籠罩在貧民窟時，大家吃著胡亂湊合的晚飯，惡語交加，然後彼此吻去淚水。第二天早上，法蒂瑪躺在白色的金屬箱子裡回到家中。

感染導致她的死亡。為了推諉醫方責任，醫生塗改了紀錄。法蒂瑪進庫柏醫院時，全身百分之三十五的燒傷面積，在她死的時候變成百分之九十五——一種將無可避免導致死亡的狀態。「全部的燒傷部位形成綠黃交錯的死皮，發出惡臭，」驗屍報告寫道：「腦阻塞。肺阻塞。心臟發白。」法蒂瑪的檔案綑著紅線，被送去太平間的檔案室，野狗睡在高高疊起的文件堆中，鳥的歌聲從窗外傳進來。一群斑鴿占據外頭的一棵棕櫚樹，鴿子的咕嚕咕嚕聲彼此交疊。

死去的法蒂瑪變得更小了，占據箱子的一半不到。全部的安納瓦迪居民都來到屋外，就像她自焚的時候一樣，只不過這一回，旁觀者保持了一定距離。貧民窟安靜下來，而當婕若妮薩和喀卡珊蒙著頭，從屋裡出來清洗屍體時，更是安靜。

唯有其他的穆斯林婦女得以進行這項重要儀式，洗去法蒂瑪的罪過。婕若妮薩總是說，不管怎麼樣，穆斯林還是必須團結起來，一起慶祝節日，一起面對苦難。告訴法蒂瑪她已經往生、即將入土，是傳統風俗的一環，因此胡賽因家的女人一邊喃喃低語，一邊把破棉布浸入盛了水和樟腦油的盆子中。她們揭開一條白紗布，開始清洗法蒂瑪的身體。她們沿著她的長腿，接著是那半截腿，慢慢移向那張油亮的黑臉。「合上她的嘴巴，」有人說：「蒼蠅飛進去了。」

把法蒂瑪洗得乾淨無罪後，喀卡珊闔上箱子，把胡賽因家最好的藍色小格紋棉被，鋪在靈柩擔架上。法蒂瑪此時將被帶往一公里半以外的穆斯林墳場，喀卡珊也將去坐牢。控訴即將進行，很可能根據法蒂瑪的第二份證詞：胡賽因家毆打她，使她自焚，同時阿布杜為最殘暴的主角。在派出所裡，一名員警告訴婕若妮薩，她必須再付五千盧比，才可以讓她看控訴書。

婕若妮薩回到她的屋裡，啜泣起來，手上仍握著她清洗鄰居的破布。她之所以哭，不是為了她丈夫、兒子和女兒的命運，不是為了她如今被迫通過的貪腐大網，也不是為了這樣的體制——最淒慘的人想懲罰稍不淒慘的人，於是訴諸邪惡無比的司法系統，讓大家一同毀滅。她哭的是容易處理的東西——失去的那條棉被，它做為一件贈別禮物，贈給一個用自己的身體對抗鄰居的女人。

唯有男人能去穆斯林墳場。法蒂瑪的丈夫抬著靈柩擔架的四根柱子之一，穆西站在他的旁邊。正是交通尖峰時段，散發著樟腦味的金屬箱子移往機場大道。

悲痛的貧民窟居民隊伍，對比於機場城市的蓬勃生機，似乎更微不足道了。碩大的廣告看板宣告，印度版的《人物雜誌》即將發行。司機駕駛的黑色轎車駛出凱悅，那是參加藥品大展的與會者稍事休息，出來參觀城市。在里拉酒店，代表環球影城主題公園的美國人，對於打進印度市場的計畫感到樂觀。「印度的有錢人雖是少數，但瞧瞧絕對數字吧，這足以讓我們成功運行。不要跟我談迪士尼，我們是最優秀的品牌。除了『蜘蛛人』、『木乃伊的復仇』，現在我們看見『哈利波特』的成績也很輝煌。我知道，大家都說我該去『迪士尼世界』了解競爭對手，可我做不到。我太好勝了，一毛錢都不想給對手——」

白色箱子橫越一個繁忙的交叉路口，經過瑪洛市立學校，穿過一個個貧民窟的狹窄巷弄，直到抵達有座水漬斑斑的綠色清真寺、一棵木瓜樹、以及許多鴿子的墳場。

法蒂瑪被埋入土中，她溺死的兩歲女兒同樣葬在這裡。幾天之後，她的其他兩個女兒被託付給寶麗修女照管。

法蒂瑪的丈夫深愛女兒，把她們送走時難過不已；然而他一天要花十四個小時分類垃圾，而當地的酒鬼，有時會蹂躪獨自留在家中的小女孩。

08 師父

下起了傾盆大雨，雨水打在身上讓人刺痛。在這個液態城市的高地上，有錢人談論雨季的浪漫：慵懶的性愛、購物治療法，還有從七月安然度過八月的炸糖圈。在安納瓦迪，汙水池卻像活生生的東西，向前爬行。生病的水牛在潮濕、貶值的垃圾堆中搜找食物，把吃下的壞東西拉成屎，速度之快，甚至為安納瓦迪的水龍頭所不及。同樣生病的人類，會甩開腳上的爛泥，說：「我的胃在燒，還有我的胸口也是。」「我的整條腿這樣上上下下一整晚。」汙水池的青蛙同情地鳴唱，屋子裡卻聽不見蛙鳴。雨水猛烈地打在鐵皮屋頂上，彷彿貧民窟的幾頭斑馬，在頭頂上方竄來竄去。

有人告訴過蘇尼爾，雨水可以洗去人的卑賤。雨水確實洗去斑馬身上的條紋，幾個星期以來，這些動物站在那裡，暴露出瘦骨嶙峋、黃色皮毛的老馬原形，直到沒落的貧民窟主羅勃用卡尼爾（Garnier Nutrisse）染髮劑，重新為牠們染上黑色條紋。

雨季期間，機場的交通量減少，工程建設暫時停擺，垃圾的蹤跡比其他季節來得稀少。蘇尼爾那座米提河上的水泥岩架，也被風雨掃除一空。所幸，他在機場大道沿路的一面牆後方，找到一絲慰藉——在這濕潤多樹的地點，開了六朵紫蓮。他沒把他的發現告訴別人，擔心別的男孩會摘下這些花，設法賣出去。

蘇尼爾在他那祕密蓮花附近的街道穿梭，追趕壞了的夾腳拖、塑膠瓶和其他漂浮物時，有時會走過婕若妮薩．胡賽因身邊，她一反常態，穿著蒙面罩袍。她顛簸著，試圖快快穿過路上形成的泥坑。

其他拾荒人悄悄地說，為了花錢請律師，她已經賣掉住家後邊的房間。蘇尼爾希望，不管她為阿布杜做了什麼，都能把他從拘留所釋放出來，因為穆西很不適合接替阿布杜的秤重工作。這個年紀較小的兒子，不清楚任何東西的價值，當蘇尼爾和其他拾荒人想幫忙他時，他還取笑他們生瘡。

拾荒人對他們的瘡、以及他們的貨物售價很是敏感。因此，胡賽因家的競爭對手，那個經營電玩遊樂場的坦米爾男人，生意開始蒸蒸日上。

婕若妮薩眼看著穆西的缺乏經驗，對生意造成傷害，可她太忙於這樁刑事案件，無法和拾荒人親自交涉，也忙得沒工夫幫她的小小孩洗澡，餵他們吃飯。照顧這些小小孩，也變成穆西的任務，因為婕若妮薩必須卑屈請求的那些親戚，遍布整個豪雨成災的城市貧民窟。「求求你，能不能把我生病的丈夫、兒子和女兒從監獄保釋出來？」

在每一間棚屋，她都必須坐在那裡，面對一小時惋惜的憐憫和藉口，而後再繼續下一個屈辱的造訪。唯有一次的乞求過程為時短暫。她幾乎是游過薩基納卡，身上穿著蒙面罩袍，才到達即將成為過去式的阿布杜未婚妻家中。女孩的父親看著她，彷彿她在當地酒廠泡了一上午似的，婚事於是告吹。

她的問題在於，她缺少取得保釋金的擔保物。她不識字，穆西於是幫忙審閱她丈夫存放在灰色塑膠櫃的公文，與幾首伊克巴爾的詩和一本烏爾都語版的平裝驚悚小說放在一起。穆西搜出讓他家時來運轉的五件財產個別的一份文件：一輛手推車，讓他父親能把垃圾運往回收場，成為拾荒者貨物的買主；他們家的棚屋，則是向一個對孟買灰心的移民購買；棚屋隔壁的倉庫，讓他們家能在市場價格過低時，先不用賣掉他們的貨物；三個輪子的平板式老爺車，比手推車能載送更多貨物；還有瓦塞那塊地的訂金。這些文件上，只有卡拉姆・胡賽因的簽名。

「媽，放心，我在這兒很好。」喀卡珊謊稱，這時她的母親來到柏庫拉監獄（Byculla Jail）的女子監區，說明她提不出保釋的原因。

當她來到全城最大、最臭名昭彰的拘留所亞瑟路監獄（Arthur Road Jail）時，卡拉姆卻表示無法諒解。為了探望他，婕若妮薩必須排四個小時的隊，賄賂過警衛和員警之後，才能夠進門。在那幾扇門後，關押犯的總數，是官方規定的四倍。

「我簡直要發瘋了！」她的丈夫對她說道。他的囚室擠滿了人，誰也無法平躺下來。因為擁擠，他不能呼吸、吞不下食物。他因為她向法蒂瑪挑釁而對她大吼，隨後又叫她把他弄出監獄，彷彿她沒努力過似的，彷彿他不是那個威脅毆打法蒂瑪的蠢蛋，也彷彿他不是那個沒把老婆名字放進家族文件的人。

她離開監獄時，對她的丈夫感到憤怒，但她的憤怒持續不久。亞瑟路監獄的惡名，讓每個有思考能力的孟買人懼怕，也讓婕若妮薩懼怕，而此時的她，並不完全能夠思考。他的丈夫若跟人家幹架，成為亞瑟路的囚犯，面臨十年的監禁重罪，這可不是他們打算面對的後果。

一天早上，她站在監獄大門外的混濁大雨中，拉魯大罵了起來，因為蒙面罩袍妨礙他吃奶。她換了另一隻手抱他，才好接手機，這支手機的主人是她丈夫，如今由她看管。電話那頭是她在薩哈派出所的唯一盟友托卡勒員警，他比拉魯還要憤怒：安納瓦迪的其他人，是怎麼聽說他拿了她的錢，來幫忙這個案子的？

婕若妮薩能說什麼？家人被捕後的幾星期以來，她幾近瘋狂地遊走四方，把每件事都絮絮叨叨地講給別人聽。聽見她的長子在派出所挨打時發出慘叫，看見她溫柔的女兒被員警押進牢裡——那一刻，婕若妮薩腦中出現了一個字眼：qayamat，世界末日。

在那之後，她睡不著覺。在那之前，她也睡不著覺。她幾乎不知道這天早上站在哪一座監獄的門口。蜿蜒的白霧隨大雨而至。拉魯罵著：「我要叫那條狗咬妳！」騎單車的男孩呼嘯而過，送午餐盒給上班族。塞菲日夜救護車（Saifee Ambulance Day and Night）的車胎似乎扁了。

電話中的員警仍在嚷嚷。

「是的，不是的，」她萬分焦急地對托卡勒說：「我在外面，我在醫院。那些話是誰說的？不，沙巴，不。他們捏造事實，煽動這一切，只是為了讓你生我的氣。我在醫院，我的身體很不好。請聽我說：我兒子的事、我女兒的事，我有這麼多壓力。不，先生，我什麼也沒說。」

日落時分，烏雲散去，當雨季的天空出現紅色綾紋時，她將跪在派出所外，懇求員警的寬恕。天知道憤怒的員警可能做出什麼事，繼續對她的家造成傷害。

接受審判可能得等上好多年，而賣掉住屋後邊的房間所得的獲利，早已用完；穆西的垃圾盈利也僅足夠食物開銷。接下來，她是否該賣掉倉庫？隨著丈夫的監禁，她成為一家之主，而截至目前為止，她所做的每一個選擇似乎都是錯誤。或許，她的確什麼都不是，就像她不願向她丈夫承認的那樣。

在派出所那天，她應該花錢請阿莎安撫法蒂瑪；她應該付錢給宣稱掌控證詞的特別執行官；她應該避而不談她買通托卡勒，要他停止鞭打阿布杜父子、延後逮捕她女兒一事。只有一個決定她有信心，那就是她為阿布杜所做的決定。

警方即將把阿布杜當作成年人提出控告，因為他看起來就像成年人，也因為婕若妮薩沒有他的年齡證明，因此，他將被送去亞瑟路監獄，和他的父親關在一起。

婕若妮薩自己也不清楚阿布杜的年齡。自焚事件前，人們問她，她說十七歲，不過誰知道，他也可能是二十七歲。你不會去記一個孩子的年紀——如果你天天都為了不讓他餓死而奮鬥，就像其他許多安納瓦迪的母親們，在子女還小時所做的一樣。

阿莎會編造孩子們的生日，如今則以派對和蛋糕確認這些日期。一月分，曼竹連續第二年慶祝她的十八歲生日——這是阿莎的手段之一，以保存她女兒做為新娘子的價值。阿布杜從來沒要求過生日派對，他要的是一個具體的日期和年分，他的母親卻只能把她所知道的告訴他：

「你出生前，薩達姆．海珊（Saddam Hussein）已經在其他地方殺了很多人，可能是一或兩年前，我不清楚。你還在我肚子裡的時候，就狠狠揍我，比你任何一個弟弟妹妹都厲害，我常常痛得大叫，結果大家開始說，我肚子裡懷了另一個薩達姆。你生出來的時候個頭很小，像老鼠的兒子，不是什麼薩達姆。不過，我們還是給你挑了一個和平的名字，因為我們擔心大家的話或許有道理。阿布杜．哈基姆，表示這人憑他自己的才智拯救其他人。你大一點的時候，我鬆了口氣，因為你身上根本看不到薩達姆的影子。」

倘若阿布杜更像薩達姆，她就不會害怕他和職業殺手、戀童癖和黑手黨老大，一起關在亞瑟路監獄。她擔心由於她挑起的一場爭端，將使他在亞瑟路遭人作賤，或者強姦。為了不讓這些事發生，她所能想到的唯一辦法，就是花錢請人為他製作一份年齡紀錄，確保他被當作未成年人起訴。

她穿過廣場去找妓院老闆，此人曾被控販毒、拉皮條、搶劫，天曉得這些年來還犯過什麼其他的罪，可他只被關進監獄兩次。她想，他對有用的賄賂應當所知甚多。妓院老闆承認這是他的專長之一，他很樂於幫忙，並且交換報酬。然而，與年齡相關的檔案證明，並不屬於他的拿手絕活。

還有誰知道應該向誰賄賂，以及如何製作這樣一份紀錄呢？當然是：薩哈警方。後知後覺的她這才意識到，有個員警已經暗示她好幾天。

接受他的忠告後，她把錢寄給瑪洛市立學校，同時也送進警官的口袋。她拿著她需要的東西回到家：一紙偽造的學校證明，指出校友阿布杜．哈基姆．胡賽因今年十六歲。她那幾乎不算是孩子的長子，現在至少能被刑法制度當成孩子看待。

孟買的青少年感化院位於東日（Dongri）區，在安納瓦迪以南二十一公里處。前往感化院的第一段行程，阿布杜被推進囚車的後車廂中，和另外二十多個人擠在一起。在班德拉（Bandra）的法院停留一下，登記他的青少年身分後，他改搭計程車來到東日，只有一名女文官陪同他來。從她的肩上看過去，他能夠看到穆斯林中產階級區生氣蓬勃的街頭夜生活。

在一座深綠色清真寺的兩旁，店面的生意一片繁忙，雖然當時是雨天。清真肉屠宰店、穆斯林家具商、家庭藥劑師、哈比（Habib）醫院、鉤子上掛著勺子晃來晃去的廚具店、鮮黃色大門的餐廳、掛在柱子上的破三角旗，用來推銷考試預習課程和抱負不凡的穆斯林政客，還有一個擺攤賣風車的男人——接下來，街頭生活的景象逐漸消失。

龐大的青苔石牆，環抱著一個街區。正面的牆壁上有一扇鐵門通往東日感化院，這扇鐵門小得出奇，「兒童尺寸，」阿布杜心想。

他本來可以不用低頭進門就逃之夭夭，因為他的護送人似乎心不在焉，她的手幾乎沒抓住他的手。不過，他仍然進了門，沿著一條陰暗的通道走去，牆上嵌有木製印度教神龕。通道盡頭，他驚訝地看見一個悅目的中庭，以及一棵棕櫚樹。

青少年感化院是英國人於十九世紀初興建的砂岩建築群，輔以半平房、半窩棚的新建築。在殖民時期，印度和英國罪犯在這兒上絞刑台，他們的腿骨堆在地下室，至少其他的青少年拘留犯，在阿布杜進來時是這麼對他說的。被絞死者的鬼魂，據說每天晚上都出來活動。儘管阿布杜像安納瓦迪的許多男孩一樣怕鬼，可這些謠傳並未引起他的不安。被活人恐嚇，似乎削弱了他對死人的恐懼。

衣服被沒收後，阿布杜拿到一件稍嫌太大的制服，被帶往其中一間窩棚似的建築物，關進一個房間，和其他的新來者擠在一起。房間窗戶緊閉，瀰漫著汙濁的呼吸和體味，過了一小時，阿布杜感到窒息，腦袋開始變得不太正常。「我如果繼續待在這裡，很可能會把小孩切塊吃掉。」事後，他對自己居然有這種想法感到訝異。等到門終於打開，向他們分發烤餅時，他已經難受得吃不下。

接下來他前往典獄長辦公室，註冊為青少年拘留犯。謝天謝地，這裡開著窗戶，禿頭、胸膛健壯的典獄長看起來神經緊張，並不殘暴。最大的報紙《印度時報》（*The Times of India*）才刊登了一則感化院的內幕報導〈東日之家，人間地獄〉，人權運動人士不斷在探聽，關於沒穿內褲的孩子們被迫喝馬桶水這件事，因此情況很快地得到改善。

阿布杜和其他幾個男孩坐在房間後邊的地板上，等典獄長叫他的名字，把他的個人資料放進牛皮紙檔案袋中。典獄長身後的牆壁，有幾位印度大人物的肖像，十張臉孔當中，阿布杜能確定其中三人的名字。一個是甘地，毫無疑問，儘管他在肖像上的眼睛比盧比紙幣上的更凸出。甘地關心窮人，喜歡印度教人，也同樣喜歡穆斯林，他抵抗英國，讓印度自由。阿布杜還認得尼赫魯（Jawaharlal Nehru），他是印度獨立的創始人，看起來又白又英俊，和阿布杜在現實生活中看到的任何印度人都不一樣。安貝咯博士（Bhimrao Ambedkar），則是打紅色領帶、戴黑框眼鏡的男人，他為賤民階層爭取被人道看待的權利。在安納瓦迪，許多賤民家庭都在屋前掛了布滿灰塵的這幅肖像。

牆上的其他臉孔對他而言，就像典獄長桌上擺滿的印度眾神像一樣神祕。他猜想穆西或許叫得出所有印度大人物的名字，一個男孩子只要有幸上學，都會記得這類知識。

註冊之後，阿布杜被帶到一間營寨，和其他一百二十二個男孩躺在涼爽的瓷磚地板上。窗外傳來嘩嘩拉下鐵門的聲響——在石牆外的街坊，商家夜間打烊。他肯定睡著了，因為接下來他聽見的聲音，已成了洪亮悅耳的喚拜聲，那是社區清真寺以擴音器發送的黎明召禱。「阿拉吾阿克巴」（Allah-u Akbar），真主偉大。

阿布杜的父親認為，向阿拉禱告的時候一身骯髒，是大不敬的事，因此阿布杜不常禱告。「就算禱告的時候，我還是在想幹活的事。」他最近向喀卡珊坦承。不過，聽見喚拜人召喚信徒、或宣告走丟的綠衣小孩在清真寺等人領回，總讓他感到安慰。在這種聲音的男人照料下，他認為所有走丟的小孩定能平安無事。

關於阿拉本身，阿布杜隨著時日，制定出一套基於經濟學原理的論證，只因為他對真主的存在，缺少強烈的內在感覺。他說：「我花在理解的時間比其他人長，但是很多聰明的人都相信阿拉——長老、喚拜人、做這些慈善事業的穆斯林有錢人。這些人怎麼可能為一個不存在的真主，做這些事、花這些錢？這些大人物不可能隨便揮霍他們的盧比。」因此阿拉絕對存在，而祂肯定也有理由，讓阿布杜為一個莫須有的罪而進監獄。

一個麻臉警衛讓大家站起來，分發抹布和水桶，命令犯人前往一長排水龍頭。這裡的水多於安納瓦迪，阿布杜洗去他在派出所拘留室流的汗水後，感覺好一點了。然而，他在東日的第二天早上奉命洗澡時，卻感到氣惱。

在安納瓦迪，他看不出有什麼理由必須天天洗滌，因為他一擦乾自己，只會再一次弄髒。有時候，他臭到讓他的母親不得不拿條抹布在他面前揮舞：「你這傻瓜，讓自己煥然一新很好啊！」對其他人而言或許很不錯，但他本身卻認為，洗澡的例行公事不僅沒有意義，而且自欺欺人。讓自己煥然一新，迎接新的一天，或許有新鮮事會發生——他認為還不如在新的一天，承認這天只會和之前的每一天一樣沉悶單調。如此一來，你就不會大失所望。

阿布杜跟警衛說，他不想洗澡。警衛回答：「不洗澡就沒早飯吃。」這是東日的規定，於是阿布杜決定挨餓。回想起來，他這回鬧的脾氣有欠考慮。然而，自從法蒂瑪自焚後，他和熟悉的地標已經漸行漸遠，一身髒汙，是他與過去的僅有連結，因而必須堅守。

第三天早上，警衛說他不洗澡的話，不僅吃不到早飯，還得被關進那間讓他想吃小孩的不通風牢房，於是他決定服從東日的洗澡規定。到了第四天早上，他的膝蓋、耳朵和脖子史無前例地乾淨。這次英勇的投降，換來的早飯卻令人喪氣。飯裡有石子、麵包品質低劣，要是他母親拿出這樣的麵包，他早就放進口袋，拿去餵豬。在他的營寨中，多數男孩都是穆斯林——在印度各地，穆斯林在刑事案件中比例偏高——他們坐在地板上用餐，嘲笑差勁的伙食。他們把兒童教養院叫做「零頭」之家，意思是簡直一文不值。

早晨，營寨打開門，「零頭」們被放出來。在中庭，男孩子們奉命繞圈跑步，隨後放聲高唱國歌。接著，他們再被送回營寨，坐在地板上，什麼也不幹。在典獄長辦公室，教育和職業訓練活動的官方時間表，卻張貼在醒目的地方。這種矛盾並未讓阿布杜感到困擾，畢竟在東日，無論他發生什麼事、或不發生什麼事，都比在亞瑟路監獄安全。

其他關押者，把空閒時間拿來說故事，為彼此的案情提供建議。有個建言被反覆提出：「他們說你做了什麼，你承認就是了，他們就會放你出來。」不時過來的律師，也對他們的被監護人這麼說。認罪，案子就此了結，你就能回家去。

阿布杜很想回家，打算承認在法蒂瑪自殺前揍了她。想到她已經過世，仍讓他覺得奇怪，因為在安納瓦迪，他不曾當她完全活著，就像他的許多鄰居一樣，他認定她是身心障礙人士，於是隨意將她劃歸於劣等世界。然而，就像他在派出所了解的那樣，身心障礙和死亡是兩回事。

在營寨的某天晚上，一個十六歲少年向其他男孩子坦承，他拿刀捅死自己的父親。此舉事關榮譽，他說道，因為在這之前，他父親勒斃了他母親。然而，警方將兩起命案都歸咎於他。

這在阿布杜聽來像是電影情節。對其他犯人而言，這少年是否有罪，還不如他說他是有錢人家出身來得有趣——他的銀行帳戶裡有兩百五十萬盧比，相當於五萬六千美元。「這麼說來，你父母死了，現在你成了闊少。」其中一個男孩如此指稱殺死父親的兇手。即使少年說明了雙重殺人罪會影響遺產，其他孩子仍繼續談論他所能買到的車子和衣服。

許多孩子之所以被羈押，是因為工作時被捕。在阿布杜小時候，童工即已遭到禁止，但直到如今，這個法令也只是偶爾執行。

兩個看起來像七歲的孩子，在廉價旅館掃地時被抓起來。他們讓阿布杜想起他的小弟弟們，和他們在一起使他情緒激動。他看不出政府有什麼理由，把他們從父母身邊奪走。窮到年紀輕輕就得幹活，似乎已經算是一種懲罰。

阿布杜知道自己不擅於交談，因此在東日的頭幾天，他不跟別人往來，然而，監禁七歲孩子這件事令他火冒三丈。「你看看他們的臉，對人生多麼熱情，他們會打破這座監獄的圍牆。政府官員應該讓他們工作，讓他們自由。」

只有在羈押時他才想到，在安納瓦迪這種都市亂源，苦役也可能被視為自由。他很高興來自其他都市亂源的男孩們一致同意。

一天早上，阿布杜唱國歌時，一名坦米爾婦女因為養不起她兩歲的兒子，把他留在典獄長辦公室外面。阿布杜不忍心看她臉上那股悲傷的模樣。同情他人與他的本性不符，他在安納瓦迪見過更糟的情況，然而，他在那兒承受的工作壓力和牽掛，使他變得麻木不仁。

小時候，他家的棚屋倒塌，除了他自己之外，每個人都受了傷。他的母親常說，他的自私救了他。那時她煎了一片厚葉當晚飯，阿布杜在他那份被他父親咬了一口時，驚慌地拿著剩下的葉子，從屋裡跑出去，沒過多久，牆就塌了下來。

被監禁時，沒有任何東西需要保存，沒有什麼需要買賣或分類。後來他意識到，這是他頭一次的長時間休息，在這期間，他的內心發生了變化。

一天早上，他和幾名囚犯被送往警察部門管轄的一家小醫院，由指定醫師為疑似超齡的青少年檢驗年紀，十八歲以上的人，得被送去亞瑟路監獄。

在檢驗室裡，一名醫療助理為阿布杜量身高體重：一百五十五公分，四十九公斤。他光著身子躺在一張桌子上，他的陰毛被判定正常，臉部毛髮被歸類為「接近成人」，右睫毛上方的一個舊腫疤被寫入檔案。隨後，一名醫師帶著檢驗結果走進房間。阿布杜如果繳付兩千盧比，就算十七歲；如不繳錢，就是二十歲。

阿布杜怒氣沖沖坐了起來。他沒有二千盧比，不知道這位有錢的醫師是怎麼回事，竟然要一個被關押的少年付錢？醫師舉起手來，可憐巴巴地說：「沒錯，跟你這樣的窮小子要錢很荒唐，可政府付給我們的錢，不夠我們養孩子，所以我們被迫接受賄賂，當個混蛋，」他對阿布杜笑了笑：「這年頭，為了錢，我們幾乎可以不擇手段。」

阿布杜不覺為這位和藹的醫師感到難過，尤其這傢伙最後動了憐憫心，證明他十七歲。過了幾天，阿布杜甚至對一個孟買警察產生關懷之心。

一個體重過重的員警，把一批孩子送到感化院後，向一名警衛說起他的心臟毛病。「你以為你想當警察，可事實上你不行，因為這會要你的命。」員警說道，一面擦去額上的汗水。隨後，他說起另一個員警肺有毛病，一個罹患癌症，還有一些因壓力導致生病，說他們每個人賺的錢都不夠多，請不起像樣的醫生。阿布杜從前不曾把警察想成有心有肺、擔憂金錢和健康的人，現在這世界似乎充滿像他一樣生活貧困的人，這使他比較不覺得孤單。

一天下午，東日的男孩子們聽說他們有事可做，都感到意外，或許因為人權運動人士經常帶著記事本出現吧。六十個新來者，被趕進一個水泥磚砌成的房間，裡面有一塊黑板和一張警告抽菸危害的海報，要他們等一個老師過來——一個被熱情地稱為「師父」的人。

師父現身時，阿布杜微微感到失望。這傢伙完全不像他的頭銜那麼威嚴。他是個矮胖、中年的印度教徒，頭髮高高蓬起，一對水汪汪的發紅雙眼讓阿布杜想起他的母親，長褲底下則露出一大截中筒襪。接著，師父開始講話。

他一開始先說一則故事，講述一個少年不聽父母的話，最後被關進亞瑟路監獄。師父列舉出少年在監獄碰上的可怕經歷時，流下了眼淚。情況非常悲慘，他幾乎不忍心講出細節。隨後，他提到其他不尊重法律的少年、帶給他人痛苦的少年，那些少年就像他在這房間看到的男孩一樣。「你們如果是我的孩子，說實話，我早就會拋棄你們。」師父說道。隨後，他為他們的未來——他似乎可以預測的未來而哭泣。

房間裡的少數幾個男孩可能改過自新，過令人欽佩的生活，師父說道。這些人將得到回報，然而，其他人可能繼續過苦日子，繼續犯罪。懊惱的家人不再到牢裡探望他們，他們出獄時已經年老衰弱，或許將死在街上，無人關愛。

師父為那些打孩子、不花時間跟孩子說理的父母而哭泣。有意思的是，他還為自己離婚而哭，說他的老婆對他母親多麼潑辣，以及他如何在離婚協議中失去一輛大車。談起他漂亮的新任女友時，他才高興起來。

每當師父一哭，無論是為了失去他的車子或為了東日囚犯的命運，男孩子們也跟著哭起來。阿布杜這輩子從來沒像現在這麼哭過。這些淚水，不是他被薩哈警方鞭打後流的淚水，而是振奮的淚水。他從來沒遇過像這位師父一樣豁達風雅的男人。

阿布杜聽師父講話，卻不願釐清他自己的感覺，因為可能會解讀錯誤。然而，他對師父的感覺相當強烈。師父允許他成為學徒。

他不是什麼優秀的學徒。他不很了解關於國王施彼（King Shibi）把自己的肉體獻祭給老鷹的印度神話，這則神話，和他父親在他行為不端時講到的另一個國王、他的混帳兒子和一隻猴子的故事，似乎並無二致。然而，他父親的國王故事，讓他感到愧疚；而師父的故事，卻點亮了一條德行之路：當一個恢宏大度的人，獻上你的肉體，同意被世界上的眾多老鷹吃去，隨著時日，正義將歸屬於你。這是痛苦的生活經歷，阿布杜卻為美好的結局所吸引。

他評估自己在某些方面具有德行。他抗拒吸食Eraz-Ex、私酒、涉足妓院、或他覺得可能對他的警覺心和工作能力造成危害的種種娛樂。他拒絕慫恿其他男孩偷東西，即使這意味著輸給擁有電玩遊樂場、為增加營收而出借剪鐵絲網工具的坦米爾男人。阿布杜從來不打架，只是有時候說謊，也極少說出對父親的不滿。然而，他原本可以更好、更正直，現在他依然可以。

他將斷然拒絕購買他認為是偷來的任何東西，即使只是偷來的垃圾。他絕不承認他未對法蒂瑪做的事，即使這能救他脫離東日感化院，即使他家的收入因為他不在家而受到打擊。

對他的家庭來說，阿布杜的體力是至關重要的事。他是粗工，他的道德判斷無關緊要，他甚至不確定他具有任何道德判斷力。然而，當師父提及「尊嚴」和「榮譽」時，阿布杜認為師父熾熱的眼神越過一排排人頭，在他一個人身上停駐下來。現在還來得及，在他十七歲或不管幾歲的時候，努力對抗他的世界和他的天性當中存在的腐敗勢力。一個笨手笨腳、沒受過教育的男生，仍能擁有正直的內心：他打算牢記這點，以及師父所說的其他一切真理。

卷三　幾許荒涼

Behind the beautiful forevers

生氣蓬勃、攀爬圍牆的男孩，不會突然因肺結核暴斃；不僅病理學家，安納瓦迪居民也同樣知道，肺結核是會折磨人致死的慢性疾病。然而，卡魯的屍體證據，在機場大道的帕希瓦達火葬場迅速化為骨灰，偽造的死亡原因，登記在官方紀錄上，被一支擱著的香菸燒穿過去。而後，按警方規定所拍攝的屍體照片，從薩哈派出所的檔案上銷聲匿跡。

09 變身

七月間，阿莎和她的家人北上十三個小時後步下火車，來到馬哈拉施特拉邦的維達巴（Vidarbha）區。他們村裡的親戚審視他們的臉，尋找孟買貧民窟生活過得多好的證據。「你們都比小時候白喔，」曼竹、拉塢和甘尼許的一個表親說道：「柔和多了，魅力十足。你們從前很黑，很害羞。」

為了仔細端詳阿莎，老婦們必須伸長脖子，因為數十年的農村勞動使她們彎腰駝背，阿莎的曾祖母甚至匍匐而行。瞧著這些高齡婦女，阿莎像桅杆一樣站得挺直。回到老家，她覺得自己就像女巨人一樣。

在安納瓦迪，每當馬拉地頻道播出鄉下電影時，她總是淚如雨下。甚至最老掉牙的洪水饑荒劇，也能讓她想起她自己的年輕時代，曾在維達巴艱困的土地上耕作。偶爾對兒女追述往事時，她總是用誇大的語氣說：她就像瘋狂青春版的《印度之母》（*Mother India*），牛死了以後，還繼續拖犁耕田。她村裡的婦女，懷著崇敬的心情回顧當年的阿莎。她以驢子般的勞動能力著稱，即使連續幾天沒吃東西也行。

「我們在柑橘園幹活那時候，她骨瘦如柴，餓得半死，」她的一個親戚對其他人低聲說：「你現在絕對想像不到。她現在身子強壯，還有她說話的樣子，簡直就像沒踩過泥土。」

阿莎很高興自己被大家讚不絕口，並且遠離安納瓦迪的紛紛擾擾。她回老家來，是為了推銷她美麗的女兒，並且在昆比務農階層的同鄉中，展現她相對的成功。她的丈夫馬哈德奧將假扮清醒，她將假扮恭順的妻子，曼竹則扮演她自己——不管怎樣，登門求婚的人都將蜂擁而至，儘管此次造訪碰上了徒有其名的慶祝場合。

這個場合，是一場精簡的家族婚禮：沒有音樂，沒有舞蹈，也沒有炸糖圈。新郎是馬哈德奧的一個姪子，他仍在哀悼他哥哥的過世，他哥哥死於愛滋病，就在傳染給他的老婆之後不久。維達巴的愛滋病相當猖獗，大家卻堅決否認。如果曼竹的親戚死於愛滋的事傳了出去，可能會減少她在婚姻市場的價值。然而，村民對年輕人的死、未在婚宴露面的寡婦、甚至阿莎在城市裡的經歷，都不太感興趣。農民們的目光，只是不斷望向天空。

在安納瓦迪所說的雨停，在鄉下有不同的稱呼：旱季。六月的降雨很少，前一個月種下的數百萬棵棉花幼苗已經枯死。村民們以高價購買稱為「混合品種」的基因改良種子，理論上是為維達巴反覆無常的氣候而設計，而如今卻必須播更多的種子。為了支付開銷，他們必須重新申請貸款。

一些昆比人說，七月是眾神睡眠的月分。阿莎的親戚們則希望今年神明能調整祂們的作息，因為憂愁讓他們晚上睡不著覺。

阿莎和她丈夫離開相距二十多公里的農村二十年以來，這裡在許多方面發生更好的改變。多虧到城市求生的人把錢寄回家，一些房子變得更大更堅固。公款也使地貌發生了變化：乾裂的農田之間，散立著小學、學院和漂亮的政府機關，那裡的草坪就像機場大道的凱悅飯店一樣受到精心照顧。此外，政府興建更多的水利設施，然而，這些設施並未抵償維達巴日趨沒落的天然供水系統。貧乏的降雨和非法的抽水，損耗了地下水位；溪水乾涸；河流改道。隨著魚的死去和莊稼欠收，放債人成為非正式的村長。

由於感到羞愧，加上負債累累，有些農民於是自殺——這種老掉牙的劇情，是馬拉地電影的主要素材之一。然而，這部電影仍在繼續播放。在新的世紀，政府推算維達巴區每年平均有一千起農民自殺案；運動人士推算的人數更多。無論數字多少，自殺已經讓此區在國際上成為印度貧農的絕望象徵。

在維達巴官僚機構的檔案室中，灰塵累累的案卷顯示，以喝農藥為主的現代自殺手法已經取代自焚。在發霉的數千頁文件當中，親屬描述親人的痛苦狀況：

過去兩年，我們作物欠收，他沒錢還貸款。接著棚屋發生一起火災，種子全部燒光，向日葵、小麥都毀了。他沒錢讓他的二兒子娶老婆，怕大家問個不停，問他哪時候結婚。他家裡人口很多，看了銀行文件後，他心煩意亂，就喝了農藥。龐大的貸款，讓他不知該如何償還。

他腦筋遲鈍、不靈光，在田裡幹活，他借錢辦女兒的婚禮，結果感覺被套牢。

他說：「爸，你如果不買手機給我，我就自殺。」然後，他就去喝下農藥。

總理辛格（Manmohan Singh）從德里下來，對農民的困苦表達關心，以及中央政府紓解困苦的決心。一些負債自殺者的家庭，將獲得政府補償，對於向銀行而不向放債人借錢的農民，一項債務調整、豁免利率的計畫業已展開。一項增加農村收入的全國大計畫也在進行中，保證失業村民每年能有一百天從事政府補貼的工作。政府的其中一個目標，是防止村民捨棄他們的農場，使孟買這些大城湧入更多人口；然而，阿莎的親戚們，對這些著名的紓困方案一無所知。

在有權有勢的印度人當中，機會分配往往是內線交易。那年夏天在其他地方，價值數百億美元的公共電信執照，被賣給出價最高的幕後企業買主；原本打算用來為二〇一〇年國協運動會（Commonwealth Games）興建世界級體育館的公款，被挪為私人利益之用；國會對印度和美國之間一項重要核武條約的未來所持的反對態度，因大量金錢介入而軟化；最有錢的一百個印度人其財富總額，幾乎相當於全國生產總值的四分之一。

在阿莎和她丈夫從小長大的維達巴以東的一片樹林中，許多民眾不再相信政府會承諾增加他們的財富。大規模企業和政府的種種現代化方案，摧毀了他們的土地和傳統生計，於是他們協助復興毛派革命分子的四十年運動。這些游擊隊利用地雷、火箭發射器、釘子炸彈和槍枝，對抗資本主義及印度政府，他們的行動，如今遍及印度六百二十七區當中的三分之一，包括印度中部和東部未開發的「紅色地帶」。今年夏天，毛派分子在奧里薩（Orissa）邦戰績尤佳。他們擊沉一整船的突擊軍，殺了三十八名突擊隊員，轟炸一輛警車，多殺了二十一個人。

然而，在大多數農村，人們尚未談及革命。他們等著看基礎設施和農業技術的改善，能否讓他們的前景改觀。今年，曼竹十七歲的表弟阿尼爾（Anil）在棉花田和大豆田勞動時，便扛著這樣一種預付資產：金屬農藥噴罐。

他勞動的田地，屬於一個有錢的政客所有，政客每個月付給勞工一千盧比，相當於二十一美元。新的化學農藥雖然提高政客的作物產量和利潤，噴罐的重荷和有毒的吸入氣體，卻使勞動者的工作萬分辛苦。在最近一天勞動結束後，阿尼爾的一個同事放下他的噴罐，爬到農場邊緣的一棵樹旁上吊自殺，他的家人也沒有收到應得的政府賠償。

夜晚時分，阿尼爾想像和政客雇主之間的許多對話，在對話中，他溫和地表明，比較辛苦的勞動，工資應稍微提高。然而，怨天尤人的勞工很容易被取代，所以阿尼爾沒把這些想法告訴別人，包括自殺的想法。

阿莎前一年建議他到安納瓦迪碰碰運氣，於是，阿尼爾成為每年來到孟買的約五十萬印度農民之一。每天拂曉，他和其他找工作的人，一起站在機場附近的交叉路口瑪洛納卡（Marol Naka），監工人員搭卡車來這兒載送臨時工。每天早上，一千個沒有工作的男男女女來到這個十字路口，其中會有幾百人被挑去幹活。阿尼爾並不曉得，孟買的平均壽命比全印度短少七年。他只知道，在交叉路口竭力和其他移民搶工作，卻未能成功，讓他覺得胸口彷彿塞滿稻草。碰壁一個月後，他回到家鄉。

「看我回來，大家都笑我，」此時，他對曼竹說：「我告訴他們，我要去賺錢、看看那城市，結果兩件事我都沒做成。我主要看到的東西，只有飛機。」

婚禮前一天晚上，曼竹，身為她這一輩當中年紀最大的女性，帶著一盆穀子走過村子，到廟裡為新郎和新娘唸經禱告。她穿著一件城裡的姑媽穿膩的桃色亮片雪紡罩衫，引導家人鄰居一行人，沿著黃土路行進，路上擠滿找東西吃的驢子。經過幾間漆成綠色的糞土屋——那是田裡再也看不到的那種綠；隨後，她爬上一條坡路，來到哈努曼（Hanuman）猴神廟。

早些時候，她在新郎的臉上擦粉，在他眼睛四周刷上亮粉。然而，即使在黑暗、沒有電的廟裡，她仍感覺到人們注視的是她，而不是塗滿亮粉的新郎。一個上大學的都市少女，在村裡就像煙火般耀眼。可哪一位昆比男士，會被阿莎選為她的丈夫呢？當中有些人可能覺得曼竹受太多教育，不容易聽話；有些則可能太窮，很難讓她母親感興趣。

第二天，曼竹無法在陰鬱的婚禮上隨時留意阿莎的一舉一動，但不久，一名年輕士兵來到這家人待的屋子，阿莎到屋外同他私談。曼竹不時聽到她母親嘶啞的笑聲。

最近在安納瓦迪，曼竹看著阿莎為一個害羞的鄰家女孩和出身另一個貧民窟的男孩協商婚事。曼竹很高興有機會一窺究竟，因為這種協商有朝一日也可能決定她的未來。事情似乎進行得相當順利，直到女孩抬起頭來為止。「不美！」男孩家裡的人表示反對，責怪阿莎浪費他們的時間。

那天下午的殘酷現實，使曼竹自我武裝起來，因此當阿莎叫她端茶出來時，她把頭髮撫平，眼睛低垂，試著讓自己的心保持冰冷。士兵接過杯子，盯著她許久，說：「別站在太陽下，妳會曬黑。」

儘管留著小鬍子，但他並不難看。曼竹的目光並未垂得很低，因此不得不注意到，他的目光順著她的身體滑下來。她覺得彷彿被人觸摸。有時候她不安地感覺自己多麼強烈地想被人需要；她幾乎已經準備好結婚，準備好接受性愛。可萬一阿莎安排的婚事，判她終身囚禁在維達巴，曼竹一定會逃跑。

一家人返回安納瓦迪的前一天晚上，阿尼爾向他的表親們說起他做的一個夢：他從農場狂奔而去，曼竹、拉塢和甘尼許在他身旁一起奔跑。「我們全都逃跑，讓我們的母親非常生氣。她們說：『你們離開的話，就不准再回來！』我們就說：『別叫我們回來！我們不想回來！我們要去更好的地方！』我們一邊跑，一邊開心地笑。」

回到安納瓦迪，阿莎把悲慘的法蒂瑪事件拋諸腦後，也把瘋狂的婕若妮薩拒之門外。接下來的雨季，她要致力自我進修。首先，她必須選修一兩門大學課程，否則她在瑪洛市立學校幼稚園的臨時教職可能不保。馬哈拉施特拉邦政府打算提高學校素質，其中一些老師被迫證明自己也努力地繼續受教育。幸而，阿莎在恰範馬哈拉施特拉公開大學（Yashwantrao Chavan Maharashtra Open University）的教授向他班上的老師們保證，他會提供年終論文和考試的答案。

然而，阿莎想成為政客，而不是低收入的幼稚園老師。為了達成這一目標，她認為她必須拋棄她的貧民窟作風，一如她拋棄自己的鄉下作風那樣。這是另一種遷移——階級的遷移。她告訴曼竹，其關鍵在於：「研究上流人士。觀察他們怎麼生活、怎麼走路、做什麼事，然後也跟著那樣做。」

阿莎從小培養她的女兒，相信自己和安納瓦迪的其他孩子不一樣，甚至比她自己的弟弟們優越。十四歲的甘尼許脾氣溫和、猶豫不決，而拉塢儘管自信十足，卻缺乏野心。放棄酒店的工作後，他對於在機場員工餐廳收拾桌子的臨時新工作非常滿意。阿莎越來越常在兒子身上看見她老公的影子，既然把她認為他們所能學到的東西教給他們，她就隨他們去了——他們如今是安納瓦迪切洋蔥切得最快的男性。只有她和曼竹，似乎有可能藉著聰明的規劃，躍入印度日益擴大的中產階級。

阿莎記得左鄰右舍聽說她僅以七年級的學歷，取得幼稚園教職時的情況。他們用嘲弄的口吻叫她「老師」。然而，時間一久，頭銜固定下來，這些嘲弄便煙消雲散。同樣地，你也能冒充上流城市的一員，待奚落過後，即晉升成上流人士。這是曼竹在學校熟背功課的另一種目的。

「別害怕直接找上流人士交談。他們有些人很不錯，願意回答妳的話，」阿莎指示她的女兒：「問他們怎樣看起來更體面，並且接受他們的意見。」

最近，阿莎請一個濕婆神軍男人，對她的形象進行嚴格批判。「他說，身高夠的話就別穿有跟鞋，因為這會讓妳身價下跌，」她敘述給曼竹聽：「不要把家居服穿到外面去，改穿莎麗。不要看起來一副心事重重的樣子，就算妳真的心事重重也一樣，沒有人想看妳臉上那些皺紋。不要和看起來比妳糟糕的人走在一起。」

傳達最後一個竅門時，濕婆神軍男人幾乎不留情面。一天傍晚，兩人一起走去市政代表的家時，他說：「我看起來很不錯，但妳看起來很醜，妳的醜也讓我變得遜色。」

曼竹從大學帶回進一步的資料：吊墜耳環，下等；小圈耳環，上等。她告訴她的母親，上流婦女還穿牛仔褲，她母親於是批准她購買一條喇叭牛仔褲。有一天，當曼竹穿著牛仔褲和桃色亮片二手罩衫照鏡子看搭配時，對自己大聲說：「選框效果，變身！」這是她在電腦課上練習修圖軟體時，學到的術語。

在阿莎的妹妹把母女倆的頭髮剪成羽毛般的瀏海時，卻讓身上的效果失色了一些。在潮濕的空氣中，羽毛像毛燥的雲團一樣高高隆起。不過，利用雨季的時光，讓自己變得時髦，感覺倒很有趣。曼竹察覺她母親突然間對她平等相待，便提出一個新的話題：許多上流人士和他們階層以外的人通婚，結婚對象由他們自己、而非他們的父母挑選。

「有錢人都有這種不一樣的思維。」曼竹說道。

阿莎並不想變得那麼上流。阿莎喜歡維達巴的士兵，他來自一個相對富裕的人家，可她丈夫基於不太可靠的理由，反對這樁婚事：軍人往往像他一樣愛酗酒。在安納瓦迪，寶麗修女至今已兩度拜訪阿莎，代表另一個可能的新郎進行遊說，此人住在毛里裘斯（Mauritius），是個中年男子。「他是我哥哥，」修女說道，眼睛快速眨動。阿莎懷疑寶麗修女其實是是拿錢辦事。然而從某方面來說，阿莎也是。

安納瓦迪的大部分居民，都認為女兒是累贅，因為嫁妝是沉重的經濟負擔。但是阿莎很久以前就意識到，像曼竹這樣漂亮、能幹、無私奉獻的女孩，可能攀上一門相當有利的親事，因而提升她全家的地位。這位毛里裘斯男士雖號稱有錢，阿莎卻不放心把她唯一的女兒送去非洲，她聽說漂亮的女孩在那兒會被賣去當奴隸。她決定暫且不做決定，而去鼓勵曼竹擴展她的社交圈，以增加機會遇到條件更好的對象。

阿莎相信，一個人要追求更好的生活，應當盡可能嘗試多種計策，畢竟你不容易預測何者可行。曼竹的第一個想法是賣保險，就像她的一個大學同學那樣。印度人壽保險（Life Insurance Corporation of India）在里拉酒店旁邊的一棟辦公大樓，為有志成為保險員的人提供免費訓練。

阿莎對這間保險公司的電視廣告十分著迷，保險能讓買得起的人，遠離印度生活的變幻無常。在其中一則廣告中，年輕的丈夫體貼地為妻子買了醫療保險，而後發生車禍。如今，他的妻子奇蹟般地從輪椅上站了起來，人壽保險竟使葬禮變成慶典！賣這些保險，能使曼竹有機會接觸有錢人，同時還能給家裡帶來更多的錢。

曼竹學習保險條款的英文稱呼時，家教學校的孩子們會提早過來給她支持：「未來信心II」、「財富信心」、「投資信心」、「抱負人生」。孩子們的語彙一下子擴及到「退保金額」、「附約保費」、「部分提領」。

受訓期間，曼竹了解到，她如果直接提起悲劇或死亡，什麼也賣不出去。你必須強調利潤——講一個男人買了四十種保險，讓他家坐望盧比紙鈔積聚成堆的故事。

曼竹練習言談及辯駁，直到說得流利為止，並且高分通過期末考試。而後，什麼也沒發生。她哪認識買得起保險的人？

「人人都想獲得利益，」有一天，她對孩子們搖頭說道：「他們都說，如果我做這件事，能賺多少錢？大學女生也這樣說話，即使在談到彼此的時候。『帕拉薇，幹嘛跟那個怪女生說話？有什麼利益？有什麼好處？』」

妓院老闆的十一歲女兒祖布（Zubbu），比別的孩子更了解曼竹對利潤追求的擔憂。她的父母想賣掉她，祖布覺得自己就要發瘋。曼竹只能禱告祖布的父母這回的創業冒險無法成功，就像他們其他所有的投資事業一樣。

教導祖布這樣的女孩子，讓曼竹感覺到自己的幸運。明年春天，假使她通過邦考，她即能擁有文學士學位。賣掉他們家的出租房間再多唸一年，取得教育學士後，她便能成為合格的教師。她不期望在政府的學校找到一份固定工作，因為這些工作往往得巨額賄賂教育官員。小型私立學校是較為可能的考量，儘管薪資少得可憐，少到她的大學同學都開始擔心他們投資在一個愚蠢的職業上。有個女同學打算畢業後到客服中心上班；另一個女同學則認為，當廚師賺的錢更多。這群人當中，只有曼竹仍然想去教書。不過，供她磨練技巧的安納瓦迪家教學校，一天比一天令她母親惱火。阿莎覺得，和低等孩子打交道沒有任何長程效益。

中央政府透過與非營利組織的接觸，資助曼竹的「過渡學校」以及孟買數百間這類的學校。儘管公共教育資金隨著印度的新興財富而增加，這些資金主要仍用於政治菁英間的金錢流通。政客和市政官員為取得政府資助，幫忙親朋好友開辦非營利組織，至於學校辦不辦學，他們根本不感興趣。

曼竹的學校，在天主教慈善組織「普及教育行動方案」（Reach Education Action Programme）贊助下實施，比起其他非營利組織，這一組織更注重對窮困學生應盡的義務。負責組織的牧師拒絕支付回扣，於是他手下的學校，在孟買各地一一關門，安納瓦迪的學校是其中一個倖存者。慈善機構的督導員，每隔一個月左右過來聽課，考察紀錄。他明白本該由阿莎興辦的學校，實際上卻由曼竹執教，不過他未去計較，畢竟她的學生還是學到了東西。

一天下午，孩子們正在練習英文單字：chariot（戰車）、knee（膝蓋）、mirror（鏡子）、fish（魚）和 hand（手）。

「你用兩隻手來做什麼？」曼竹想知道。

「吃飯！」

「洗衣服！」

「跳舞！」

「舉起來讓人明白，我要揍他一頓——」

大家聞言轉過頭去。阿莎站在門口，怒不可遏。

「教課有多急迫？」她對曼竹大吼：「是這些孩子重要，還是幫我保持家裡的整潔重要？」

骯髒的孩子趴在地上，筆記簿丟得到處都是。這樣一幅景象，完全不像一個即將成為貧民窟主和民選官員的家。請願者隨時都可能到來，向阿莎反映他們的難題。早上洗的衣服還是濕的。「好極了，」阿莎摸摸一條毛巾，對曼竹說：「現在外頭艷陽高照，妳卻把衣服晾在屋子裡。我不在家的時候，妳難道不能做好半件事？」曼竹轉過頭去，不讓學生看見她的臉。

此後，曼竹開始每隔一天、或每三天授課一次，孩子們明白她是身不由己。一個新學校在汙水湖旁的粉紅色寺廟開辦時，他們當中不少人被吸引過去，不過，非營利組織的負責人為取得政府資助，拍攝了幾張孩子們在唸書的相片後，學校隨即關門。

曼竹把新取得的空閒時間，用來貫徹擴展社交網路的第二個主意。她加入「印度民防軍」（Indian Civil Defense Corps），此一組織旨在讓一群中產階級市民接受訓練，以便在水災或恐怖攻擊事件中拯救他人。

和孟買的許多人一樣，她對恐怖主義的問題越來越憂心。七月，班加羅爾發生數起炸彈爆炸事件，而後在阿默達巴德（Ahmedabad）也發生爆炸事件——在市中心共發生了十九起爆炸案。炸彈襲擊者並非毛派分子，毛派分子是印度農村的問題。都市的危機來自宗教武裝分子，其中有些以阿拉的名義行事，就像他們在寫給報社的電子郵件中所說的那樣。

金融中心孟買是明顯的攻擊目標，因此警犬亦加入五星級飯店的維安陣線。機場裡沙包掩體的數量增多；西方高速公路（Western Express Highway）上，則有電動招牌敦促全民提高警覺：「貴區有無生人出沒？請速報警。」在曼竹看來，為保護她的城市，相較於報警檢舉陌生人，民防軍似乎是更為具體的方式。

在政府大樓空洞的地下室，她和其他四十位馬哈拉施特邦民，包括中年婦女和兩名充滿理想的大學男生一同模擬危機狀況，演習救人技術：炸彈爆炸時保持冷靜，首先確保自身安全，然後安撫他人，帶他們到安全的地方。在突發的洪水中，南瓜和空塑膠水瓶可做為浮游裝置。把你的絲巾綁在身體虛弱、不能游泳的人身上，拖著他們走。

在這支隊伍中，曼竹的身材最纖弱，勝任不了至關重要的「農民荷重」任務，因此在演習訓練中，她通常扮演受傷的援救對象。她呈大字型躺在磨石地上，頭髮散亂，做出印度電影裡她所知的痛苦動作，從上氣不接下氣、驚恐的眨眼，到老掉牙的嘆氣顫抖。隨後，她被拋到某人肩上，帶到安全的地方。在這裡允許身體接觸，而最令人愉快的，是她在維杰（Vijay）的懷抱裡全身放鬆的時刻。這位認真、方下巴的大學男生是隊伍領導人，他感謝曼竹充當災民所做的真誠努力。

一天晚上，當曼竹穿著她的新牛仔褲和桃色罩衫離開訓練班時，維杰喊她的名字。他們一起穿過馬路到公車站時，他抓住她的手。這是她的第一次。曼竹的期望，和她受過良好磨練的務實傾向緊貼在一起，她的務實使她堅決認為，城裡像維杰這樣的人，都有比她這種尚未成為上流人士的女孩更理想的選擇。

在貧民窟保守祕密是件難事。據阿莎所知，成功守住的祕密，就像一種貨幣。她晚上去了什麼地方、和什麼人做什麼事情，都可以隨便別人講，只要他們沒有直接逮到，她就能否認一切。

此時是她的四十歲生日晚上，低沉的天空掛著弦月，沒有下雨。曼竹把切成片的蛋糕分給大家，還有一堆洋芋片擺在旁邊。阿莎摟著她的兒子們，連她的丈夫馬哈迪奧也帶著慶祝的心情，搶走她的禮物——一個裝滿金幣巧克力的塑膠百寶箱。「應該裝真的金幣，因為今天是我的四十歲生日。」阿莎笑著說道，一邊吃起她的蛋糕。

她的手機再度響起，之前十五分鐘以來一直響個不停。她身穿深藍色莎麗，把擺在大腿上的手機埋得越來越深。一個名叫瓦格（Wagh）的警官急於見她。

「急事嗎？」曼竹過一會兒問道：「打這麼多次。」

「是那個叫黎娜（Reena）的女人，要找我談部門的工作。」阿莎謊稱那是濕婆神軍婦女分會的事務。一分鐘後，她猶豫地說：「我可能得過去。」

「什麼？告訴她你不能去，這是妳的生日聚會啊！」曼竹輕鬆地下令道，而後阿莎接起電話。

「不行，」她對著電話說道，然後停頓許久。「不，不可能。明天好嗎？你瞧——」又是停頓許久。「聽著，我……」

她突然起身站到鏡子前，在臉頰上撲滑石粉，整了整莎麗，梳理她濃密的頭髮。她看得見她的丈夫和曼竹盯著鏡子裡的她。

「我的項鍊看起來肯定像真的，」她侷促不安地叨唸：「一個傢伙今天在火車站跟我說，把項鍊收起來，要不然會被偷走。你們可知道，迦特科帕（Ghatkopar）市場的香菜只要五盧比？我稍早去那裡的朋友家喝茶，錯過了公車。新鮮漂亮的香菜，比我們這裡的好——」

「媽，」曼竹平靜地說：「別去吧。」

手機再次響起。

阿莎說：「好，我說我這就來。我儘快了。什麼地方？」

滑石粉弄得整個手機都是，沿著她的脖子掃下來。她流著汗，她的丈夫則淚水盈眶。

「媽，」曼竹又說一次，伸手抓她的手：「求求妳，媽！」

然而，阿莎掙脫她女兒的手，快速走過廣場，經過遊樂場前的街童，經過凱悅，一直走到威風凜凜的馬拉塔大酒店（Grand Maratha）外頭的公車站，才停下腳步。

這棟粉紅色酒店是當中最貴的一家。此時是金粉紅色，因為數百盞燈泡照亮了酒店正門前的齋浦爾石。阿莎也同樣穿得金光閃閃，站在圍牆外邊，一邊臉頰上留有一道白滑石粉。

她猜得沒錯，家裡的曼竹在一小塊巧克力蛋糕上滴下了眼淚。多年來，阿莎都希望她的女兒猜不著她和其他男人的事；但此時，她真希望她把曼竹教養得老練些，能理解她的處境。這和情欲或流行無關，儘管她知道，許多上流人士四處跟人上床。這不只是關於被愛和美麗，而是關於金錢和權力。

她的腦袋動得比其他人快，政客和警察終究認識到她的機敏，也漸漸重用她的能力。二十歲時，她是個貧窮、未受教育的難民，旱地出身，丈夫對工作沒興趣。今晚，四十歲的她，是個幼稚園老師，在她的貧民窟是最具影響力的女人。她讓她的女兒受大學教育，再過不久，她希望能讓她嫁得風光。只要曼竹大放異彩，這些交易就值得了，即使她曾做了那些有關愛滋病的惡夢。

她知道，她該去驗血，她該查看那位警官是否已經抵達機場大道。然而，一隊婚禮人群湧入馬拉塔大酒店的草坪。她忘了這天在印度日曆中是黃道吉日，占卜家認定適合結婚的日子。一支銅管樂隊正在吹奏她分辨不出的音樂，攝影師競相拍照，擋住她能看見新娘的視線。紅色和粉紅色的碎花紙吹過圍牆，落在她的腳邊，而後，陣陣強風吹走了碎紙。一輛白色警車為她停下來。阿莎緩緩背過燈光、樂隊和婚禮，警車的後門朝著她自動滑開。

10 捉鸚鵡賣錢

七月底的一天清晨，蘇尼爾發現一個拾荒伙伴躺在位於安納瓦迪的車轍道和機場要道交會處的泥巴中。蘇尼爾知道這位老翁：他工作賣力，睡在約一公里外的瑪洛魚市場外面。此時，男人一條腿被壓爛，鮮血淋漓，一面向路人呼救。蘇尼爾猜他被車子撞了，有些駕駛人總是懶得避開路邊的拾荒人。

蘇尼爾不敢去派出所，也不敢叫救護車，特別是在聽說阿布杜出了什麼事之後。他跑向貨運大道的垃圾箱附近，希望有哪個成年人勇敢地到派出所通報。每天早上，這個路口都有成千上萬的人走過。

兩個鐘頭後，拉塢離開安納瓦迪去上學時，受傷的男人喊著要水。「這人比你爸還醉。」拉塢的朋友取笑他。「他才比你老爸醉咧。」他們拐向機場大道時，拉塢做出了沒什麼創意的反駁。拉塢不怕警察；鄰居把沸騰的扁豆倒在生病的寶寶丹努什身上時，他曾經跑去向警方求援。然而，馬路上的男人只是個拾荒人，而拉塢還得趕公車上課。

過了一個小時，婕若妮薩・胡賽因路過時，拾荒人正痛苦地慘叫。她覺得他的腿看起來慘不忍睹，可她正要帶食物和藥品給她丈夫，他遠在城市另一頭的亞瑟路監獄，看起來同樣慘不忍睹。

沒過多久，換坎伯先生經過，他的眼睛混濁、身體疼痛，開始走訪各個企業和慈善機構，繼續為他的心瓣膜尋求捐款。他曾經像這個受傷的男人一樣露宿街頭，但如今，坎伯先生只看得到自己無止無盡的痛苦，因為他知道，在新印度什麼奇蹟都可能發生，卻不可能發生在他身上。

午後，拉塢和他弟弟放學時，受傷的拾荒人一動不動地躺著，低低呻吟。下午兩點半，濕婆神軍的一個男人，打電話給薩哈派出所的一個朋友，說一具屍體令小小孩們感到不安。下午四點，警員們叫其他拾荒人把屍體搬上警車，如此一來，警員才不會染上拾荒人身上的疾病。

薩哈警方沒有去找拾荒人的家屬，便斷定這是身分不明的屍體；庫柏醫院的驗屍醫師未經解剖，也以死於肺結核下結論。處理此案的員警托卡勒，和畢加普爾邦（Bijapur）帕提爾醫學院（B. M. Patil Medical College）有業務往來，想讓事情快速解決。解剖學系需要二十五具無人認領的屍體做解剖之用，加了這一具就能完成任務。

過了幾天，在雨中幹活的一個年輕拾荒人，在機場發現另一具屍體：一個身障人士，躺在通往國際航廈的專用道路上，身旁有一支手工拐杖。他同樣身分不明、也未進行解剖。第三具屍體出現在汙水湖盡頭，在人們用來拉屎的一個坑裡。使用露天廁所的人都留意到，這裡的氣味比平時難聞。腐爛的屍體是嘟嘟車司機謳登（Audhen），他也被標示為無名屍，死因紀錄是「疾病」。在凱悅對面的機場灌木地，出現了第四具屍體，頭顱被砸扁——那是一個搬運機場行李的安納瓦迪居民。

安納瓦迪居民懷疑，這是獨腿婆子留下的詛咒，他們猜測，如今這整個地區已成為破敗、腐臭、沉淪之地。有傳言說，安納瓦迪和其餘的機場貧民窟，將在來年的議會大選後拆除。

一些安納瓦迪居民深信，市政代表薩旺可能延遲推土機的到達日期。然而，在附近的十字路口，一張政治海報啪噠啪噠地拍動，說明有樁交易正在進展：「你假裝你揍了我；我假裝我在哭。你們這些住在機場土地上的人，對這些假把戲都非常熟悉。如今，另一黨說，他們要阻止機場當局拆毀你們的家，那他們為什麼要密會政府和開發商？」

這些死亡和傳言，使蘇尼爾萬分恐懼，然而，更緊迫的問題是，他的妹妹又長高了一吋，使他們之間的身高差距持續增加。雨季期間，機場的垃圾遠遠不夠讓他長高。最讓他沮喪的時刻，是當他瞥見另一個安納瓦迪拾荒男孩，如草一般健壯筆挺，拖著滿滿一大袋子，滿得使他得俯下身子。

他是眨眼男孩索努．古普塔（Sonu Gupta）。他住的棚屋與蘇尼爾相隔七戶人家，年紀大蘇尼爾兩歲。幾年前，機場的拾荒競爭較少時，他們曾在貨運大道的垃圾箱合作過——他們的合作關係，在蘇尼爾意外打斷他的鼻子時告終。不過近來，索努似乎間接表示原諒。蘇尼爾有時在天亮前，看見他在他們的貧民窟巷弄徘徊，臉上布滿「我們一起幹活吧」的神情。

索努的臉令人倒胃口：消瘦乾癟，其中一隻眨動的眼睛朝上翻。他還是半個聾子，熱天時鼻子會湧出鮮血——這是他家族的先天缺陷。蘇尼爾的年紀已不小，能夠想像自己若是重拾這種低水準的交情，別的男孩將怎麼說。不過，他很好奇眨眼男孩如何找到這麼多垃圾。在任何季節，更不用說在雨季，視力差對拾荒人可是極為不利的條件。

某天，蘇尼爾在索努幹活時跟著他。他驚訝地發現，這個在安納瓦迪沒有任何朋友的孩子，在外面竟然擁有有利可圖的人脈——主要是和在印度航空其中一個入口把關的保安人員。索努在黎明前的黑暗中，等在貨運大道上的一排閘門外，手持破破爛爛的掃帚。最後，一個印度航空保安員讓他進去，他於是帶著滑稽的憤怒打掃起來。他清掃走道，維安亭，再掃走道，掃除他小小的足跡。他把腰彎得很低，吸進他掃起的滾滾煙塵。

這種卑賤行為，讓蘇尼爾打算對他嗤之以鼻，直到警衛把兩大箱垃圾倒在索努的腳邊。蘇尼爾於是看見機會所在。在野蠻兇殘的貨運大道上，一個無足輕重的少年竟然包下了安檢門後的一切——大量的塑膠杯、可樂罐、番茄醬包和鋁箔盤，都來自印度航空工作人員用餐的食堂。

不知為什麼，是因為他那令人同情的外觀嗎？眇眼的索努在保安人員面前，實現了蘇尼爾對於孤兒院來訪的富婆未能實現的任務——索努在衣衫襤褸的族群中顯得突出。不久之後，蘇尼爾同他並肩走出安納瓦迪，覺得好像沒有那麼難為情了。

蘇尼爾必須大喊大叫，索努才聽得見，起先，他幾乎懶得叫喊。簡短的字眼已足以應付他們的日常工作：在印度航空打掃，嘗試從啤酒吧和快餐店經理那兒取得瓶罐和垃圾，而後分道揚鑣，拓展到更大的範圍。蘇尼爾擅於爬牆，以及逃避阻止他離航廈太近的機場保安員。但索努不想挨保安員的揍，他的才能是協調和系統規劃，他頭一次付錢給印度航空警衛取得垃圾後，他們便不曾再開口要錢。

在印度航空被索努取代的拾荒人揍了他一頓，在路上碰見時仍咒罵他，然而，生來便引人嘲弄的索努，並不擔心他人的想法。完成當日的工作時，他會站在機場大道上面對車潮，俐落地繫緊肥大的袋子，全身散發出驕傲的光芒。

「你教會我怎麼把這件事做好。」蘇尼爾有天對索努說道。索努很善良，將他們的收入平分：在大多數的日子裡，每人分得四十盧比，相當於一美元。

他們幹活時說的話多了起來。起先是無聊的小事：判斷貨品能否回收，腳趾幾乎和手指一樣有用；索努家有台收音機，在調大音量時會電到人。後來他們開始談論較大的議題，索努喜歡一邊拾荒，一邊做簡明扼要的演說。他堅稱，患上黃疸是因為喝汙水湖的水，反對蘇尼爾認為那是因為取笑黃疸患者而得。索努還建議，鑒於他弟弟的遭遇，還是別跟住在豪華飯店的男性旅客扯上任何關係。他建議蘇尼爾或許這一生該刷一次牙，因為他呼出的氣，比貧民窟那些吃腐爛食物的豬還難聞。

某天在米提河，索努在蘇尼爾把一段菸屁股裝進袋前，搶先發現了它。索努蜷著身子，用石頭敲擊煙蒂，取出煙草，扯碎濾嘴，然後朝粉狀殘跡點了點頭。「如果再被我看見你抽菸，蘇尼爾，我就用像這樣的石頭揍你。」

索努以相同的狂熱，反對蘇尼爾對卡魯的癡迷，就是那個為沒錢看電影的男孩們模仿電影角色的垃圾竊賊。「你半個晚上都在聽卡魯講話，害我隔天早上得浪費很多時間叫你起床。」索努抱怨道。索努不太了解為什麼人會睡過頭，他說：「每天早上，我的眼睛就會自己張開。」蘇尼爾雖不習慣，卻喜歡有人為他擔憂。

比起蘇尼爾的父親，索努的父親是更為有趣的酒鬼。他有時會把當天從事道路施工賺來的盧比紙幣撕碎，說：「去他媽的！錢重要嗎？」不過，所幸他有個好母親。夜裡，她和她的四個孩子把細條狀的零件，從粉紅色塑膠衣夾裡抽出來，這是她為附近一家工廠所做的計件工作。白天，她在里拉酒店附近的人行道上，販售過期的袋裝番茄醬和小罐果醬。航空餐飲公司把果醬及塑膠袋裝的蛋糕屑，捐獻給寶麗修女，給她監護的貧窮孩子們吃；而修女卻把過期商品賣給貧困的婦女和孩子，再讓他們轉賣出去。因此索努比蘇尼爾更憎恨寶麗修女。

索努就讀瑪洛市立學校七年級，雖然工作使他不能去上課，他每年仍然去學校註冊，晚上唸書，年底回學校考試。索努認為蘇尼爾也該這麼做。一天早上，他歪著腦袋，彷彿要倒掉他的耳聾般，莊嚴地說：「只要受教育，我們就能賺到和垃圾一樣多的錢！」

「你可以的，老闆，」蘇尼爾笑說：「我當窮人就好，可以嗎？」

「但你不想當個了不起的人嗎，肥仔？」索努問道。索努給索努取了「肥仔」的綽號，只有在和索努相比時，這綽號才適合蘇尼爾。

蘇尼爾的確想成為了不起的人，可是他認為，市立學校教育似乎無法為安納瓦迪的男孩們提供更好的機會。那些唸完七、八年級的人，最後還是去拾荒、從事道路施工、或去工廠包裝「白雪公主」面霜。唯有上私立學校的男孩，才有機會唸完高中，進大學唸書。

結束垃圾蒐集工作回到安納瓦迪時，蘇尼爾和索努便不再說話，走路時，他們的髖部不再碰在一起。他們只是能掙一點點錢的瘦小傢伙，於是成為了獵物。年紀較大的男孩沿路追擊他們，讓蘇尼爾和索努突然被噴了一鼻子的水牛糞。斑馬主人羅勃的兒子向他們提供保護，避免年紀較大的男孩子攻擊他們，一個禮拜收取三、四十盧比保護費。他們沒繳錢的時候，他便親自攻擊他們。

蘇尼爾羨慕那些似乎受到太多保護的孩子。大家都清楚，誰若是招惹阿莎的孩子，就可能遭濕婆神軍那幫人修理，因此沒人敢這麼做。胡賽因家的孩子們則有另一種保護：和板球隊人數一樣多的家族。印度教男孩們說，穆斯林為了讓人數超過印度教徒，因此經常做愛，製造更多的寶寶。蘇尼爾認為，任何宗教的大家庭都是件好事，因為他只有一個長得太高來刺激他的妹妹蘇妮塔。

垃圾竊賊卡魯在附近時，總是會關照蘇尼爾，雖然卡魯本身也很瘦小。傍晚時分，他有時候和蘇尼爾一起坐在汙水湖對面溫熱的瓦礫堆上，黃昏前的斜陽使兩個男孩的影子巨大無比。在這兒，遠遠離開眨眼男孩索努的視線之外，使蘇尼爾能夠安靜地享受他每天的香菸。卡魯也抽菸，儘管幾年前他染上了肺結核。

兩個男孩喜歡從一個隱密的制高點，審視湖水對面的安納瓦迪。從岩石上，他們看見歪七扭八的棚屋，與後方直立高聳的凱悅和美麗殿酒店如何形成對比，彷彿棚屋是從天上掉下來，在著地時揉合成一團。

湖的對面，另有幾處奇景：一個小農場，像城市裡的祕密；還有一株蒲桃樹，有鸚鵡在樹上築巢。一些街童曾把鸚鵡一隻隻捉去瑪洛市場賣錢，不過，蘇尼爾說服了卡魯，使他相信這些鸚鵡應該留在原地。蘇尼爾每天早上一起床，便留心聆聽鸚鵡的叫聲，確定牠們未在夜間遭人誘拐。蘇尼爾把卡魯看成街童中的鸚鵡，雖然年紀較大的卡魯近來似乎鬱鬱寡歡，甚至連他扮演的電影也越來越陰沉。

卡魯專攻航空餐飲區內的回收筒。私人垃圾蒐集商會定期清空這些垃圾筒，不過，卡魯掌握了垃圾車的時間表，所以他會在收垃圾的前一晚，翻越鐵絲網圍牆，搜刮塞滿的垃圾筒。他曾經成功取得「巧福」（Chef Air）、「泰姬餐飲」（Taj Catering）、「歐貝羅伊航空服務」（Oberoi Flight Services）、「航空美食」（Skygourmet）丟棄的鋁製餐盤，他說歐貝羅伊的垃圾筒防守最為嚴密。

然而，警方獲知了卡魯的例行公事。他不斷被逮捕，直到幾個警員提出不同的協議：如果卡魯把街頭得到有關當地毒犯的資訊告知警方，即可保住他的廢金屬。

穿白色西裝的古柯鹼販子甘尼許·安納（Ganesh Anna），在機場做投機生意，每周兩次派遣他的配銷員——二十歲出頭的安納瓦迪男人，到另一個郊區取散裝古柯鹼。甘尼許·安納雖然買通警方，避免找他麻煩，警察卻不滿意他們分得的利潤。為了報答卡魯提供毒品購買時間和地點的相關資訊，他們不打算干涉他偷垃圾。卡魯把一張寫有員警手機號碼的紙條，放在休閒褲口袋中，這條紅棕相間的迷彩褲，是穆西穿舊的衣物。

卡魯對警方和甘尼許·安納同樣恐懼。他覺得自己像餌料魚。他不斷提及電影《*Prem Pratigyaa*》片中的貧民窟流氓，流氓覺得自己被生活所困，決定喝烈酒自殺——此時，美麗的瑪都麗·荻西特（Madhuri Dixit）便手姿裊裊地前來拯救。卡魯常常追不到等在水龍頭邊的女孩子們，他和蘇尼爾也都認為，不大可能出現任何別的女孩，像瑪都麗那樣把他從糾葛中解救出來。離開孟買比較可靠，與他關係疏遠的父親提供他一個似乎可行的逃逸途徑。

他的父親和哥哥是流動水管工人，在附近一處貧民窟擁有一間懸在半山腰的棚屋，險象環生；卡魯有時會哭著說自己尚未來到安納瓦迪露宿街頭前，在家中就覺得自己沒人疼愛。「我在我媽過世的那一秒鐘長大，」他對蘇尼爾說：「我爸和我哥不了解我。」然而，被人誤解，總比夾在警方和毒販之間來得好。他的父親和哥哥正要前往一個建築工地，位於卡賈特（Karjat）附近的山區，距離安納瓦迪兩小時路程。卡魯小時候就學會安裝水管，建築工地也會有他能做的工作。

蘇尼爾希望卡魯不要離開，因為安納瓦迪少了卡魯將失色不少，再也看不到他生氣勃勃、搖臀擺腰地重新演繹《愛在寶萊塢》，以及隨著他喜愛的電影改變髮型的含蓄消遣。最近，他像莎萊曼．汗在老片《擦身而過》（*Tere Naam*）中扮演的瘋狂大學生一樣，留起長直髮。

況且，卡魯這樣的竊賊享有拾荒者沒有的地位，隨著卡魯離去，蘇尼爾本身的拾荒人身分將更加根深蒂固，像眨眼男孩索努一樣，是那種孤苦無依、獨自死在街頭的人。

動身前幾天，卡魯對蘇尼爾說：「我的真名叫迪帕克．萊伊（Deepak Rai）。別告訴任何人。還有，我的主神是象神（Ganpati）。」他認為驅除障礙的象神，也應當成為蘇尼爾的主神。為了說服他，卡魯帶他踏上長達十四公里半的懺悔者赤足朝聖之旅，前往孟買市中心的西德希維納亞克寺（Siddhivinayak）。

對於信奉哪些聖人和神祇，許多街童都擁有強烈的感受。有些人說，賽巴巴神（Sai Baba）比肥嘟嘟的象神速度更快。還有人堅持認為，濕婆能打開祂的第三隻眼睛，炸毀其他兩個神明。蘇尼爾的母親還沒教會他認識神明之前即過世，他不清楚這些神各自的優點，因此無法選定一個最愛的神。不過，據他在安納瓦迪所做的觀察，一個男孩對神有所認識，並不表示神就會關照男孩。

一天下午，阿布杜的母親抵達東日感化院時，被雨淋得渾身濕透，她眼睛底下的黑眼圈，好似芒果的籽一樣大。阿布杜繃著臉從營寨走出來，腦袋低垂，腳下踢著一團硬泥巴。她來接他回家。一名法官判定，像他這樣的人，在少年法院受審前不可能逃逸，於是將他釋放，並要求他遵從嚴格指示：在受審前每周的一、三、五來東日報到，證明他尚未潛逃。

阿布杜跟隨母親，沿著擠滿孩子的薰臭長廊，走過中庭來到街上。雨轉為細雨，微弱的太陽低垂而蒼白。「那我何時受審？」他問她：「爸何時受審？」

「沒人曉得，不過別擔心，」婕若妮薩說：「一切都交給神，繼續禱告。現在我們有律師，他會說該說的話，然後事情就會結束，法官會發現真相。」

「發現真相。」他不以為然地重複她的話，彷彿真相像出現在人行道上的錢幣般遙不可及。他換個話題。

「我爸怎麼樣？」

「亞瑟路監獄不提供藥品，也沒有睡覺空間，看見他在那裡的情況真教人難過，他的臉越來越小。不過，喀卡珊倒是說她的囚牢沒那麼糟糕。她經常為我們每個人禱告。她說這是阿拉的旨意：所有的災難，同時從四面八方找上門來。」

「妳為什麼不先把爸弄出來？」他問道：「我反而比他先出來，這樣不對。」

婕若妮薩嘆著氣，提起所有的親朋好友都拒絕幫忙保釋，以及在他前未婚妻家受到的羞辱。

「對這些人來說，我們的遭遇只是餘興節目，他們無聊時候的話題，」阿布杜冷冷地說：「現在我們才知道，沒有人關心我們。」

隨後一陣沉寂。而後，他向他母親問起他的垃圾生意。

在穆西的監督下，生意垮了。所有的拾荒人，都把貨物賣給開遊樂場的坦米爾人。阿布杜發出類似大聲打嗝的聲音。他早該猜到結果會這樣，畢竟他的父母一直教養穆西從事比蒐集垃圾更好的工作，甚至阿布杜自己，也想讓穆西擁有更好的東西。

「好吧。」過一會兒他說道，把一根手指緊緊按入他顫抖的下唇。現在的情況多半沒救了，他要從頭開始，比過去更賣力工作，不去懊惱每周三天往返東日所損失的時間。他決定走上東日師父建議的德行之路，有生之年不再進派出所的審訊囚室，因此他將放棄額外收入——不再購買贓物。

他的母親似乎接受他的決定。他希望她真的在聽。她的疲憊似乎使她心不在焉，而隨後當他問她，他的苦難能否換來一台 iPod 時，她肯定沒在聽。

拾荒人都發現，阿布杜從東日回來後話變多了。在磅秤前，他一遍又一遍地問，他們是否光明正大地取得他們的貨物。在這新的審問式買賣過程中，他又發表了詭異的一段聲明：「我能不能跟你說件事？我得說說這件事。」於是，他滔滔不絕地談起一位東日的老師，說他看見他天性中的高尚。

阿布杜聲稱他一直和師父講話，還說他很喜歡自己，因此留下了手機號碼。每個人都知道，這個垃圾分類工在說謊。街童並不在乎撒謊；畢竟荒誕的胡謅可以消磨時間。他們只是覺得好笑，他竟然編造和一位老師的交情。說這種差勁謊言的另一個男孩則是蘇尼爾，他喜歡向新來的男孩假裝自己是五年級生，在班上名列第一。

九月中旬，當阿布杜不太熟的朋友卡魯從卡賈特的建築工地回來時，他有了個新聽眾。由於城外缺乏Eraz-Ex，卡魯長胖了。

婕若妮薩驚訝地看見卡魯這麼快回來，把他叫進屋裡吃一盤剩菜，剩菜的分量比往常更多，因為胡賽因家在齋月禁食。婕若妮薩喜歡卡魯，認為他需要母愛。卡魯對此沒有異議，他叫婕若妮薩「阿瑪」已經叫了一年，這個親暱稱呼相當於「母親」，使阿布杜有點緊張。

「你父親還在山區？」她問道。

「對啊，可是阿瑪，我必須離開那裡。我現在不想待在鄉下。」為紀念他敬愛的象神，孟買正值歡天喜地的節慶日。再過兩天，隨著擊鼓聲和歡呼聲，全孟買的數百萬市民，將把精雕細琢的象神像帶到海邊，浸入海水之中。環保人士對此一節慶習俗不以為然，然而對卡魯來說，這是他一年當中的最高潮。

「你應該待下去的，」婕若妮薩訓誡他：「你變得這麼健康，我幾乎認不得你了。為什麼就那樣把你父親拋到腦後？你在這裡，只會再走上從前的歧路。」

「我不會回去偷東西了，」他答應她：「我現在很好，而且進步了，妳沒看見嗎？」

「是啊，很好又有進步，」婕若妮薩也同意：「不過，小偷真能改過自新嗎？如果能的話，我還沒看見哩。」

次日，卡魯和蘇尼爾在機場拾荒。傍晚時分，他們把垃圾賣給阿布杜後，同他一起在遊樂場外閒蕩。三個男生的話題和往常一樣，包括食物、電影、女孩、垃圾價格，此時，精神恍惚、目光呆滯的身障男人馬穆德（Mahmoud），忽然朝阿布杜的胸部擊了一拳，原因只有他自己知道。又來一個暴怒的獨腿婆子。當然，阿布杜不打算跟他幹架，他跑回家睡覺去，蘇尼爾也是。

但卡魯無家可回。他決定去機場，穿過大街，朝指示國際航廈的鮮藍色招牌而去：樓下入境。樓上出境。旅途愉快。

次日早晨，卡魯躺在印度航空紅白相間的登機門外：一具上身裸露的屍體，莎萊曼·汗留長的髮型，癱倒在一道開花的樹籬後方。

11 一頓好眠

身材魁梧、留小鬍子的員警納迦雷（Nagare），騎著摩托車來到安納瓦迪，前一晚揍阿布杜的身障毒蟲，在他後座努力保持平衡。摩托車在婕若妮薩面前猛然剎車，她正在和一個拾荒人討價還價。見到員警的臉使她渾身發抖。這位納迦雷警員的臉色，不是警察前來收賄時慣有的臉色。他的臉色緊繃難看，她不知該如何解讀。看來，他帶來了新的災難，讓她家已經陷入的災難越來越複雜。

結果是她多心了，阿布杜也是。警官只想知道卡魯的家屬在哪裡，身障毒蟲馬穆德告訴他說，她或許知道。婕若妮薩鬆了口氣，感覺輕飄飄，直到納迦雷說明他問的原因。

「男孩死了，」他皺起眉頭說道，他急馳而去時，她幾乎來不及難過，因為接下來，她聽見阿布杜痛哭起來的聲音。

幾個星期以來，阿布杜努力想忘記他在囚室的遭遇，直到此時，密封在他內心的某種東西瞬間迸裂。他記不得怎麼呼吸，開始用短促、狂亂的語調說話。他唯一稱得上朋友的卡魯死了。現在，他就要因謀殺罪被捕。警方將設陷阱讓他往下跳，就像法蒂瑪事件一樣。「我知道。」他一再說道。馬穆德可能已告訴警方，前一天晚上，阿布杜和卡魯一同站在路上，這將成為阿布杜遭到指控的證據，他將再次遭警方毒打，然後在亞瑟路監獄待上數十年。他蹲下來嘆了口氣，隨即站起身來跑進屋裡，就連目前保釋出獄的喀卡珊也安慰不了他。他覺得他必須再次躲起來，不過這回不能躲進垃圾堆中。

「卡魯被謀殺了！他的眼珠被挖出來，屁股也被切開！」

生活較未受創的其他男孩們跑去看屍體，他們的報導穿梭於貧民窟巷弄之間。蘇尼爾拒絕相信這些報導，他必須親眼看見。他動身前去，閃避機場大道上的車子。

男孩們說卡魯的屍體在花園，可在哪個花園呢？由企業集團GVK領軍，經過兩年的改頭換面，機場到處充斥著花園。里拉酒店附近也有花園，不是嗎？在悲痛的此刻，蘇尼爾腦中的機場地圖徹底改觀。

當他終於來到確切的花園時，印度航空和GVK主管人員聚在一起，警方不讓其他人接近。一個男孩告訴蘇尼爾，烏鴉啄去卡魯的眼珠子，丟在椰林中。

蘇尼爾從遠處，看著卡魯半裸的屍體被裝上警車。他看著警車開走，眼前只剩下愚蠢的黃色塑膠封條，扭曲地穿過一片橘鶴蕉，它們開的花就像幼鳥張大的嘴巴。

蘇尼爾轉身走回家，經過機場大道中間正在修建的高架道路的巨大立樁；經過GVK樹立的一排標誌，上面寫著：「我們關心我們關心我們關心」；經過長長的那道牆，牆上廣告著保持「美好永遠」的地磚。他覺得渺小、悲傷、無用。誰對他的朋友做這樣的事？然而，震驚和哀傷的迷霧，並未完全遮蓋他對所處社會層級的理解。對安納瓦迪的男孩們來說，卡魯是明星；而對上流城市的當權者來說，他卻是必須除去的障礙。

按官方說法，薩哈警方的管轄區，是大孟買地區最安全的區域之一。兩年來的整個轄區，包括機場、飯店、辦公大樓、數十處建築工地和貧民窟，只有兩起謀殺案紀錄，而且都立即破案。「我們偵辦的每一起兇殺案，都是百分之百成功破案，」薩哈派出所所長、高級警探帕提爾（Patil）喜歡這麼說。不過，這個成功率或許有個竅門：他們並不偵辦無名小卒的兇殺案。

卡魯一案的負責人賈達夫（Maruti Jadhav）警探迅速下結論：此人死於「不可挽回的疾病」。在庫柏醫院的太平間，決定了「不可挽回的疾病」是什麼病。十五歲的迪帕克・萊伊，又名卡魯，死於肺結核——和在馬路上慢慢流血致死的拾荒人被加上的死因一模一樣。

生氣蓬勃、攀爬圍牆的男孩，不會突然因肺結核暴斃；不僅病理學家，安納瓦迪居民也同樣知道，肺結核是會折磨人致死的慢性疾病。然而，卡魯的屍體證據，在機場大道的帕希瓦達火葬場（Parsiwada Crematorium）迅速化為骨灰，偽造的死亡原因登記在官方紀錄上，被一支擱著的香菸燒穿過去。而後，按警方規定所拍攝的屍體照片，從薩哈派出所的檔案上銷聲匿跡。

如同阿布杜和他的家人已經領會到的，派出所不是受害人得到平反、公共安全得到重視的地方，而是忙碌的市集，就像孟買其他許多公家機關一樣。調查卡魯的死亡無利可圖。不過，這起死亡倒是給警方一個機會，把機場地區的安納瓦迪街童掃除一空。

卡魯死後，五名街童遭到逮捕，被帶到薩哈派出所的「普通」牢房。警方以偵訊的名義痛毆他們，釋放時還說如果他們不離開日益優美的機場，可能會被指控謀殺卡魯。這些男孩並不知道，警方已經把這個案子歸檔為自然死亡。

其中一個獲釋的男孩卡嵐（Karan）逃離安納瓦迪，逃離城市，從此不再回來。另一個男孩桑杰．謝蒂（Sanjay Shetty）瘋狂地蒐集垃圾，拿到胡賽因家出售，打算籌集自己的出走資金。

婕若妮薩看見他時，倒抽了一口氣。「你的臉怎麼了？」她問道：「你為什麼哭？」

十六歲的桑杰以他不尋常的身高、俊美外型和濃重的南印度拖腔，在眾街童當中特別出色。「你說的每一個字，聽起來都很溫柔，」婕若妮薩有一回打趣說：「你說話的樣子能把人融化。」但此時的桑杰，卻幾乎說不出話。

「冷靜下來，」婕若妮薩對他說：「說說發生了什麼事？」

他一邊抽泣，一邊告訴她，他看見卡魯在黑暗中被一夥人攻擊，就在印度航空的登機門前。隨後，他跟她說自己在派出所挨打的情形。桑杰不知道何者更令人恐懼：是襲擊卡魯的人發現他是目擊者而找上門，還是被警察抓去，進行第二回合的暴力偵訊？

他不能繼續睡在安納瓦迪的車轍路上，他要前往他母親的房子，因為他想不到其他地方可去。他家在機場的棚屋燒毀後，她搬到以南八公里的達拉維（Dharavi），也是城裡最大的貧民窟。

婕若妮薩同意，達拉維比安納瓦迪更適合一個男孩躲藏。她把錢塞進他手裡，看著他跑走。

桑杰來到達拉維時，他十四歲的妹妹阿南荻（Anandi）正在做晚飯吃的番茄酸辣醬。

她看見他驚惶的臉色時，差點把鍋子掉在地上。他們倆很親近，最近，他難得擁有可動用的收入，於是在他的前臂上，把她名字的頭一個字母刺在他自己名字的旁邊。阿南荻常責備他說，自稱這麼愛妹妹的哥哥，應該會更常回家。然而，他們一坪半的棚屋太小，住不下三個人，而且桑杰喜歡靠近機場，說這讓他覺得有機會遠走高飛。

桑杰握住他妹妹的手，兩人促膝坐在地板上時，他告訴她，他看見一群人同時朝卡魯簇擁而上。「他們殺了我的朋友，」他反覆地說：「就把他扔在地上。」好像他是垃圾一樣。

恢復鎮靜後，桑杰開始跟阿南荻講道理：說她不該給他們的母親添麻煩，他們的母親仍在幹活，在中產階級社區照顧一位老婦人；說她應該更認真看待自己的學業。

她的妹妹困惑地看著他。「你在說什麼，桑杰？學業？我跟你一樣，都得工作賺錢。給媽壓力的人是你，不是我。」

「妳還應該擁有一頓好眠，」他說道，沒聽見她的話：「我覺得妳睡得不太好。」

對於哥哥像父母般的語氣，阿南荻不知如何解釋。是 Eraz-Ex 的緣故嗎？她站起身來，感到煩躁。她很遺憾卡魯被人殺害，她見過他一次；他稱讚她的廚藝，還逗她發笑。

可她得去做飯，不能只是坐在這兒握著桑杰的手。她回到爐子前時，桑杰躺在地板上，閉上眼睛，或許在揣摩他所謂的一頓好眠。

一個鐘頭後，他的母親走進來時，桑杰已經起身，顯得煩躁不安，正在聽《愛是欺騙》（*Phir Bewafaai: Deceived in Love*）專輯中的二重唱。「桑杰的失戀音樂。」他的母親喜歡這麼說，一邊翻白眼。

「僅僅是個誤會。」有罪的丈夫唱著，被辜負的妻子接著唱出她的復仇計畫。桑杰母親的嗓門壓倒他們兩人的歌聲：「我要生病了！喔，我午飯吃壞肚子！」

她衝向廁所，一邊叫著：「等等，桑杰。別跑掉！」

「我不跑掉，」他答應。他的母親回來時，他的妹妹歇斯底里地叫著，而桑杰則在地上全身抽搐。桑杰的母親以為他癲癇發作，把他拉起來，卻聞到他的呼吸有化學氣味。他的妹妹從屋角找到一個白色塑膠瓶。她之前看見他在把玩瓶子，猜想瓶子裡裝的是吹泡泡的肥皂水，因為桑杰很愛肥皂泡。然而，空塑膠瓶裡裝的是老鼠藥。

桑杰翻過身去，面對牆壁，拒絕他母親強迫他嘔吐所準備的鹽水。他抵達公立醫院後，只活了兩個小時。午夜過後，他的母親帶著疲憊的悲傷，回到達拉維的家，把醫師為桑杰開的藥方丟到水溝裡。她來不及到街頭配藥。

警方對她兒子的死所做的調查迅速結束，就像調查卡魯的死一樣。在官方檔案中，桑杰・謝蒂不是謀殺案的無助證人，也不是警方逼供和毆打的受害人。他是海洛因毒蟲，因為沒錢施打下一劑而決定自殺。

在德里，政界人物和知識分子私下哀嘆，未受教育的印度大眾「不理性」，當政府本身為民眾迫切關心的問題提出虛假的答案時，謠言和陰謀就會開始蔓延。有時候，這些陰謀會為失去的痛苦帶來慰藉。

因為試圖理解卡魯和桑杰的死，蘇尼爾和阿布杜親近了起來。他們不完全是朋友——而是一種無以名之、不完全自願的關係，使兩個男孩覺得自己和死去的兩個男孩息息相關。蘇尼爾和阿布杜比從前更常坐在一起，可當他們開口說話時，卻是正經得出奇，就像彼此都明白：說出來的話大多不重要，重要的事則大多無法言說。

蘇尼爾斷定，印度航空的警衛在他們的回收堆裡逮到卡魯，而將他殺害。阿布杜則懷疑，是卡魯告發的毒犯殺害了卡魯。「不管怎樣，反正他像狗一樣死得很慘。」阿布杜說道，這讓蘇尼爾想起，他和卡魯在「粉紅有聲片城」看的威爾・史密斯片子當中，那隻被掐死的狗。

穆西覺得這兩個男孩不該再提起這件事。「是啊，他偷了垃圾，可那是『那些人』的垃圾，所以他當然會那樣死掉。」

街童則怪罪到其他街童頭上。「一定是馬穆德，我完全懷疑他。」「可能是卡嵐幹的，才會在事後逃之夭夭。」天馬行空的駭人猜疑流過貧民窟巷弄，還有人說，法蒂瑪鬼魂的介入也不無可能。

卡魯的父親把矛頭指向在機場大道擺攤、卡魯經常去吃宮保雞飯的女人。她曾聽說一些事情，卡魯的父親指望她告訴他，究竟發生了什麼事。「什麼卡魯？誰是卡魯？」她盯著她的鍋子裡說道。最後，由於警方和太平間拒絕對他兒子的死道出真相，他便把過錯都怪在賣宮保雞飯的女人身上。

桑杰的母親不知該怪罪誰。兒子自殺後的幾星期以來，她步履踉蹌地走過安納瓦迪，問每一個和她擦身而過的人，能不能跟她說兒子自殺的原因。「不知道真相，我怎麼睡得著？」她對她的女兒說：「整個世界在我腦子裡，一切都毫無道理。」

看見桑杰的母親過來，令蘇尼爾和街童們感到痛苦。在她搬去達拉維之前，他們就認識她了，她現在看起來老得像三百歲，證明她是多麼愛她兒子。然而，如果不提及卡魯，不提及薩哈警方，要如何說明桑杰的死？甚至連經營遊樂場的坦米爾人，他與警方關係密切，也不敢說卡魯的名字。因此桑杰的母親只能從露宿街頭的另一個母親那兒，聽到她只敢低聲說出的話：「你的孩子死於心裡的恐懼。」

紅白相間的印度航空登機門外，土質又好又肥沃。由於受到機場園藝人員的照料，花叢中一個男孩形狀的空隙，逐漸填補起來。某天下午，蘇尼爾蹲在那兒審視地面，已經找不到任何毀損的痕跡。

卷四　興起與墜落

Behind the beautiful forevers

這些強悍、藐視傳統的印度新女性，處在米娜不知如何通往的國度。擁有大學文憑的曼竹，或許可能通往那個國度。米娜不能肯定，因為她不認識任何唸完大學的女人。不過，觀看肥皂劇和「每年達」廣告，她有時覺得自己的生命是一種渺小的存在。種種事情強加在她身上——定期的毆打、新訂的婚約，她哪裡自行決定過什麼？

12 九夜舞

二〇〇八年九月底，阿莎掌控了安納瓦迪。並沒有任何決定性的活動，也沒有任何貧民窟主的加冕儀式。確切地說，這是逐步的前進過程，直到請願者的隊伍延伸到她家外面、警察即時回覆她的電話、市政代表薩旺親自到場向居民致詞時，讓她坐在他身旁的塑膠椅上。薩旺已經恢復信心，因為他被指控偽造階級證明書的案子，目前似乎被法院擱置。和他並肩坐在汙水湖畔的看台上，阿莎看起來幾乎和他地位相當，她戴的金項鍊也與他的十分相似。她的金項鍊，經費來自她的互助組織、以及組織貸給貧困婦女的高利貸。

阿莎在她的權力中安頓下來，也不再為她晚上會見的男人，向家人捏造各種巧妙的藉口。她的丈夫揚言要自殺時，她雖安慰他，卻沒有承諾要改變什麼。她讓自己增加四點五公斤體重，這淡化了她眼睛底下的皺紋，這是她田間歲月的最後一絲痕跡。

她最大的遺憾，是少了一個知心朋友，能和她一同品嚐這新興的成就。她的祕密使她和其他女人不相往來；她必須對自己關上某幾扇門。「我哪有什麼真的朋友？」她總是這樣對曼竹說道。而現在，她的女兒似乎也離她很遙遠。在曼竹極少數幾次和她目光相對時，她總是提起阿莎最不喜歡的話題——獨腿婆子。

卡魯和桑杰的死，震撼了街童們，而法蒂瑪的死，則在安納瓦迪的婦女心中徘徊不去。她的公開自焚事件，在兩個月後，逐漸衍生出不計其數的私人版本。大家已經忘記法蒂瑪對自己做的事感到後悔，她的所作所為搖身一變，成了充滿豪情的抗議。

她究竟在抗議什麼，取決於人們的詮釋。在最貧窮的人看來，她的自焚是對無奈的貧窮做出的反應。在身障人士看來，此事反映出對該族群的不尊重。在多不勝數的婚姻不幸福者看來，是對沉悶婚姻的壯烈控訴。幾乎沒有人提到嫉妒、一塊石板、粗製濫造的牆壁，或者掉進飯裡的瓦礫。

一個晚上，妓院老闆的妻子在廣場上把煤油潑在自己身上，高呼法蒂瑪的名字，揚言要劃火柴。另一個晚上，一個挨丈夫打的女人也劃了火柴。她活了下來，狀況卻十分淒慘，曼竹和她的朋友米娜於是在她們每晚的公廁密會中，討論萬無一失的自殺方法。

只有十五歲的米娜知道，曼竹考慮過自殺，就在阿莎過四十歲生日那天從派對跑出門的晚上，以及在那之後許多個晚上。曼竹對她母親的外遇感到十分羞恥和擔心，米娜卻也只能提供建議。她自己也經常遭到父母和兄弟毒打，而她若要避開這些在家的時光，前往公共水龍頭和公廁已經算是一場遠征。在米娜看來，任何一個讓女兒上大學、很少揍她、不打算讓她十五歲嫁人的母親，其他方面的缺點都可以原諒。

米娜鼓勵曼竹，把自己最糟糕的思想表達出來，據說這是先進、健康的處理方式。「妳常說，我插在頭髮上的花，從來不會變黏變黃，」某天晚上在廁所裡，她對曼竹說：「我的花有生命，因為我不會把任何黑暗的東西放在心裡，我會讓不好的事情飄散到空中。」

曼竹心裡發寒，她不希望她母親的行為比目前飄得更失控。「那我的心肯定是黑的，」她轉移自己的思緒，答道：「我頭髮上的花，不到兩小時就枯死了。」

曼竹認為，實踐她在心理學課堂上學到的否認行為，是比較明智的做法，也就是完全不再想她的母親。「我如果想著這些，就不可能專心讀書。」她說道。即將決定她能否成為安納瓦迪第一個女大學畢業生的考試，只剩下幾個月。

奠基於佛洛伊德的無意識理論，他告訴我們，幻想是怎樣一種未被滿足的願望，並在想像中得到落實。他把幻想分為兩大類：

一、野心勃勃的願望

二、性愛

年輕男子多半擁有野心勃勃的願望，年輕女子則多半有性愛的願望。一般人對自己的幻想感到羞恥，便隱藏起來。

默記老師所提供的心理學筆記，曼竹意識到自己必須忘掉第二個令人痛苦的話題：維杰，那個曾經抓起她手的中產階級民防軍英雄。「來世妳可以做我的妻子，」最近他這麼對她說：「但這輩子不能。」

九月底，對安納瓦迪的許多女孩而言，是充滿浪漫幻想的季節，因為一年一度的調情節慶九夜節（Navratri）即將展開。

最令男孩們期待的節日，則是灑紅節（Holi）和汗弟節（Haandi）。在灑紅節，他們用裝滿彩色水的汽球相互攻擊；在汗弟節，他們疊人梯，撲倒在泥巴上。貧民窟女孩不准在泥巴裡打滾，唯有在九夜節，她們才能享有同男孩們一樣、甚至更好的權益。雨季最後的這幾個晚上，據說杜爾迦（Durga）女神和宇宙間的惡勢力戰鬥，取得了勝利；因此人們歡慶女神的力量，甚至米娜也得到父母同意，允許她跳舞展現自我。

上一次九夜節的第一個晚上，米娜和曼竹打扮了好幾個小時。曼竹把一襲深藍色紗麗穿得很好，因為她現在擁有美胸翹臀，像她的母親一樣。米娜則是一套時髦的紅色長衫褲，她不管吃了多少「好日子」（Good Day）牌的餅乾，還是像蘆葦般細瘦。

米娜發現她很難不被曼竹迷倒：她的身材，她的白皙，她站的時候挺直腰板、一動也不動，而米娜自己則是坐立不安、扭來扭去。可當她仰頭大笑、露出閃亮的牙齒時，就成了走在時代尖端的美人。她就像能讓趣事發生的女孩。不過，趣事並未發生——反正絕對不在二〇〇七年的九夜節上發生。當時這兩個女孩晃進廣場，打算跳一整個晚上的舞時，卻只能被雨季的最後一場傾盆大雨淋得渾身濕透。汙水湖畔的看台，是唯一沒有泥巴的地方。在看台旁露宿的野豬，散發出一股雨季過長的發臭霉味。

二〇〇八年的九夜節，即將由阿莎精心策劃，因此一定會比過去更好。她知道這九個晚上對女孩們的意義。她的計畫包括樂隊、ＤＪ和強勁的喇叭、容納杜爾迦女神像的大涼亭、吊在廣場上方的彩色小燈，眾人將在燈下飛躍起舞。濕婆神軍和國大黨的領導人，為這場盛會捐助資金。隨著大選將近，有數百萬貧民窟選票必須爭取，所以孟買市的政治人物此時極其慷慨大方。

隨著始於西方的經濟衰退來到印度，安納瓦迪居民亟需一場充滿活力的節慶來分散心神。一度有利可圖的全球市場連結，突然間卻把貧民窟居民推往倒退之路：回收物品的價格走低；雨季期間停擺的工程，因缺乏外資而再度停滯下來，使工地的臨時工作徹底枯竭；同時，食品價格飛漲，主要是由於維達巴和其他農業據點的降雨不足和作物欠收。

政府用ＤＪ和彩燈做為對這場憂患的官方回應，這是孟買的悠久傳統。在大選前的節慶時刻，城市貧民窟變得和擁有牢固建築的富裕社區一樣明亮，聲音更是大上十倍。米娜非常喜歡這些樂隊、喇叭和閃耀的小燈。這是她最後一次的九夜節，之後，她將展開一種令她畏懼的生活，成為一個十幾歲的新娘，到坦米爾納督鄉下嫁作人婦。

米娜曾經對自己是安納瓦迪誕生的第一個女娃感到自豪。然而，隨著即將離開孟買，她對這城市的了解卻只限於家務勞動，這令她感到不安。在安納瓦迪，一個女孩無論清理什麼，都還是無法使它保持清潔。為什麼大家會認為這是女孩的錯？當她為了在水流極小的水龍頭取水，浪費清晨的兩個小時排隊，為什麼她的母親還是會像其他人一樣，對她大吼大叫？

電視上的一切都在宣告，現在是一個對女性更為有利的新印度。她最喜愛的坦米爾肥皂劇，講的是一個高學歷、在辦公室工作的單身女郎。在她最喜愛的廣告片中，妖艷的南印女星阿馨（Asin），拿著「每年達」（Mirinda）橘子汽水，鼓勵大家更加狂野、多多享樂。

這些強悍、藐視傳統的印度新女性，處在米娜不知如何通往的國度。擁有大學文憑的曼竹，或許可能通往那個國度。米娜不能肯定，因為她不認識任何唸完大學的女人。不過，觀看肥皂劇和「每年達」廣告，她有時覺得自己的生命是一種渺小的存在。種種事情強加在她身上——定期的毆打、新訂的婚約，她哪裡自行決定過什麼？

最近，一個不是她未婚夫的男孩愛上了她。在肥皂劇中，這可是極具爆炸性的事；在她狹隘的生活中，則是微不足道、卻也值得開心的插曲。男孩是她哥哥的朋友，附近一個貧民窟的工廠工人，他找到一份在波斯灣的房屋清潔工作——他認為這是他能掙到足夠的錢，將來養活妻子和家庭的唯一方式。一個晚上，他去找米娜的哥哥時，偷偷把他的電話號碼塞給她。另一個晚上，她在公共電話撥了號碼。在雙方第六或第八次私下通話時，他說她是他在努力爭取的未來老婆。

他們的曖昧太過火了，於是米娜做了一個她認為不失體面的回答：「你愛我也好，我很高興。可我就要嫁給另一個人了，所以你只能把我當成朋友。」

曼竹聽了之後放下心來，因為米娜是那種能被看透的女孩，不適合鬼鬼祟祟。她的兄弟逮到她講電話兩次，還為此賞她耳光。

「無論如何，」曼竹指出：「妳上個月才說，妳喜歡那個鄉下男孩。」

米娜的確喜歡那個鄉下男孩，他每周日都打電話給她，而且會洗自己的餐盤——米娜和曼竹對此相當吃驚，因為他本來可以叫她妹妹幫他洗。男孩本身不是問題所在；問題在於，米娜十五歲就被安排嫁作人婦。

米娜的父親興高采烈地談起她對訂婚該有的感受：「當你們的心第一次相遇時，其他什麼事都不重要。」

曼竹的父親，則抱著憤世嫉俗之見：「結了婚之後，就不快樂啦。想想，只有結婚前才會快樂。」

然而，米娜並未感受到歡欣的期待。她看不到愛情能如何改變日常的現實生活。如果婚姻的彼岸，是一段比她的童年更禁錮的成年生活，那該怎麼辦？

對米娜和曼竹而言，嫁到農村家庭，就好比倒退的時光旅行。在阿莎的村子，昆比階層出身的人，仍然認為像米娜這種達利人（賤民）是受過汙染的，這些流放到郊區的不潔之人，在昆比家庭中，只有撿垃圾或疏通排水管時才能被容忍。如果達利人在這些人家裡摸了杯子，則必須把杯子毀掉。那些村民若是看見曼竹靠在米娜身上，或得知兩個女孩共享一襲天藍色莎麗，肯定感到驚駭。

曼竹在前一年夏天的馬哈拉施特拉新年，穿過這件莎麗。米娜也穿過這襲莎麗，披著較窄的褶邊，度過坦米爾新年。「我如果像妳這樣穿，感覺太蓬鬆、太顯胖。」她對曼竹說道。米娜可以理所當然地穿上這襲衣服，度過她在孟買的最後一個九夜節。

「我擔心我媽就要決定把我嫁給村裡的那個士兵。」一天晚上，曼竹在公廁裡說道，她們總是刻意背對貧民窟。

打從阿莎帶曼竹回到維達巴的家，拉塢便不斷嘲笑她在農村的未來：「妳必須包著頭巾幫婆婆打掃房屋、燒飯煮菜，妳的老公到軍中服役，妳肯定會很寂寞。」

「妳的母親要是訂下這樁婚事，妳要怎麼辦？」米娜問道。

「我想，我會跑去我姑姑那兒，她會保護我。我怎能那樣度過一生？」

「或許像法蒂瑪那樣做比較好，」米娜說：「知道自己可能痛苦，不如逃離這種處境。不過，我會選擇服毒自殺，不會自焚。自焚的話，妳留給大家的最後記憶就是皮膚潰爛，可怕得嚇人。」

「妳為什麼還這麼想？」曼竹訓誡她：「妳看到法蒂瑪躺在那兒之後，整整病了一個禮拜。妳如果不像我一樣，把這些想法從腦袋裡趕出去，很可能再大病一場。」

她們相互耳語時，每隔一會就會環顧四周，確定沒看見獨腿婆子的蹤跡。儘管她的詛咒漂浮在安納瓦迪，鬧得許多戶人家雞飛狗跳，但她實際的鬼魂據說是留宿在這幾間廁所當中。貧民窟居民還記得她塗著艷麗的唇膏，叮噹叮噹地走去公廁。因此許多人斷定，在外面拉屎還比較安全。

「不用擔心，」拉塢告訴兩個女孩說：「獨腿婆子死的時候沒帶拐杖啦，她的鬼魂沒辦法跑過來抓妳們。」曼竹或多或少相信這種說法，她還知道，上流人士不贊同談怪力亂神。

米娜則毫不掩飾自己的迷信。最近，她的母親聲稱看見一條蛇從米娜隨手扔棄的衛生棉上爬了過去。她的母親相當驚恐，說這預言米娜的子宮可能會萎縮。

曼竹懷疑，米娜的母親沒有真的看見蛇，只是更有創意地想讓米娜在婚前保持順從；但米娜卻垂頭喪氣。「我就要枯槁地死去了。」她某天晚上哭著說。在孟買，未生育的已婚婦女會令人起疑，何況是在這個村子裡不孕？

在廁所時，米娜開始覺得驚慌；蛇的詛咒和法蒂瑪的鬼魂，讓米娜覺得是危險的結合。然而，她依然捨不得走開，因為夜晚與曼竹在惡臭中的相處時光，是她最接近自由的時刻。

阿莎舉辦的九夜節前一天，廣場進行了一場全面的美化運動。阿布杜和他的垃圾堆被驅逐，婦女們拚命打掃。一個十幾歲的男孩爬上旗竿，固定串串彩燈，其他男孩則爬上棚屋的屋頂，將燈串的一端繫在瓦楞屋簷上。今晚，曼竹和阿莎將把杜爾迦神像，從鄰近的街區接過來，神像抵達後，節日的準備工作就完成了。此時，午後從大學返家的曼竹匆匆穿過廣場，心想，把女神像接過來至少得耗費一個鐘頭，她該如何在這一天同時教學、背誦英國文學情節摘要，並做家務呢？

「晚餐前我就來！」她朝在家門口揮手的米娜呼喊。曼竹不希望被逮到沒完成洗衣工作，以免這個禮拜被禁止跳舞。

四個小時後，她把衣服晾在繩子上，和孩子們結束最後一輪「頭兒肩膀膝腳趾」後，才走去米娜家。米娜坐在門口，望著整潔的廣場。這很不尋常，因為米娜的父母向來不讓她坐在門口，說這可能會引來放蕩的名聲。

曼竹在她身邊坐下。傍晚是安納瓦迪的許多女孩和婦女在開始準備晚飯前，暫時放下家務的時光。小時候，米娜和曼竹有空時會在屋前玩跳房子，但正值婚齡的少女不能跑來跳去。米娜看起來病懨懨，不像往常一樣沉不住氣，不過，就像每回九夜節她所做的一樣，為了取悅杜爾迦女神，她正在禁食。

米娜不時俯下身，在地上吐痰。

「妳生病了嗎？」過了一會兒，曼竹問道。

米娜搖搖頭，又吐了一次。

「那妳在做什麼？」曼竹突然懷疑起來，低聲說：「嚼菸草嗎？」但她母親就在屋內不是嗎？

「只是吐痰罷了。」米娜聳聳肩說道。

曼竹對於米娜沒能逗她開心，感到有點無奈，便起身回去幹活。「等等，」米娜說道，伸出一隻手來。她的手掌上，有一條用完的老鼠藥。

米娜看著她的眼睛，曼竹則奔進棚屋，米娜的母親正在屋裡磨米，準備做蒸糕。曼竹連珠砲似地叫著：「老鼠藥」、「米娜」、「傻瓜」、「要死了」。

米娜的母親繼續磨米。「冷靜下來。她在惡作劇，」她告訴曼竹：「前幾個禮拜，她說她吃了毒藥，結果什麼事都沒發生。」

米娜的母親受夠了她的女兒。跳舞活動即將展開，顯然讓這女孩失去理智。米娜被發現凌晨兩點和那男孩通電話，為此挨了一頓打。午飯時間，她拒絕煎蛋捲給她弟弟吃，因為她正在禁食，不想被食物誘惑。為此，她又挨了一頓打。她的哥哥這天正打算為她坐在家門外而揍她第三次，她於是編造吃老鼠藥的謊言。

米娜母親說的話，暫時讓曼竹放下心來。可米娜如果是在演戲，難道不會告訴曼竹嗎？曼竹回到屋外，朝她的臉靠過去，聞了聞。

曼竹想到卡通裡噴出火和煙的龍。後來，她一直認為她看見米娜的嘴和鼻子冒出煙來，彷彿這女孩從體內引火自焚。不，那不可能，只可能是老鼠藥。她的心思盤旋著：她如果大呼救命，整個貧民窟都會知道米娜企圖自殺，這可能毀了她的名譽。看來保密似乎才是關鍵所在，於是她跑去打公共電話給阿莎。

「媽，」她低聲說：「米娜吃了老鼠藥，她母親不相信，我不知道該怎麼辦！」

「喔，該死，」阿莎說：「你得強迫她馬上吞下菸草，這能讓她把全部的東西都吐出來。」

可萬一有人看見曼竹買菸，他們會怎麼說？後來曼竹在米娜的巷子裡找了幾個坦米爾婦女，希望她們有更好的主意。

「她服毒自殺！」她小聲說道：「幫幫我！我不知道該怎麼做！」

她們搖搖頭。「那家人最近常吵架。」

「不！」曼竹叫道，完全忘了保密的事：「請別這麼冷靜！妳們必須做點什麼！」

米娜走過來，站在她身邊。

「妳真的吞了？」一個女人問道。

「真的。」米娜聲音輕柔地說道。

「妳吃下一整條？」曼竹問道。這條巷子最近有個女人吃了半條同牌老鼠藥「鼠透」（Ratol），僥倖活下來。

「一整條。」米娜說道，隨後俯下身子作嘔，頭髮散了整臉。停止作嘔後，她開始說話說得很快，說「鼠透」在瑪洛市場賣四十盧比；說她偷她兄弟和父親的零錢去買；說她老是挨揍；說她弟弟和煎蛋捲的事——但不只這些。她這麼做，並不是像法蒂瑪一樣出於憤怒。她仔細想過，有兩天她曾吃下兩條老鼠藥，卻開始嘔吐，因此她這回把老鼠藥攙入牛奶，希望牛奶能讓老鼠藥留在她肚子裡久一點，將她毒死。

這是她必須為她的生命所做的決定，這不是一個能夠輕易和摯友分享的選擇。

米娜又一次沉重地坐下，這種沉重無關乎她的體重。一個婦女拿了一碗鹽水出現。「這能強迫她吐出來。」她說道，讓米娜的頭微微後仰。米娜吞服過後，大家等著。結果只有乾嘔，什麼也沒有。

另一個婦女建議用水和洗衣皂，跑回家切了一塊難聞的瑪督馬蒂（Madhumati）。當第二種混合液灌入米娜的喉嚨時，她捏著鼻子。總算，她吐出一股綠色泡沫了。

「我感覺好多了，」米娜最終宣告：「都吐出來了。」她的臉上全是汗，搖搖晃晃站了起來，她的母親帶她進屋去睡一覺，讓毒效消退。門在她們身後關上後，巷子裡的婦女們都鬆了口氣。這些女人的判斷避免了一場災難，或許還拯救了一場婚姻。米娜未來的親家們或許不會知道，他們挑了個魯莽的媳婦。

相隔兩戶人家的商家並不知情，繼續販售牛奶和糖。從工作返家的建築工人，也大步走過綠色的肥皂水嘔吐物。一陣精疲力竭之後，曼竹才注意到已是傍晚，她不能披頭散髮地站在她朋友關上的門外，她必須去洗把臉，把杜爾迦女神接過來。

她和阿莎去接神像時，米娜的大哥回到家裡，得知妹妹吃了老鼠藥後，又把她痛揍一頓。米娜哭過之後去睡覺。臨近午夜時分，她又開始哭泣。最後，她父親才意識到，那並不是傷心的哭。

九夜節的第一夜，當安納瓦迪的年輕人，除了米娜之外，都在燈火輝煌的廣場上跳舞時，一名警察來到米娜在庫柏醫院的病床邊。她回答他問的問題：有沒有任何人鼓動她企圖自殺？「我不怪任何人，」米娜說：「這是我自己的決定。」

九夜節的第三夜，米娜不再說話，此時，庫柏醫院的醫生以「進口注射劑」的名義，向米娜的父母拿了五千盧比。

九夜節的第六夜，米娜還是死了。

「她受夠這世上的一切了。」坦米爾婦女們下定結論。米娜的家人想了想，決定該責怪曼竹灌輸她的新時代想法。

九夜節的彩燈拆下來了。拉塢嘗試讓曼竹再次綻開笑顏，某天，他指出米娜的弟弟失去了什麼時，他認為她露出了一絲笑容。「那孩子永遠不想再吃煎蛋捲。」

在特定的晨光中，曼竹能看到「米娜」的名字模糊地勾劃在公廁外的一塊破水泥地上。「只有在那樣的光線中才能看見，」她說：「但還是非常不明顯。」有另一個膽怯的米娜住在安納瓦迪，有個愛她的男人，曾經把她的名字刻在他的前臂內側。曼竹認為，他或許也把「米娜」寫在未乾的水泥上。這很合情理。不過，她寧可相信，是米娜用自己的手指寫上這些字母，這位安納瓦迪第一個誕生的女娃，把自己的一些印記留在此地。

13 閃閃發亮的東西

十一月，拉圾市場一落千丈，經營遊樂場的坦米爾人嘗試讓拾荒人理解，他們的拉圾為什麼值這麼少錢：「美國各大銀行出現虧損，隨後有錢人也出現虧損，然後，貧民窟地區的拉圾市場也跟著下跌，」他如此述說全球經濟危機。一公斤空水瓶過去市價二十五盧比，如今僅價值十盧比；一公斤報紙過去市價五盧比，如今僅價值兩盧比——這是他們對全球危機的理解方式。

蘇尼爾蒐集的報紙上說，許多美國人如今住在他們的車子上或橋下的帳棚中。印度首富安巴尼（Mukesh Ambani）也同樣虧了數十億，儘管對他在孟買城南著名的二十七層樓的興建工程，不足以造成妨礙。低樓層將保留給車子和他一家五口所需的六百名僕人。更令貧民窟的年輕居民感興趣的是，安巴尼的直升機將降落在樓頂。

「情況很快就會好轉。」阿布杜對蘇尼爾和其他拾荒人說道，只因他父親對他這麼說。全球市場雖然變幻莫測，遊客的行為卻可以預期：他們會在冬季湧入孟買。生活在海外的印度人為了過排燈節（Diwali），十一月開始陸續抵達；歐洲人和美國人則在十二月來到這裡，而後是中國人和日本人，擠爆飯店和機場，直到一月底。隨著遊客的湧入，安納瓦迪的居民斷定，季雨和經濟衰退導致的損失，即將轉虧為盈。

十一月底的一個晚上，蘇尼爾在無利可圖的拾荒日後，去遊樂場看兩個男孩在紅色電動遊樂器前玩「越南大戰三」。螢幕上，大猩猩正在和警察及變種龍蝦，在炸毀的城市作戰。遊樂場外，安納瓦迪其他居民的聲音越來越大。蘇尼爾最後發現，騷動聲不是因有人吸食 **Eraz-Ex** 等狗屁倒灶的事，而是人們貼在遊樂場老闆住屋的窗玻璃上，看電視上的一則新聞報導：來自巴基斯坦的穆斯林恐怖分子乘坐橡皮艇，漂到孟買一處海灘，在城裡四處亂竄。

聖戰成員占領了兩家豪華酒店——泰姬（Taj）和歐貝羅伊（Oberoi），屠殺工作人員和遊客。在一個叫萊波德咖啡館（Leopold Cafe）的地方也有人喪命。城內最大的火車站，也傳來一百多起傷亡報導。不久，其中一名恐怖分子的照片充滿整個螢幕：他穿著黑色T恤、背包和球鞋，除了自動武器外，看起來就像個大學生。

攻擊活動的發生地點，距離安納瓦迪二十七公里，位於富裕的孟買南區，這對蘇尼爾來說是令人放心的距離。當電視播報員說恐怖分子可能擁有炸彈時，他還覺得有點感興趣。在他第二喜歡的電玩「炸彈超人」當中，炸彈又黑又圓，有長長的引線。炸彈爆炸時，還會響起馬戲團音樂。

然而，一輛計程車已經在機場大道附近爆炸，年紀大一點的男孩都說，機場本身也將成為合理的目標。曼竹推測，恐怖分子若已入侵孟買城南的五星級酒店，也可能會來到機場旁邊的五星級酒店，甚至可能穿過安納瓦迪。所幸，她的印度民防軍單位未被派去參與這一特殊危機的救援工作。她走進屋裡，關上門。

阿布杜的父母不敢關上門。萬一安納瓦迪的印度教徒斷定，貧民窟的穆斯林也是某個陰謀的參與者呢？卡拉姆・胡賽因讓門開著，打開電視。阿布杜用布蒙著頭，他的其中一個弟弟則貼近螢幕。在這小男孩看來，城區的建築美不勝收，像是聳立在記者身後的泰姬酒店紅色砲塔，以及火車站華麗的外觀。在安納瓦迪這裡，每戶家庭跟它的家庭成員看起來都有點相像。可孟買城南這地方在他看來，即使遭到圍困，似乎依然巍然聳立、風格一致。「就像整個地方都是由同一個人的腦袋建造而成。」

第二天清早，蘇尼爾和眨眼男孩索努外出幹活，才發覺根本不可能拾荒。機場外圍已被封鎖，持黑色長槍的軍方特種部隊堵在機場大道上。他們跑回安納瓦迪，回到遊樂場老闆的電視機前。泰姬酒店正在著火，恐怖分子和遊客仍然在酒店內。新聞播報員說，全世界都在關注這一幕。酒店外，衣冠楚楚的人邊對記者訴說泰姬對他們的意義，邊擦眼淚。

蘇尼爾明白，有錢人哀痛的是，曾經讓他們感到放鬆、安全的地方遭受摧殘。在相當於酒店大小、二點七坪的遊樂場裡，沒有人為孟買城南遭受圍攻、或死傷的數百人而哭。貧民窟居民擔心的是他們自己。為時六十個小時的圍攻結束時，安納瓦迪的許多居民已經準確預測到即將造成的一連串經濟後果。

恐怖分子在酒店殺害外國遊客，因此這裡不會是其他外國遊客想過冬的城市。今年冬天，安納瓦迪將沒有旺季。機場將一片寧靜，酒店空空蕩蕩。跨年的午夜時分，在洲際飯店高喊「新年快樂」的跑趴者將屈指可數。

在貧窮的籠罩下，貧民窟進入二〇〇九年，除了全球經濟衰退之外，還蒙上恐懼的陰影。越來越多安納瓦迪居民必須重新學習如何消化老鼠。索努委派蘇尼爾到瑙帕達貧民窟抓青蛙，因為瑙帕達的青蛙比汙水湖的好吃。對著豪華酒店說話的瘋狂拾荒人，不再指責凱悅圖謀殺害他，他反而對著那不反光的藍色玻璃懇求：「凱悅，我幹了這麼多活，卻賺這麼少，你能不能照顧照顧我？」

元月的一天下午，蘇尼爾在水泥攪拌工廠的廢棄坑洞洗澡。他撥開水藻，仔細端詳自己的倒影。他如今已經是個小偷。索努說，這個身分寫在他的臉上。

蘇尼爾明白他朋友的意思。他看過改行偷竊的其他男孩臉上發生的變化，這種變化保安人員可以立即看出來。但他認為自己看起來仍像從前一樣：同樣稚氣的大嘴、寬闊的鼻子、凹癟的軀體，還有同樣濃密的頭髮，此時向外翹起，不過，只要想起他的妹妹蘇妮塔，他就頗感安慰。老鼠趁他們睡覺時咬他們，咬傷處變成了頭瘡；但蘇妮塔的頭瘡卻長出蟲來，讓她最近變成了禿頭。

索努要蘇尼爾放棄他的新行業，近來還因此打了他四次又狠又重的耳光。蘇尼爾沒打回去，卻也沒改變主意。索努是安納瓦迪最有德行的男孩，為了貼補家用，他的母親和弟弟妹妹也在工作。蘇尼爾則無法靠拾荒養活自己，必須重新考慮他的機場地盤，而且買賣贓物的當地人樂意幫他忙。為了蘇尼爾的第一次單獨任務，一個十幾歲的竊賊高手——他也有個頭上長蟲的禿頭妹妹——提供他一輛單車，幫助他快速逃逸。第二天早晨，機場消防車的水龍頭被剝去銅閥門。遊樂場老闆遞上切割工具，數十個下水道水泥井蓋下的金屬支腳即不見蹤影。建築工人為空曠的機場停車場準備開幕時，蘇尼爾則開始一個螺絲一個螺絲地拆除其中的部分。

做為一個小小的新經濟破壞者，他很稱職。他的攀爬能力在機場大道的椰子樹上練成，他的瘦小體型可以避免懷疑，而且，他也不去迴避可以預知的風險，就像他跳到河流上方布滿垃圾的岩架時那樣。唯一的問題是，每回他拿起一塊金屬，他的手和腳便顫抖起來。這個緊張動作，令其他竊賊覺得好笑。

他們之中的一個同夥陶菲克（Taufeeq），整個月都在問他：「我們今晚該去泰姬了吧？」安納瓦迪男孩們的泰姬，可不是恐怖分子攻擊的酒店；他們所謂的泰姬，是「泰姬餐飲」，酒店集團在機場地區擁有的一棟低矮建築，在頂端裝有一排排鐵絲網的高大石牆後方，空中餐點就在這裡準備。最近，蘇尼爾注意到，橘色網子和鐵架從牆上架起，代表牆內正在建造什麼，地上或許有金屬可撿。

卡魯當年曾經爬上鐵絲網，打劫垃圾箱。蘇尼爾偵查泰姬的環境，尋找更容易的進入方式，發現牆緣有個被樹叢擋住的小洞。小洞位在一條沒有燈的卵石巷盡頭，這使得一場偷竊之行幾乎成為必然。然而，蘇尼爾卻一再推遲任務。

他的竊賊同伴陶菲克抱怨說，他們若是再猶豫不決，其他男孩就會發現這個洞。然而，「泰姬餐飲」讓蘇尼爾想起卡魯和死亡，以及近來蹲在沙包掩體後方、戴藍色貝雷帽的軍人，還有發生恐怖襲擊的幾個月以來，似乎越來越兇惡的薩哈警察。最近，「印度石油」（Indian Oil）的保安人員，逮到蘇尼爾偷偷摸摸尋找金屬，便將他移交給一個爛醉如泥、名叫沙萬（Sawant）的警官。在派出所時，警官踩他的背並毒打他，狠毒到另一名警員得向蘇尼爾道歉，還帶了條毯子給他蓋。

鑒於種種風險，蘇尼爾想多花幾個晚上的時間，從洞口觀察泰姬的警衛，評估被逮的可能性。同時，他也在國際航廈邊接近完工的四層樓停車場從事偷竊活動，掙得吃飯的錢。

此時他已知道最佳的進入方式：經過幾排鮮紅色與黃色路障；經過籠罩在夜色下的幾部推土機和一台發電機；經過警衛拿手電筒打開汽車後車廂的檢查哨；經過令人生畏的碎石堆；經過一棵苦杏樹，變紅的樹葉表示堅果已經由酸轉甜；再經過兩個安全掩體。

元月的一個午夜，他去黑暗的停車場時，辨別不出什麼動物在腳下亂竄，或許是老鼠或袋狸，可他以前從未在停車場遇到過。他倒是經常遇上警衛，不過，今晚他無法判斷他們在哪裡。他小心翼翼走到一個樓梯間，靠近由水平鋼條建成的外牆。鋼條外牆透入一點籠罩國際航廈的藍白色燈光，航廈中的旅客仍在和他們的家人擁抱道別。接近燈光可能增加被警衛發現的風險，卻也可以讓他採取合適的監測行動。

他在找安納瓦迪居民所謂的德銀——電鍍的鋁或鎳。近來大家談論這個術語時，總是滿懷敬意。德銀的價格，最近從每公斤一百盧比跌到六十盧比，不過，其他東西的價格跌得更多。

蘇尼爾沿著樓梯間慢慢往上爬，每到一層樓，便小心翼翼往地上的一個小洞窺去。他估計，這些小洞是用來貫穿水管之用，不過現在，這些洞可以讓他確認警衛是否在他身後悄悄爬上樓梯。尼泊爾警衛最讓他害怕，因為他們和中國人差不多，像李小龍一樣。

在第三層樓的角落有兩支長鋁條，他竄上前攫取，這沒被別的小偷發現使他甚感驚訝。他認為這些鋁條可能是窗框的一部分，儘管停車場並沒有窗戶。雖然他在機場竊取的物件，其實際功能與他的工作無關，不過，他仍然感到好奇。

他把鋁條運上樓頂，他在樓頂唯一找到過的德銀，位於一個標示「消防水帶箱」的紅匣子內——劣質的滅火器支架，幾乎不值什麼錢。樓頂也是他最有可能遇上警衛的地方，他們會上這兒抽菸。不過，他每次來這裡，仍然會設法上樓頂。這裡只有四個樓層，卻是他爬過最高的樓頂，最令人愉悅的是開放空間的景色，在孟買實屬罕見。

事實上，樓頂有兩種空間。其中一種當他站在正中間時，即使他的手臂再長三十倍，他在原地轉圈也碰不到任何東西。那樣的空間，一個月後停車場開幕、停滿車子時，便不復存在。能恆久存在的空間是另一種：他俯身探出護欄外的空間。

他喜歡看紅色尾翼的印度航空起飛；他喜歡市政府的球形水塔；他喜歡新航廈龐大的建築工地。他不喜歡帕希瓦達火葬場的煙囪，卡魯就是在那裡火葬。更好玩的是找出凱悅發亮的招牌，嘗試指出招牌底下哪一個黑色斑塊是安納瓦迪。不過，最精采的還是看著有錢人進出航廈。

上這樓頂來的其他男孩，喜歡看移動的人群，因為那些人看起來非常小。對蘇尼爾來說，從上面看人，讓他覺得和那些人很近。他感覺自己能自由自在觀看他們，這是他在地面時不能做的事。在地面上，他如果盯著對方看，他們一定會瞧見。

每過一個月，他就更加無法肯定，自己在底下的城市人流中歸屬何處。他曾經相信自己很聰明，可能成為某種人物——當然不是經常出入機場的那些大人物，而是中等人物。來到樓頂上，即使是為了偷東西，卻能暫時讓他脫離他在安納瓦迪成為的那種人。

一段時間過去了，現在他得帶著德銀回家去。他把鋁條抬下樓，在離開大樓前，拉開褲子拉鍊，把鋁條塞進他的內褲褲腿。德銀緊貼皮膚的感覺並不好，但他如果把鋁條放在內褲外，就會到處滑動。

他一瘸一拐，僵硬地經過安全檢查哨和薩哈派出所。不久，他回到安納瓦迪，在一輛卡車的後車廂蜷起身體睡覺。第二天下午，他用遊樂場老闆的工具，偷走機場停車場警察夾在嘟嘟車上的輪胎鎖。

天黑後，他回到遊樂場時，大家正在談論一個女人，她企圖上吊自殺，卻未能成功。因為她負債累累的丈夫賣掉他們的棚屋，而她不想流落街頭。

在蘇尼爾看來，安納瓦迪似乎有太多女人想尋死。他對米娜的死尤其難過，她對他一直很好。全都是為了一個蛋，大家這麼說。

阿布杜一直認為，米娜做的事非常勇敢。大家也說卡魯勇敢。現在，開遊樂場的坦米爾人甚至說，蘇尼爾是安納瓦迪的勇敢小子：「頭號神偷！」蘇尼爾從這傢伙的話中看穿他的動機。這個坦米爾人想提振他的自信，好讓他去泰姬偷東西，把贓物賣給他。然而，蘇尼爾今晚沒有這種自信。

在遊樂場外的路上，他的父親搖搖擺擺地走過去，阿布杜則激動地和另一個男孩說話，男孩卻沒有在聽。阿布杜一邊說話，脖子一邊前後扭動，就像站在他身後的一頭水牛一樣。蘇尼爾邊笑邊從旁經過，心想這會是卡魯喜歡模仿的愚蠢舉動。阿布杜和水牛或許同樣都在把殺人蚊揮開。

「你有沒有想過，當你注視某人，聽某人說話時，那個人是不是真的擁有自己的生活？」阿布杜問沒有在聽的男孩。他似乎處在從他被關進東日之後，偶爾會上身的著魔狀態。

「像剛上吊的那個女人，或她的丈夫，他或許在她上吊前揍了她？我好奇那是什麼樣的人生，」阿布杜繼續說：「我經歷種種壓力才看到這點。可這也是一種人生，即使活得像狗的人，也有某種人生。有回我媽揍我，我忽然有了那種想法。我說：『如果現在發生的事——妳揍我這件事，往後一再發生，那就是一種糟糕的人生，可那也是一種人生。』我那麼說的時候，我媽大吃一驚。她說：『別去想那些可怕的人生，把自己給搞糊塗了。』」

蘇尼爾想到，他自己也有人生，但肯定是一種糟糕的人生——可能像卡魯那樣結束，而後被人遺忘，因為這對生活在上流城市的人來說，沒有什麼影響。然而，當他在樓頂上探身出去，想像如果探得太遠可能發生什麼事時，他突然意識到，一個男孩的人生，對他自己仍然很重要。

二月，失去耐心的陶菲克痛揍蘇尼爾一頓，接管了打劫「泰姬餐飲」的任務，蘇尼爾被降級為四名普通小弟之一。幾個男孩鑽過石牆的洞口，每周一次，連續三個禮拜，取得二十二小塊鐵片。某天晚上，保安人員跑過來時，男孩們朝他們扔石頭。蘇尼爾如今已能吃飽，而且還多出十盧比，去買了他在安得里（Andheri）火車站外頭看到的一枚頭骨形狀的鍍銀耳環。他一直想擁有閃閃發亮的東西。

在停車場和河對岸的廠房倉庫，有更多德銀。架在保安亭上的梯子價值一千盧比，由五個人分。接下來的幾個星期，蘇尼爾絕大多數沒餓過肚子，這幾個星期內，他實現了一個比一枚銀耳環更遠大的願望。

起先他還不相信，以為是影子和斜射到他家牆上的光線在捉弄人。然而，和蘇妮塔背對背站在一起時，他證實他比妹妹高了。做賊的蘇尼爾．夏瑪，終於開始長高。

14 審判

儘管阿布杜的父親私下認為，印度只有窮得沒錢賄賂警察的人才得出庭受審，他卻教導他的孩子們，要尊重印度法院。在國內所有的公家機構當中，這些法院在卡拉姆看來，似乎最樂於維護穆斯林和其他少數族裔的權益。二月，隨著他自己的審判逐日迫近，他開始關注烏爾都報紙上關於印度各地的審判，就像安納瓦迪的某些居民關注肥皂劇一樣。雖然他對許多法院判決持有異議，也知道有些法官貪汙，卻未失去對司法的相對信任。

「在警察局，他們只告訴我們要保持沉默，」卡拉姆對阿布杜說，阿布杜記得很清楚：「不過在法庭上，我們的話會受到重視。」卡拉姆獲知他的案件將交由快速法院開庭審理時，更覺得充滿希望。

在普通法庭上，指控和開庭審訊之間，有時相隔五年、八年，甚或十一年。對於印度絕大多數無固定工作的人，每一次出庭受審，都會損失一天的工資。漫長的審判，對收入具有極大的影響。不過，由於中央政府的政策，龐大的積壓案件，如今交由全國各地的一千四百個快速法庭審理；於是孟買的判決從快速法庭迅速飛出，使全市的候審案件數，在三年內減少三分之一。許多惡名昭彰的案件，包括集團犯罪案，都直接送往快速法庭，因為民眾可能迫切想看到判決結果。不過，除了高度曝光、把電視採訪車吸引到法院外的案子，還有成千上萬不值得報導的小型審判，就像胡賽因家的案子。

一個名叫喬涵（P. M. Chauhan）的法官被指派辦理此案，以判定卡拉姆和喀卡珊是否逼迫他們的鄰居自焚。一段時間以後，阿布杜將在少年法庭個別受審，因此他看不到喬涵法官的法庭。正因如此，他覺得這場審判彷彿發生在重洋之外，雖然他姐姐說，法庭位於孟買城南的塞里（Sewri）社區，搭公車加火車僅約一個小時。這件事是他一生中認為諸多無法控制的事情之一，他只希望喀卡珊讓他知道，他該擔心到什麼程度，畢竟比起他的父親，她講的話較為可靠。

塞里的法院，從前是一家製藥公司。「這不太像法院。」審判開始當天，喀卡珊擔憂地對她父親說道。這裡沒有柚木欄杆，毫無威嚴可言。走廊上塞滿營帳，其他被告的家屬在此吃東西、禱告、睡覺、靠在油膩膩的瓷磚牆面上。牆上的標示警告，隨地吐痰罰款一千兩百盧比。整個地方似乎缺乏撿垃圾的常駐員工。法庭內，在喬涵法官主持審判的高台底部，還有空塑膠瓶罐環繞四周。

「這位女法官相當嚴格，」一名警官說過：「她不輕易釋放被告。」喀卡珊立刻發現，這位喬涵法官很不耐煩。她抿著暗紅色的嘴唇，對著她開庭首日沒帶律師出席的父親大聲叫嚷：「這件案子很重大！別耽誤我的時間，快快開始，好讓案子繼續進行！」

這種不耐煩是結構性的。像大多數快速庭法官一樣，喬涵同時進行超過三十五件的審判案。一件案子並非從頭到尾進行聽證，像喀卡珊在電視連續劇中看到的那樣，而是分解成數十次簡短的聽證，每隔一周或兩周舉行一次。法官平均每天聽取九件審判的一小部分，因此，喀卡珊和她父親受警察監督的被告席上，可說是人滿為患。有人因謀殺罪受審，有人因持械搶劫或竊電受審，其中許多人戴著鐐銬。卡拉姆是席上年紀最大的人，喀卡珊則是唯一的女性。他們的座位靠著法庭後牆，前方則是證人和旁聽者用的一大堆白色塑膠椅，還有兩層金屬辦公桌，不斷湧現的書記官、檢察官和辯護律師在這兒翻閱文件。在喀卡珊看來，證人席和塗口紅的法官之間，似乎相隔非常遙遠。

在下一次閃電般快速的聽證中，胡賽因家的律師出現了，還有庫柏太平間的醫務官出席作偽證，說法蒂瑪全身的燒傷面積超過百分之九十五。聽證結束。「現在呢？接下來呢？」法官問道，抽出一份新文件，繼續另一個案子。

在另一個星期中，薩哈派出所的一名員警出庭作證，證實派出所的調查結果：胡賽因一家毆打法蒂瑪，迫使她自殺。「現在呢？接下來呢？」法官問道。

接下來的審判部分，令胡賽因家非常恐懼。從三月這天開始持續無數個禮拜的簡短開庭，將由他們的左鄰右舍提供證詞——警方挑出這些鄰居進行訪談，控方則挑出他們提供證據。奇特的是，這些「目擊者」大多並未目睹自焚前的爭吵，包括法蒂瑪的丈夫和她最親密的兩個朋友。

在被告席上，喀卡珊慶幸自己穿著蒙面罩袍，掩蓋了她汗水淋淋的事實。她在牢裡感染了黃疸，拖延許久的發燒突然飆升，她認為那是焦慮造成的。她認為在關鍵性的那一天，她家人的行為太過魯莽可恥：她希望和鄰居法蒂瑪吵架時，她沒說要擰斷她的另一條腿；她希望她父親沒揚言要痛揍法蒂瑪。不過，他們如果真的被關進監獄，並不是因為口出惡言，而是因為有足夠的所謂「目擊者」，支持法蒂瑪在醫院向警方說她被掐、被威脅的捏造證詞。

馬哈拉施特拉政府的特別執行官普妮瑪．白珂勞，曾經幫忙構思醫院的證詞，之後，她告訴婕若妮薩，其他目擊者的證詞很可能同樣不利，除非胡賽因家買通她。這天早上，就在法庭外，她再次嘗試勒索。

安納瓦迪的目擊者，有可能回想起事發當晚更多毀滅性細節，特別執行官對卡拉姆這麼說。她自己也可能必須就法蒂瑪的臨終宣言出庭作證，那樣一來，絕對保證有罪。特別執行官不想這麼做，她想幫忙他們。

「但我還能怎麼做？」特別執行官問道，一如以往地攤開手掌：「再想想可能發生的事吧。你和你的孩子們就要坐牢了，你有什麼想法？」

「我絕不付錢，」卡拉姆氣急敗壞地說：「我的兒子和女兒已經進過監牢，妳威脅的可怕事情已經發生了。不過，我們要把錢用來請律師，而不是花在妳身上！律師能讓法官看到真相，如果這位法官看不到，」他虛張聲勢地下結論：「我會一路上訴到最高法院！」

卡拉姆父女在布滿垃圾的法庭等候他們的第一批鄰居。他們都希望，這種相信印度司法的信念不會白費。

上證人席的第一個目擊者，是法蒂瑪的兩位知心朋友之一，一個叫普莉亞的窮女孩。普莉亞可能是安納瓦迪最淒慘的女孩，喀卡珊已經認識她多年。這天早晨，兩位女孩從貧民窟共乘一輛嘟嘟車前往火車站，緊貼著汗濕的大腿坐在一起，各自沉浸在不愉快的思緒中。普莉亞迴避喀卡珊的目光，抱著自己的身體，一再地說：「我不去，我不去！」從自焚事件以後，普莉亞始終迴避大多數人的目光。「只有法蒂瑪了解我心裡的痛。」她曾經說道。一個強悍的女孩，或許可能忘掉她朋友的呼救聲、她的掙扎；然而在證人席上，就像在安納瓦迪一樣，普莉亞身上寫滿的傷害，就像臉上劃過的一道疤痕般顯而易見。

然而這種傷害，並不會讓一個女孩變成說謊家。普莉亞顫抖地告訴檢察官，爭吵發生時她不在廣場，直到法蒂瑪自焚之後，她才看到她。普莉亞向辯護人承認，法蒂瑪在貧民窟挑起許多爭端，而後離開證人席。

一個俊美、善於言詞的男人迪內希（Dinesh），接替她來到法官面前，他在機場負責搬運行李。喀卡珊從未跟他說過話，不過，她聽說他的證詞具有殺傷力。她看見他咬緊牙關、面色鐵青地站上證人席時，她感到不舒服。由於他講馬拉地語，幾分鐘過後，喀卡珊才意識到，他的憤怒不是針對她家，而是針對薩哈警方。

自焚事件過後不久，一名警員記錄了一份署名迪內希的目擊者證詞，描述這樁爭吵。迪內希告訴法官，那是一份虛構的證詞，他當時正在另一個貧民窟巷弄的家中，並未目睹爭吵，不明白為什麼自己會變成原告的關鍵證人。他不關心胡賽因家，也不在乎他們最後會不會坐牢，他只在乎由於一份不實的供述，他必須放棄一天的收入。

詫異的檢察官趕緊結束他的質問，聽證於是結束，喀卡珊和她父親回到安納瓦迪，幾乎感到頭昏眼花。

儘管特別執行官旁敲側擊，但第一批目擊者並未為了打擊他們而說謊。回顧當時，喀卡珊一直記得這天下午令人震撼的好消息，直到著名的快速法庭開始遲緩下來。

到了四月，對胡賽因家的指控案，在支離破碎的聽證中緩緩進行，而且惹得喬涵法官很惱火。她的速記員只擅長馬拉地語，不能把安納瓦迪目擊者的印度語，翻譯成官方紀錄所需的英文。法官不能忍受翻譯的延遲，開始告訴速記員該寫些什麼；於是一個貧民窟居民對於檢察官發問所做的細膩回答，變成了簡短的單音節回答，這樣才好讓案子繼續進行。在一次特別冗長的聽證結束時，法官站起身來準備吃午飯，一邊向檢察官和辯護人說：「唉，為瑣碎、愚蠢的私事吵架——這些女人啊！這種事情竟然可以演變成一樁案件！」顯然，審判結果只對安納瓦迪居民來說至關重要。

對喀卡珊和她父親來說，十年刑期就賭在這裡了。然而他們發現，隨著一個個禮拜過去，根本無法了解法庭前方的言論到底是反對、還是支持他們。窗子因四月的酷熱而開啟，因此他們所聽到的，不是決定他們自由與否的證詞，而是產業道路的嘈雜聲：汽車喇叭聲、火車鳴笛聲、踩油門的引擎聲、卡車倒退的嗶嗶聲。這些外界噪音，似乎被吊扇吸進去，被它的金屬扇葉攪拌之後拋擲出去。庭審結束，換下一個庭審。此時，吊扇出了毛病，呼呼的旋轉聲變成響亮的嘩啦聲。

警察對法官說了什麼？法官對檢察官說了什麼？檢察官的橘色條碼頭，用髮膠噴得僵硬，當他連連點頭時，一撮頭髮鬆開來，朝上翹起，像一根指頭指向天。聽證結束，一周後再來。喀卡珊不再俯身向前，她開始癱坐在座位上。在法蒂瑪的丈夫出庭作證那天，她看起來非常沉著。

幾個月前，法蒂瑪的丈夫阿布杜．謝克（Abdul Shaikh）帶他的女兒到胡賽因家過開齋節，穆斯林一年中最神聖的日子。小阿布杜在廣場割斷一隻山羊的喉嚨，這個老阿布杜同他並肩幹活，挖出肉來大張筵席，就像以往的開齋節一樣。今年的山羊很不錯，時節也不錯。然而，對法蒂瑪的丈夫而言，此次審判事關榮譽，就像對胡賽因家一樣。

從他在法庭中間的位置所聽到的內容，比胡賽因家更多。隨著審判的進行，他察覺到，法蒂瑪對自己挨揍被掐所做的臨終陳述，正在逐漸瓦解。目擊者一再地說，那只是一場火爆的爭執。阿布杜．謝克對於他妻子最初和最後的正式聲明出現這種矛盾，感到極度不安。

他和法蒂瑪在溫馨的結婚第一年後，過得並不快樂。他們為了她的情夫、她揍孩子的猛勁、他喝醉時揍她的力道，而經常吵架。他不想美化他們的過去。然而，自從法蒂瑪死後，他必須每天住在胡賽因家隔壁，聽著婕若妮薩對她的女兒們唱歌，聽穆西逗大家哈哈笑。法蒂瑪的自殺，讓他再也沒有機會和妻子和睦相處，給他的愛女們一個幸福的家，無論這個機會多麼渺小也不可得。

他想把這種失去未來的可能性，歸咎在除了他老婆以外的其他人身上。他要法官定胡賽因家的罪。問題是，他不能肯定胡賽因家對法蒂瑪做了什麼、或沒做什麼，而他在最初向警方所做的供述中也這麼說。他當時在工作，回到家才發現他的妻子嚴重燒傷。他的女兒們在爭吵時陪伴在側，跟他說沒有人動手。然而，對這幾個女孩子來說，這意味什麼？他不要她們在成長過程中，知道她們的母親自焚、說謊，而後身亡。

他的女兒現在已回到安納瓦迪。他在她們的手臂和腿上發現瘀青，於是把她們從寶麗修女那裡接走。她們很高興可以離開。「我們老是要對一張白人的圖片說『謝謝祢，耶穌』，」他的小女兒說：「無聊死了！」自從回到家裡，她們都不曾問起她們的母親，不過，從窗子目睹自焚的努孋變了。她總是站在馬路上，彷彿想讓來車撞上她，還養成一緊張就嚼頭巾的習慣。

不過今天，搭火車穿過城市來到法院，令她感到興奮，對於架設在法院外的攝影機，她尤其熱衷。「今天肯定有什麼大案子。」阿布杜．謝克對他的女兒說道，她們跑到一架攝影機前，揮手微笑。安納瓦迪居民都說，小女兒希娜笑起來像她母親。阿布杜．謝克認為這沒說錯，儘管法蒂瑪的微笑在他腦中的印象並不太多，無法供他回想。

「他們現在會讓我們上電視嗎？」他們三人走過低矮的金屬安檢門時，努孋問道。阿布杜．謝克轉頭回答，腦袋重重地撞在門上。一個小時後，當他站在證人席上時，仍感覺頭暈目眩。

他的右手抓著一個皺巴巴的塑膠袋，袋子裡裝著他妻子的死亡證明書、她兩張衣著漂亮的照片，穿著粉紅色和藍色的衣服；以及她因身障取得免費金屬拐杖的正式文件。這些遺物有霉臭味，上面的文字他也看不懂，但當他做出希望能把胡賽因一家關進監獄的證詞時，他想把這些東西拿在手中。

法官傳喚他時，和藹地看著他，但當檢察官清喉嚨時，阿布杜．謝克不禁膝蓋發軟，必須抓住證人檯才能夠站直。他從來沒來過這種地方，對著這些氣勢洶洶的人說話。對於檢察官最基本的問題，他也慌張起來，即使他明白對方跟他站在同一邊。

「你跟誰住？」檢察官問道。

老婆，他說道，彷彿她還活著。對於下一個問題，他堅稱自己三十五歲。他沒搞錯他女兒的名字，可他卻想不起他家的住址。他不確定回答時該看哪裡，該看高居證人席上方、平靜地審視他的法官？還是站在他對面、可以水平直視的檢察官？他看著辯護律師時更是困惑，因為辯護律師正咧嘴笑看著法官，讓人費解。

他決定只看法官。他對她陳述自己如何在家裡發現法蒂瑪，並送她去醫院。

「當天晚上你妻子是否能夠跟你說話？」

這是阿布杜．謝克必須回答的第一個關鍵問題，他必須振作起來。「是的，她能說話。」他強有力地說道。話順利說出，他看起來鬆了口氣。

「去庫柏醫院路上，你妻子對你說了什麼？」

「她跟我說，他們罵她婊子，要扭斷她的另一條腿。」他開始說道。這是九個月前，他在原證詞中告訴警方的話，然而在法庭內，這話聽起來並不夠可怕，就只是安納瓦迪的日常用語而已。過了好一陣子，他繼續說：「她告訴我，他們揍她。」他又停頓了好一陣子思索，接著他說：「她告訴我，他們扯住她的脖子，用大石頭打她。」

這個垂死女人說的話，但願能讓案子逆轉過來。

檢察官似乎喜不自勝，列席的薩哈警察也很高興。隨著胡賽因家那位蓬髮、穿條紋西裝的辯護律師開始進行交互詰問，阿布杜．謝克也越來越鎮靜。不，他們的女兒美迪納在水桶溺死後，他的妻子並不沮喪。不，她的妻子之前不曾兩度把煤油倒在她自己身上。當他踉踉蹌蹌走下證人席，跌坐在白色塑膠椅上時，他相信自己已經為女兒的喪母之痛報了一箭之仇。

「現在呢？下一個呢？」喬涵法官說道，準備傳喚安納瓦迪最後一個目擊者。

法蒂瑪最好的朋友辛席亞．阿里（Cynthia Ali），自從她丈夫的垃圾事業陷入困境以來，便一直對胡賽因家懷恨在心。自焚事件當天的深夜，當阿布杜躲進他的倉庫時，她站在廣場上，嘗試慫恿左鄰右舍到派出所示威，要求逮捕胡賽因全家。

辛席亞雖未親眼目睹法蒂瑪和胡賽因家之間的爭執，第二天卻提供與事實相反的目擊者證詞給警方。而後，透過妓院老闆的妻子，她通知胡賽因家，她的證詞能把他們送進監獄，除非他們在她出庭作證前付給她兩萬盧比。胡賽因家拒絕付錢，因此幾個月來，他們一直對她的復仇嚴陣以待。

「我覺得自己像要瘋了，」前一天，婕若妮薩和阿布杜在磅秤前等候拾荒人時，她對他說道。她眼裡的瘋狂，自她站在薩哈派出所普通牢房的窗前以來，他從未見過。「在法庭上撒謊之後，她能有什麼名譽可言？」婕若妮薩問：「如果你喪失名譽，怎麼有臉在安納瓦迪待下去？」

阿布杜認為他母親的問題很荒謬。

辛席亞為她的出庭日洗了頭髮，穿上她最好的莎麗，紫色鑲著藍邊和金邊。至於牙齒則一如往常。最近幾天，她把自己的出庭作證，設想成決定性的時刻，將她預期的演出類比為印度電影裡的審判高潮。

看著胡賽因家收入增加的同時，她家卻陷入困境，很是令人痛苦。她覺得婕若妮薩只是好運罷了，生出像阿布杜那樣的人體垃圾分類機，可婕若妮薩卻表現得好像自己很厲害似的。此外，婕若妮薩還講她閒話，說基督徒辛席亞曾在豔舞酒吧工作，那是一個她早已劃下句點的生活片段。近來，她稱自己為社會工作者，嘗試投入扶貧事業，像阿莎一樣。四處流動的政府和國際資金可多著。

喬涵法官傳喚她上來時，她像柱子般站得筆直，信心十足地報上她的名字和社工人員這一新職業。檢察官開始提問時，她才開始歪著腦袋。

這位檢察官，和電影裡的檢察官一點都不像。他並未定睛看她，儘管她穿的紗麗很華麗。他似乎像法官一樣，對審判感到厭煩。

辛席亞眉頭一皺，她覺得檢察官在催促她。法官難道不想聽她詳細說明她假裝看到的那場爭執？聽她說她如何幫忙把門撞開，救她那燒得冒煙的朋友？她幾乎還未熱好身，檢察官便不再提問，胡賽因家的私人辯護律師站起身來，進行交互詰問。

這傢伙看起來倒像是電影中的律師。面對一名可疑的目擊者——一場無聊審判的最後一名目擊者，他異常謹慎地提出問題。

是的，她承認隨著胡賽因家生意日漸興隆，她家生意亦隨之衰敗。

是的，她住的棚屋跟胡賽因家有些距離，位在貧民窟的另一個巷弄。

是的，她家離發生爭執的地點不算近。

是的，她在家切菜，準備做晚飯。

那妳怎麼可能看見發生的一切？辯護律師想知道。

「可我看見啦，」她皺著眉頭堅持說：「她是我的鄰居！」

「我不這麼認為，」辯護人說：「妳之前說妳目睹爭吵，可那不是事實。妳說謊。」

法官把這荒謬的一問一答，複述給她那位不稱職的速記員：「我謊稱目睹了那場爭鬥。」辛席亞的眼睛突然睜大。

辛席亞的兒子在天主教學校唸過英文，她教他唸書的時候也學了一點。她聽得懂，法官叫速記員寫下，她承認自己說謊。她想做更正，她需要時間思考重組。「等一下！」她喊得很大聲，隔著嘈雜的街道聲，喀卡珊和她父親都聽得見。然而，這可是快速法庭，而這是快速法庭中一個無足輕重的案子。沒有人想等。

法庭不再需要辛席亞這位目擊者，喬涵傳喚另一件案子，一名員警指著門。可她被人誤解，怎能離開證人席？她要怎麼把她自己的謊言與虛構的申述，從速記員的電腦中消除？她氣得發抖。對誰生氣？法官？律師？司法制度？她決定責怪弓著身子坐在後方被告席的胡賽因一家。

「你們等著瞧！」她一邊喊，一邊離開法庭，像電影一樣誇張地舉起拳頭。被誤會的目擊者們，和大惑不解的被告們，搭上同一班火車，回到他們在安納瓦迪你爭我鬥的日常生活中，繼續為他們以為已經發生、卻無法確知的一切而發愁。結辯就在兩周之後。

15 冰的裁決

一天下午，阿布杜、穆西和他們的父母背著手，審視倉庫內五花八門的垃圾。由於垃圾價格太低，他們盡量先不把垃圾賣到回收廠，可如今，他們別無選擇。為了請律師，他們已賣掉倉庫。儘管阿布杜在無須向東日報到的日子裡，瘋狂賣力地幹活，他卻賺不到什麼錢。薩哈警方實際上已經讓胡賽因家被迫停業。

審判進行的同時，他們全家試著遵循阿布杜的東日師父指出的德行之路：不再購買任何可能的贓物。這項決定雖然使家中收入減少百分之十五，卻沒有減少警方的關注。如今，警察天天來索賄——「像狗一樣舔我們，吸食我們剩下的血。」婕若妮薩在某天下午叫道。由於無法指控胡賽因家擁有贓物，警察轉而揚言要以阿布杜在廣場分類垃圾的罪名逮捕他。侵占公共空間！破壞安納瓦迪生活品質！

警察暗示他可能使用一個新罪名，向法官證明，這家人擁有一種犯罪模式。於是婕若妮薩支付一筆又一筆賄賂金，她的丈夫則在警方對這件訴訟案或許並不知曉的另一個區域尋找倉庫。

對於出售最後一批可回收物可能賺到的錢，卡拉姆試圖保持樂觀。「這兒肯定有五公斤德銀，」他說：「銅或許有兩公斤。」

「廢話少說，」婕若妮薩厲聲反駁：「少多了。有其父必有其子，穆西就像你一樣，不想幹活，只想吃飯。你們兩個都想不勞而獲。」

穆西退縮了一下。在成長過程中，他是第一個說自己懶惰的人。他喜歡讓朋友們看一張阿布杜和他自己孩童時的褪色相片。「看到了吧？阿布杜走來走去，我卻坐著。從小時候開始就是這樣了！」然而，這場家庭災難改變了他。他成為一個手腳俐落、能幹的垃圾分類者，會做任何他所能找到的工作。

他和他最好的朋友到工地打工，完成機場大道上一家精品酒店的游泳池。隨後，他取得他夢寐以求的臨時工作：在洲際酒店準備派對。一名承包商喜歡他的長相，遞給他一個夾式領結和一件制服外套。外套的布料又黑又亮，好似烏鴉的翅膀；他的母親摸了一下，靜默不語。一周的工作結束後，承包商收回漂亮的外套，卻只支付當初談定薪水的五分之一。當穆西穿過城市，到對方的辦公室領取其餘薪水時，警衛把他趕了出去。

他的下一份臨時工作，是在製作機上餐點的「航空美食」。抵達工作單位時，穆西站在吹風器底下，吹去他身上的城市灰塵，而後把食物放到一個巨型冰櫃中的托盤上。這是痛苦的勞動，即使手腳凍得無法移動，仍然必須搬運重箱子。他的鼻水結成冰，皮肉觸摸金屬時還黏在上面。儘管如此，他每天能賺兩百盧比，直到管理部門裁掉了臨時員工。

隨著恐怖攻擊和經濟衰退的效應依然持續，許多機場相關企業都在進行裁員。阿莎的濕婆神軍黨抗議這些裁員措施，時而採取暴力手段。洲際酒店裁員後，濕婆神軍的一夥人搗毀酒店高雅的大廳，要求提供馬哈拉施特拉邦民更多的工作。拉塢是這場暴行的受益者之一，他取得為期半年的空調管道清潔工作。穆西為拉塢感到高興，只是有一點遺憾：他自己的父母最好的人脈關係，居然是拾荒人。

「有個傢伙在停車場數車子，他說他看到了我的才華。」一天傍晚在家，穆西告知大家這個消息，滿心期待這能讓他找到穩定的工作。然而，這城市還有其他數百萬個聰明、討人喜歡、但缺乏技能的年輕人。

胡賽因家等候他們的案子結辯時，整個孟買開始密切關注另一件快速審判案。恐怖襲擊唯一倖存的武裝分子、二十一歲的巴基斯坦人卡沙布（Ajmal Kasab），在亞瑟路監獄戒備森嚴的專屬法庭內展開聽證。

阿布杜的父親說，卡沙布犯下了大錯。可蘭經並未賦予穆斯林殺害無辜民眾的權利，而這些民眾當中，有些人也是穆斯林。不過，在阿布杜看來，卡沙布似乎很幸運。「他在牢裡或許經常挨揍，」有一天，阿布杜說：「但至少卡沙布心裡知道，自己的確做了大家所說的事。」這肯定比無辜挨揍輕鬆一些。

阿布杜在每星期三天搭火車前往東日的途中發現，大眾對卡沙布的憤恨，似乎並未轉嫁到孟買其他的穆斯林身上，這使他放下心來。在濕黏擁擠的火車車廂中，他不是任何人的替代品。印度人只是去他們該去的地方，就像他一樣。和他一樣，他們咳嗽、吃午飯、看著窗外廣告牌上的寶萊塢主角們兜售水泥和可口可樂。他們俯身保護裝在像他一樣的珍貴塑膠袋裡的珍貴文件，塑膠袋上寫著，「休息一下，來個奇巧」（Take A Break, Have A Kit Kat）。一切都和過去一樣，這令人滿懷希望。

恐怖攻擊過後的幾個月來，孟買的富人階級也同樣滿懷希望。許多人開始首次投入政治，決心帶動政府改革。印度的有錢人往往試圖規避一個功能失調的政府，他們雇用私人保安，過濾城市的自來水，繳付私立學校的學費。多年來，這些選擇發展成一項原則：最好的政府，是一個不干預的政府。

造成高階主管和社交名流喪命的泰姬和歐貝羅伊酒店攻擊事件，起到一個嚴正的修正作用。有錢人如今明白，他們的安全不可能私下獲得。他們和窮人一樣，依賴著一套糟糕的公共安全系統。

十個年輕人，讓全世界最大的城市之一陷入三天的恐怖氛圍之中。這或許是因為這樁陰謀多管齊下又天衣無縫，但也可能因為政府機構沒有扮演好公共監護人的角色，反而像私人攤販一樣在運作。孟買警方的危機處理單位缺乏武器，火車站的警察不知道如何使用他們的武器，在兩名恐怖分子殺害五十多名遊客時，他們還逃跑甚至躲起來。其他警察受命援救一家被圍困的婦產科醫院，卻一直待在四條街外的警察總署。救護車未能處理傷者，軍方突擊隊花了八個小時才抵達這所謂的金融中心——他們的旅程包括停機不便的飛機、加油停靠站，以及從孟買機場搭公車的漫長路程。突擊隊到達孟買城南時，流血事件已近尾聲。

議會選舉即將在四月底舉行，中層和上層階級人士，尤其是年輕人，紛紛登記投票，人數刷新歷年紀錄。生活富裕、受過高等教育的候選人，以進行徹底改革的立場挺身而出，內容包括公信力、透明化和E化政府。獨立印度的立國者，雖是出身高貴、受過良好教育的一群人，到了二十一世紀，這種類型的人已經很少參選或投票，因為富人階級有民主以外的其他方式，保障他們的社會和經濟利益。在印度，認真看待選票的人是窮人，那是他們唯一擁有的真正權力。

另一名垃圾交易商在安納瓦迪開業，填補胡賽因家生意倒閉空出的位置。如今，阿布杜終日待在薩基納卡貧民窟邊緣一個租來的小儲藏棚，交易收入少得可憐。薩基納卡的拾荒人，都已有既定的合作夥伴。不過，悠閒地坐在新棚子的門口，望著一個陌生的廣場，阿布杜發現自己覺得很輕鬆。安納瓦迪的諸多悲劇，並沒有比這裡好多少。這裡沒有人知道法蒂瑪，也沒有人知道他家的審判、卡魯的死，或桑杰和米娜吃老鼠藥的事。每天下午，一個男人靠手搖曲柄轉動小摩天輪，孩子們花一盧比，坐上摩天輪。

警察向這裡的其他商家索取賄賂，不過沒找他麻煩，或許因為任何傻瓜都看得出，他沒賺錢。他幾乎像在東日的時候一樣，有很多時間思考，或許由於炙熱的四月陽光，他想到了水和冰。

水和冰都是由相同的東西構成。他認為，大多數人也是由相同的東西構成。從本質上說，他自己或許亦無異於身邊那些憤世嫉俗、貪腐的人——警察、特別執行官，和決定卡魯死因的太平間法醫。如果他必須依材質分類全部的人，他想最後很可能只分成大大一堆。不過，有趣的是，冰有別於它的本質，而且在他看來，比它的本質更好。

他想比自己的本質更好。在孟買的髒水中，他想成為冰，他想要有理想。出於自身利益考量，他最想擁有的理想，是相信正義的可能。

然而此時此刻，要相信並不容易。在控方證人辛席亞的不完美演出之後，喀卡珊和卡拉姆的律師有信心讓他們免除罪名。然而，就在結辯前，喬涵法官被調往邦另一頭的法院。新法官將被任命，採用那些零散虛構的法庭證詞，接替前一位法官的未完成任務。

胡賽因家嚇呆了，戴金邊眼鏡的特別執行官也注意到這個事實。她第三度來勒索他們，這回還偕同法蒂瑪的丈夫。

新法官很嚴厲，或許將判決胡賽因家有罪。特別執行官告訴他們，值得慶幸的是，法蒂瑪的丈夫願意撤回案子，他願意撤銷他以及亡妻的證詞，基於這點，審判將立即中止。中止審判的代價是二十萬盧比，超過四千美元。

特別執行官似乎把希望寄託於貧民窟居民的無知：他希望胡賽因家不曉得他們的案子是刑事案件，是馬哈拉施特拉邦起訴的案子。事實上，無論胡賽因家付多少錢，法蒂瑪的丈夫都無權取消。

在訓斥這個女人之前，阿布杜的父親找他的律師確認真相。他想確定，他從烏爾都報上收集來的司法程序資訊正確無誤。確實如此。總算，資訊小小戰勝了貪腐。

每個國家都有自己的神話，成功的印度人熱愛的一則神話則是，關於不穩定和適應力的傳奇——也就是他們的國家之所以快速崛起，部分來自於日常生活的混亂和不可預測性。在歐美各國，據說當人們打開水龍頭或電燈開關時，他們就知道會發生什麼事。在印度這個幾無可靠假設的國家，長期的不確定性據說有助於催生才思敏捷、富創造力的解題能手。

在窮人當中，不穩定無疑培養出創造力，然而久而久之，努力卻得不到結果，也可能讓人產生無力感。「我們嘗試這麼多事情，」安納瓦迪的一個女孩說：「世界卻不朝我們的方向轉動。」

每星期三天，通過兒童高度的東日安檢門後，阿布杜總會掃視中庭，尋找那位「師父」的身影。他想跟他談，關於想詐騙他父母的政府官員，關於審判進行得多麼順利，直到女法官被調走，以及他在安納瓦迪的生意如何被警方毀掉。阿布杜在安納瓦迪說了太多關於師父的謊言，連他自己也開始相信，對方確實關心他的遭遇。

然而，阿布杜並未找到師父。在登記冊上簽過名後，他回到街上，想知道怎樣讓自已晚些回到薩基納卡那個無法讓他養家餬口的棚子。有一天，他從少年監獄走了一小時的路，前往哈吉阿里清真寺（Haji Ali），即城內穆斯林聚集禮拜的多樓層場所，試圖恢復自己的能量。

「我不會去太久，」他答應他母親：「只待到我心滿意足為止。」

哈吉阿里的清真寺和陵墓，座落於阿拉伯海的一個小島上，由一個岩石海岬和內陸相連。陣陣海風把阿布杜面前穿著蒙面罩袍的人，吹成數百個黑色氣球，沿著海岬慢慢飄往有著閃亮圓頂的清真寺。在他的兩邊，攜帶摺疊桌的小販推銷著人造玻璃首飾和塑膠水槍。在他頭頂上方的天空，海鷗展翅飛翔。這一切美麗極了，就好像走進烏爾都月曆當中。隨後他留意到任何月曆上都看不到的畫面。

通往哈吉阿里的窄路兩旁，是成排的獨腿人和無腿人。身障的乞丐，在他眼前延伸快一百公尺，他們俯臥在地，哀嚎痛哭、撕扯衣服，就像一大群瘋狂的法蒂瑪。

他急忙離開哈吉阿里。飽覽崇高的事物，不能解決他心中的困惑。唯有經法庭判定，他並未攻擊一個身障女人、掐她、逼迫她激烈自殺，才能紓解他的困惑。

阿布杜有辦法控制自己的許多欲望，這個他卻無法——他想被視為比他身處的髒水更好，他想要一個冰的裁決。

16 黑與白

阿莎設想過逃離安納瓦迪的一百種途徑，然而，在二〇〇九年的最初幾個月，這些途徑終究成為死路，她開始悲傷地感到江郎才盡。或許該責怪一股電擊，擾亂她正常樂觀的思考電路。或許坎伯先生終究因缺少心瓣膜而死去時，留下了一個詛咒。因為在他火化後不久，他的遺孀因為欠高利貸莊主人情，搶走阿莎這位最有用的情夫。

這不是阿莎第一次毫無預警地被男人拋棄。然而在早期，她總能成功地把挫折封鎖在某個整潔的內心空間，動身追逐新的事物。這些問題甚至會讓她開心：接下來要嘗試什麼事，嘗試什麼人？可如今，這些問題只是闡明一個事實：她過去的答案都是錯的。金罐的外殼剝落之後，露出的只是泥瓦罐。

阿莎對市政代表薩旺的盲目依賴，是最大的泥瓦罐。在她精彩的九夜節過後不久，一名法官將她這位政治靠山以謊報低種姓的罪名，解除他的職務。不過，她的失望列表可不只這些：讓她取得政府貸款、她希望丈夫能從家裡經營起的雜貨店；單調乏味且依然無利可圖的貧民窟主地位；曼竹為孟買菁英們擔任保險業務員的主意；讓曼竹成為營利新娘的主意；為薩哈警察找公寓經營副業，原本應當獲得的橫財；還有拖了幾個月後無疾而終的其他計畫。

議會選舉逐漸逼近，她本來應該到各貧民窟散發傳單。濕婆神軍的人一天打五次電話提醒她，剛上任的國大黨籍市政代表也打電話來。為了贏得貧民窟居民的愛戴，他在廣場鋪設精美的薄片石，外加一座為國大黨樹立的黑色大理石碑。此時，他需要一個阿莎這樣的人，她在安納瓦迪的勢力已超越黨派。

然而，阿莎不願對另一名政客宣誓效忠，就像她不願去散發傳單一樣。她想躲在屋裡哭泣。從幼稚園下課回家後，她裹上毯子，低聲唸一首她從市郊曼喀德（Mankhurd）的公告欄抄下的一首馬拉地詩：

你不想要的東西，永遠與你同在
你想要的東西，永遠不與你同在
你不想去的地方，你不得不去
你以為自己想活得更長的時候

看見母親蜷起身子，把自己封閉起來，曼竹心裡很難過，儘管她知道最好還是別去問理由。她只說：「媽咪，這不像妳，坐在那裡不動。」

第二天，她遞上一杯熱騰騰的茶，說：「我的考試也讓我累壞了。」

第三天她又說：「我要把這首詩，再好好抄一遍。」因為阿莎的眼淚把油墨弄得汙跡斑斑。

當天傍晚，阿莎從毯子裡伸出頭來時，發現她這首描述毫無所望的歌賦，抄寫得工工整整，加上護貝，掛在牆上的釘子上。

雖然曼竹把她母親的悲傷，完全歸結於祕密的傷心事，阿莎四十歲的心卻是頑強而機警。她的腦袋是個麻煩，她不是在回想往昔的失敗原因，便是在思索微不足道的小事：不再回她電話的警官；濕婆神軍的同事黎娜未邀請她參加她舉辦的特殊法會等。正常情況下的阿莎，本來就不愛去找愛發牢騷、臉長得像母牛的黎娜；然而，在她目前的情緒下，小小的侮辱會和更大的失望綑綁在一起。她的光明面，頓時黯然失色。

阿莎向來看重自己的好勝心，這種特性並沒有傳給她的孩子。或許由於他們欠缺這項特質，她更珍視自己這一點。然而，一段時間過後，非贏不可的衝動，很可能變成自欺欺人。她拒絕承認自己未能取得任何進展，反而創造出成功的新定義：每次有人失敗，她就覺得自己稍微前進了一點。舉個例子，她戰勝胡賽因家，從某一方面來說，還戰勝坎伯先生。然而，她的生活狀況幾乎沒有變化，她仍然和一個酒鬼丈夫住在汙水湖邊侷促的棚屋裡。她的虛榮心逐漸瓦解——這個虛榮的特性，她倒是傳給了她的三個孩子。她無法找到在更大的城市裡成功的關鍵，而在貧民窟內，她的許多鄰居卻開始厭惡她。

安納瓦迪居民都認同，阿莎讓他們從謹慎提防變成強烈反感的那一刻，是她企圖利用他們的恐懼心理：即二〇一〇或二〇一一年，機場貧民窟將開始被夷為平地。

正值選舉季節，由於機場貧民窟居民有權投票，因此一些政客仍在談論對抗拆遷的事。然而，拆遷計畫已在按部就班地進行。清空的土地，有部分將被用做擴建機場之用，其餘部分則將公開出租。三十幾個貧民窟，即將被更多的酒店、購物商場、辦公大樓，或許還有一個主題公園取代。

機場清拆工作，大致遵循該邦的貧民窟重建計畫。根據這項計畫，私人開發商有權在貧民窟土地上建房，只要他們同意，為那些能夠證明從一九九五或二〇〇〇年（依貧民窟而定）即定居於此的居民蓋公寓。該項計畫貪汙頻傳；犯罪集團成了主要參與者。

然而，該項方案亦有其明顯的侷限性。儘管過去兩年內，共有十二萬二千戶棚屋遭拆除，三分之二的受害家庭在棚屋的居住時間卻不夠長，未達到申請安置的資格。因此，他們湧入其他的貧民窟，或是在市郊建造新的貧民窟。

孟買全區貧民窟清拆工作的失敗，使機場貧民窟的移除更形重要。這項工作在規模上比較便於控制，且獲得巨大的迴響。這項工作還能向世界證明，印度領導者在達成「無貧民窟孟買」的目標上，取得一定的進展。

政府官員簡單地把貧民窟視為落後的標誌，使阿莎感到厭煩。「他們如果這麼迫切需要機場的空間，」有一天，她說：「何不拆掉酒店？」然而，豪華酒店不被認為是問題，游泳池和草坪將保留下來。因此，在這個據說阻礙全國財富、有礙觀瞻的地方，身為領導人的她該怎麼做？把鄰居聯合起來，進行無謂的抗議？在她看來，追求她的個人野心，同時賺一些錢，似乎比較實際。

她在安納瓦迪近來為數不少的土地投機買賣中，瞧見了機會。承諾安置機場貧民窟居民的公寓非常狹小，只有將近八坪，但設有自來水。這在一個缺乏平價正式住房的城市，可是寶貴的資產。因此，上流城市的人在貧民窟收購棚屋，偽造法律文件，證明他們是安納瓦迪的長期居民。

大多數投機者，都打算將公寓出租或投資。「我那層樓未來的價格，將是我現在買的十倍！」從阿布杜那裡買下倉庫的商人說道。一個名叫帕帕．潘喬（Papa Panchal）的三流政客，為一家大型房地產開發商弄到汙水湖邊的一大排棚屋，他以佣金雇用流氓，說服居民賣屋。

阿莎為一個中年飯店供應商，安排從不識字、擁有三個孩子的母親吉妲（Geeta）那裡收購棚屋時，也預期自己能抽取佣金。證明這位商人是資深貧民窟居民的偽造文件，製作得相當精美。隨後，吉妲改變了主意，開始大聲嚷嚷。

她在貧民窟巷弄間大喊大叫：阿莎騙了她！她的孩子們將要流落街頭！吉妲拒絕離開她的屋子，嘗試向警方申訴。阿莎當然把警方那邊的問題壓了下來，但商人卻派來一夥醉漢，加快吉妲搬家——一切就發生在一個周日下午，整個安納瓦迪都當場目睹。

阿莎派兒子拉塢去監督，同時，這些人揪住吉妲的頭髮，把嬌小且不斷掙扎的她拖到路上，把她的家當扔進汙水湖、罵她賤貨、還把煤油倒在她最後的一袋米上。吉妲的小孩一邊抽泣，一邊蹲下去，把毀壞的米粒一顆顆撿起來。

這糟糕的畫面有損於一個貧民窟主的聲望，尤其暴力在巷弄間發生時，阿莎還被人看見她板著臉孔坐在家中。從那個周日之後，左鄰右舍的竊竊私語就緊緊跟隨著她。

「她的貪婪讓她和畜生沒兩樣，」一個尼泊爾婦女把手放在嘴邊小聲說道。

「她一直很狡猾，可我們現在終於知道，為了錢，任何人她都敢傷害。」一個坦米爾婦女說道。

「她最後很可能賺一萬盧比。」婕若妮薩說道。這句話傳回阿莎耳裡時最是傷人。一萬盧比可是一大筆錢，足以彌補她受損的名譽；然而相反地，商人耍了她，沒給她半點佣金。這次經驗叫人沮喪，因此，當另一個貪汙的權威人士上門來，保證她的努力將獲得應得的酬勞時，她心存懷疑。

「你以為自己想活得更長的時候，生命已接近尾聲。」她堅守這個悲觀立場，直到她看見她就要活得更長的那一天，也就是銀行兌現政府支票那一天。

讓她家的未來過得更好，不是她自己的主意，而是馬哈拉施特拉教育部行政官賓佬·蓋瓦（Bhimrao Gaikwad）提出的主意。他的職責，是在孟買執行一項雄心勃勃的中央政府方案，靠外援支撐，稱為「全民普及教育計畫」（Sarva Shiksha Abhiyan），其目標是讓初等教育普及化，讓上千萬的童工、女孩、身障兒童首次就學。

蓋瓦在報紙採訪中提及，他尋找未受教育的孩子，希望提供能使他們走出貧困的教育；而他較不為人知的野心則是，把聯邦資金轉到自己身上。他與孟買各地的社區開發官員共同合作，找到掛名負責人，以教育兒童的名義，取得政府資金。而後，他和他的合夥人再進行分贓。

接下來，阿莎希望蓋瓦是由於她的聰明才智、甚至她的長相，才找上她。不過，他對她的興趣是基於一個現實的理由：她擁有一個非營利組織。二〇〇三年，另一個男人為她成立這個非營利組織，承諾簽署一份市容環境衛生合約，卻未能實現。

「這組織是否經過正當登記？」蓋瓦想知道。

「是的，正正當當。」於是，她被選為他的助手，在中央政府為改善兒童生活所做的重大計畫中進行詐騙。

政府官員備好文件，證明她的非營利組織，多年來為貧困兒童開辦了二十四所幼稚園，政府將為這些謊言付給她四十七萬盧比，相當於一萬多美元；加上她所謂為前童工開辦的九所過渡學校，更多的錢將在年底隨之而來。從這筆意外之財當中，阿莎將把支票開給蓋瓦提供的一長串名字——理論上，這些人是學校裡的老師和助理，但這些人是誰與她何干？她的職責，就是把現金兩萬盧比親手交給賓佬．蓋瓦，外加把五千盧比付給幫忙準備合約的社區開發官員。

第一年，扣掉這些報酬後，阿莎賺不了什麼大錢。不過，蓋瓦向她保證，未來幾年會有更多的錢。

當第一筆四十二萬九千盧比的政府資金，出現在非營利組織死氣沉沉的銀行帳戶時，出了點小問題。即將分發的支票，需要一個聯名簽署人，然而，阿莎多年前任命為非營利組織祕書的鄰居，感到緊張不安。「我們是不是就要變有錢了？」女人問道，而後噙著眼淚說：「萬一被逮到怎麼辦？」她拒絕簽署支票，阿莎於是解雇她，任命一個比較順從的祕書。支票分發出去，政府官員拿到了他們的現金。

阿莎非常高興，也證實了她多年來在這個日理萬機但利潤微薄的事業中，逐漸產生的懷疑。在市場龐大但遭到壟斷的上流城市取得成功，比每天在貧民窟勉強度日所需的努力和才智來得少；最重要的除了運氣之外，還必須維持兩種信念：你的所作所為，從整體來看不見得全錯，以及你不見得會被逮著。

「這當然是貪腐，」阿莎告訴畢恭畢敬的非營利組織新祕書：「但貪腐的人難道是我？既然是大人物處理一切文書，說這麼做是對的，那怎麼能說我做得不對？」

新祕書對阿莎的分析點頭同意，不過，自從她共同簽署支票後，她的嘴稍微封緊了些。她哪能去爭辯什麼？阿莎就像她的母親一樣。

「如今，妳完成學業後，沒必要去找真正的工作，」阿莎把他們假裝開辦的學校企業告訴了曼竹：「將來這就由妳接手。反正我也得把妳的名字登記為負責人，畢竟這些學校該由一個受過教育的人來管理。」

曼竹雖為這份遺贈發愁，卻不打算拒絕不久之後送來家裡的二手電腦。米娜激烈地抵制身為女兒的責任，她則不然。阿莎還提供了撥接上網，拉塢用它來註冊臉書，儘管他對社交網路的興趣，在他的本田機車送達時隨之消退。

曼竹喜愛她的電腦，她在貧民窟家教學校教過的孩子們也是。他們經常跑進來爭睹它的光采。孩子們依然叫她「老師」，滿懷期待地看著她，不願意相信他們的教育已經結束。然而，阿莎和曼竹假裝管理的學校，也使她們不再需要來自真實學校的收入。

曼竹近來默記《浮士德博士的悲劇》（*Dr. Faustus*）的情節摘要，它敘述一個想成為聖人的人發現，他不當獲得的美好生活即將結束。儘管書中寫的基督徒地獄，是她不太能想像的東西，她仍然覺得懲罰即將降臨。

一個寂靜的傍晚，在她的大學畢業日之前不久，她從鍵盤上抬起頭來，驚恐萬分。門口有兩個，不，五個閹人！這幾個閹人，和在汙水湖邊的廟裡令她著迷的那位優雅漂亮的閹人，一點都不像。這些人有毛茸茸的手和鬍鬚殘渣，他們經常到走運的人家門前投下詛咒，扭轉他們的好運。

她嚇得渾身顫抖，讓幾個閹人感到很抱歉。他們其實是為了其他事而來。阿莎是他們所認識最有權有勢的人，他們希望她能幫忙他們登記為選民，在一周後的大選中參加投票。像大部分的安納瓦迪居民一樣，在這個政治終於成為公開領域的興奮時刻，他們也想成為其中的一分子。

議會選舉將是史上最大規模的民主運動：近五億人將排隊選出德里的代表，再由這些代表選出總理。代表安納瓦迪居民的議員幾乎毫無疑問，是現任國大黨人普麗亞．督特（Priya Dutt），這位和藹謙遜的婦女，象徵了印度選民對電影人和背景傳承的偏好。她的父母是寶萊塢超級巨星，而她父親在她之前也曾在議會裡占一席之地。

前一周，國大黨的卡車停在安納瓦迪外圍，工作人員卸下八疊下水道水泥井蓋。民眾群聚在路上，對這個選前禮物感到非常興奮。多虧普麗亞．督特的政黨，貧民窟巷弄不再有露天下水道。

過了幾天，國大黨的工作人員搭卡車回來了。他們不是來安裝下水道井蓋，而是收回去——因為一個規模較大的貧民窟需要井蓋，而這個道具可能對為數更多的選民造成影響。看著卡車離去，年紀較長的安納瓦迪居民呵呵大笑。這場鼓譟是頗新鮮的經驗。

那些閹人是坦米爾納督的移民，他們雖然看不出政黨之間有何不同，卻仍然渴望投票。他們的問題是，選區官員有時不會處理移民和備受爭議的少數族裔遞交出去的登記表。阿莎和她丈夫的選民證和身分證號，能讓他們在兩個不同的選區各投兩票，而安納瓦迪許多非馬哈拉施特拉邦民卻尚未獲得他們該有的一票。婕若妮薩和卡拉姆．胡賽因花了七年時間，嘗試登記為選民，卻仍未成功，是當地沒有選舉權的紀錄保持人。

對於受到排擠的安納瓦迪居民來說，政治參與之所以珍貴，並非由於這是爭取社會平等的有力工具，關鍵在於投下一票的行動。這些貧民窟居民，由於他們居住的地方、在當地從事的工作而受到詆譭，唯有此時，才能和所有印度公民處於平等地位。如果他們能列入投票名單，便是合法邦民。

身高最高的閹人朝阿莎鞠躬，然後蹲在她腳邊。「老師，」閹人說：「一年前我們去辦公室登記，可我們還沒領到投票卡。我們該做的都做了，可就此沒了下文。選舉近在眼前，妳能不能把我們的表單交給合適的人，請他們給我們一票？」

阿莎拿起一面小鏡子。

閹人咳了一下。「您能不能幫幫忙？老師？」

曼竹皺起眉頭。她的母親表現得好像閹人根本不存在。阿莎拿起一罐滋潤面霜，慢慢塗在自己臉上。她把滑石粉倒進手掌，按摩在臉頰上。她正準備去其他地方。

「什麼！化妝？」一個閹人輕聲對另一個說道，但聲音太大了些。不過，阿莎在她似乎已經前往的其他地方並未聽見。

阿莎已經不當貧民窟主。她從此遠離政治，遠離沒有選舉權的閹人，和安納瓦迪所有其他居民，「遠離所有讓我跑這跑那的芝麻小事。」胡賽因家是否坐牢，貧民窟的整條巷子是否死於肺結核，法蒂瑪的鬼魂是否已厭倦遊蕩，於是親自打掃起亟須打掃的廁所——這些她都不感興趣。目前，阿莎或許仍需住在貧民窟，可她此時已經是上流城市的一員：一個慈善機構的董事，這個公益組織不僅有市商證號，或許在不久的將來，還會有海外捐助人。在這虛擬的國度中，她是個受人尊敬、而現在約會就要遲到的女子。

「約在加油站，」男人在電話裡說：「穿我喜歡的那件粉紅色家居服。」

阿莎面帶笑容，在蕾絲簾子後，用一襲品味高雅、印有黑白花紋的絲質紗麗裹住身子。這是她「自己」喜歡的裝扮。她自身的成就。

「很好看，」曼竹打量過後說：「比那件粉紅色更好。」

「哦，好看極了。」一個閹人繃著臉表示同意，同時，煥然一新的阿莎步向了黑夜。

17 學校，醫院，板球場

五月中，選舉結果出爐。主張改革的菁英階層終究未去投票。現任議員大多贏得連任，讓總理再度上任，投票前承諾的徹底政治改革，被悄悄地束之高閣。數星期後，機場當局的推土機開始在安納瓦迪外圍橫跨而過。

「美好永遠」的牆塌倒下來，兩天內，給貧民窟帶來登革熱和瘧疾的汙水湖被填平，整平的遼闊地域準備用作新的開發。貧民窟居民安慰彼此：「還輪不到我們，現在只拆邊緣地帶。」機場貧民窟的鏟除工作，將在數年內分期進行，因此仍然有很多時間讓居民聯合起來，確保收購棚屋的商人政客不是整建計畫的唯一受益人。

同時，安納瓦迪外圍地區的整平工程，給了孩子們一點事做。鮮黃色的推土機攪動地面時，他們站在過去是汙水湖的地方，全神貫注。推土機挖出早期城市的可回收遺跡：一隻本是白色的絨面便鞋、生鏽的螺絲釘，和其他塑膠和金屬碎片，全是可供出售的日用品。

一個周六下午，胡賽因家的小小孩們和法蒂瑪的女兒一起晃了出來，和其他的兒童拾荒者待在工地邊緣。孩子們的眼睛盯著推土鏟，一邊討論新墾地上將蓋起什麼建築。

「學校。」有人說道。

「不是，我聽說是醫院。」

「嬰兒出生的醫院。」

「才不是，傻瓜。他們這樣做，都是為了機場。所以應該是計程車招呼站。飛機也會飛來這裡。」

「這塊地太小，停不下飛機。他們要為我們蓋個專門玩板球的地方。」

法蒂瑪的小女兒緊張起來。地上一道新的裂縫邊緣，有什麼東西在閃閃發光。她朝一輛推土機衝了過去，竄到一個正在放低的鏟斗底下。

「別過去！」一個路過的女人喊道。小女孩蹲伏在地，及時跳了回來，差點被重重砸到。推土機過去後，她又蹲下來繼續挖。那是一件完整、真實的東西——一口沉重的鋼鍋！她一把抓住，笑容滿面地奔回安納瓦迪，她光著腳丫子跑，踢起滾滾沙土。

這口舊鍋子至少值十五盧比，廣場上的兩個女人看到鍋子，笑了起來。現在至少有一個安納瓦迪居民，從進步和現代化中獲利。法蒂瑪的女兒把她的寶物高高舉起，展示給所有羨慕的同儕看。

數星期後，孩子們找到一個更令人興奮的娛樂：帶著長鏡頭相機的記者。突然間，安納瓦迪上了新聞。

最直接的原因，是一個儘管非法但充滿喜慶氛圍的六月傳統——一個周日下午，在光彩奪目的「西方高速公路」上，舉辦的一場馬拉車競賽。有人押小筆賭注，人們站在公路兩旁觀看。

被罷黜的貧民窟主——斑馬主人羅勃，讓他的兩匹馬參賽，馬套在一輛維護不佳、剛粉刷成藍紅相交的馬車上。賽程後半，漂亮的馬車來到一座高架橋頂時，其中一個輪子滾了出去。馬車衝出公路，馬具斷裂，緊張不安的馬衝下橋去。一名新聞攝影師正好在場，便拍下牠們掉落底下馬路的淒慘畫面。於是眾人發起一場運動，尋找並懲罰疏忽的馬主，但羅勃已逃離現場，只留下一個假住址。

民憤激起，報紙頭條成倍增加。「追蹤死馬：獨家調查。」「馬兒死後數分鐘內，警察即獲悉此事；直到現在仍未定罪！」「獨家！痛苦死去前，馬兒家住何處？」

有一天，蘇尼爾、穆西和幾個孩子，看著「動植物福利協會」（Plant & Animals

Welfare Society）活動人士，帶媒體和孟買「動物福利聯盟」（Animal Welfare League）的代表過來，突擊檢查羅勃的馬棚。數匹馬被斷定為營養不良。彩繪的斑馬身上，被發現有傷口和潰瘡。「動物福利聯盟」把最需要治療的馬，祕密帶往一家治療馬場。

「馬兒獲救！」是第二天的頭條新聞。

而後，堅持不懈的活動人士，把焦點轉向起訴羅勃。薩哈派出所的警察，曾與這位前貧民窟主建立長久互惠的關係，因此拒絕提出虐待動物的控訴（報紙標題：「罪犯逍遙法外！」）。於是動物保護團體，將照片證據呈上孟買警務處處長。最後，前貧民窟主和他的妻子，根據反虐待動物法，因未能提供他們監管的四足動物充分的食物、水和住所，而被起訴。

正義勢力終於來到安納瓦迪，受益人卻是幾匹馬，這令蘇尼爾和街童們感到困惑。

他們心裡想的，不是卡魯和桑杰未經調查的死因。安納瓦迪的男孩們，大致已接受了這個基本的事實：在現代化、日益繁榮的城市裡，他們令人難堪的生活最好侷限在小小的空間內，他們的死根本無關緊要。男孩們只是對這場喧鬧百思不解，因為他們一直認為，羅勃的馬是貧民窟裡最幸運、最受到悉心照顧的生物。

運動人士為數不多，然而他們的同心協力，讓人對他們的憤怒留下印象。在安納瓦迪，每個人都有期待伸張的冤屈：如今已煎熬三個月的缺水問題；在選舉事務處被撤銷的選民申請；拿了工人的錢即逃之夭夭的承包商。許多居民對警察感到氣憤，阿布杜就是其中之一。關於炸毀薩哈派出所的周詳幻想，已成為他夜裡的私密安慰。

然而，貧民窟居民極少群起發怒，甚至對機場當局亦是如此。

相反地，無能為力的個人會由於自己的匱乏，而責怪無能為力的其他人。有時，他們試圖摧毀彼此；有時，像法蒂瑪一樣，他們在過程中摧毀自己。運氣好的話，比如阿莎，為了改善自身命運，他們會蠶食其他窮人的生活機會。

展現在孟買的事情，也展現在其他地方。在全球資本市場中，微小的期望和不滿，使人對共同的困境感到麻痺。窮人並未團結起來，反而為臨時性的微薄收益，彼此激烈競爭。在整體社會結構中，這種底層城市的爭鬥，僅掀起微弱的漣漪。有錢人的大門偶爾會咯咯作響，卻仍未被打破。政客們提拔中產階級，窮人則幹掉彼此。不平等的世界級大都市，繼續和平地邁向前去。

六月開始降雨時，接手喀卡珊和她父親審判案的新法官，開始傳喚證人。這位法官第嵐（C. K. Dhiran），有一雙瘦骨嶙峋的手，眼鏡後面一雙惺忪的睡眼，他審閱案子的速度甚至比第一個法官更快。他走向位居頂樓的法庭，喀卡珊轉頭看一小扇窗，越過一片潮濕的瓦面屋頂，她能分辨出阿拉伯海。

試圖猜測法官的想法，有什麼意義？由於黃疸和緊張，她的身體還很虛弱。幾個星期過去了，試圖了解證人到底說了什麼，或者預測她和父親會不會坐牢，似乎毫無意義。她的母親非常擔憂，常常做可怕的夢，還養成一個新的習慣，會在睡夢中跑過廣場。喀卡珊只是和其他被告坐在板凳上，低聲禱告，直到能自行和家人會合，一同思索賺錢的新方法。根據穆西的說法，他們現已「淪落到只能餬口」。

他們已經放棄在薩基納卡重新經營垃圾生意的想法，因為棚子的租金比阿布杜的每月收入更多。現在，阿布杜每天駕駛破嘟嘟車，去一個個貧民窟尋找工作機會，將其他人的垃圾運送給回收商。穆西除了在安納瓦迪，趁警察不在附近時偷偷摸摸交易垃圾之外，還找臨時工作掙錢。他們的小弟阿塔爾決定輟學，買了證明他符合工作年齡的偽造文件，在馬路上撬石頭。阿塔爾說他不介意輟學幫忙家裡，喀卡珊卻非常在意。

七月的最後一天，檢察官和辯護人做結辯。法官彷彿是第一次看著喀卡珊，並拿她的蒙面罩袍開玩笑：「我們能肯定這是被告嗎？有可能是另一個人。這樣穿，誰認得出她啊！」等到法官笑完，律師講完他們對法官用英語說的話後，法官告訴喀卡珊和她父親，一個半小時之後回來聽判決。

他們離開法庭時，法官正在說：「現在我只等加薪生效，那我就該退休了。馬哈拉施特拉這個邦器量真小，只有這裡才跟法官要收據和帳單。在安得拉邦和古吉拉特邦，法官不只領薪水，還外加車馬費，而且不需要出具帳單……」

法庭外，一輛垃圾車輾過一條狗。狗吠了一聲即一命嗚呼，喀卡珊和她父親決定，法庭食堂是較佳的等候地點。喀卡珊坐在地板上，盯著她的鞋子看，新的塑膠鞋弄痛了她的腳。她走回法庭時打著赤腳，一拐一拐。

「妳從事什麼工作？」

在證人席上，喀卡珊回答法官向她提問的第一個也是最後一個問題。

「家管。」她說道。她不打算告訴他關於她離開丈夫，以及在他手機上看見第三者照片的事。

「你做哪一行？」法官對雙手合十以避免顫抖的卡拉姆問道。

「閣下，我處理塑膠。」卡拉姆答道，他認為這比「處理空水瓶和塑膠袋」好聽。

「咳，因為你的關係，」法官說：「一個女人的生命就此了結。」

「不，沙巴！」卡拉姆叫了起來：「是她自己那樣做的！」

法官不再說什麼，而後，朝橘色條碼頭噴得硬挺的檢察官看過去。

「那我們如何處置這些人？我該判他們兩年或三年？」

喀卡珊愣住了。隨後，法官露出笑容，舉起雙手。

「讓他們走吧，」他對律師說道。他宣布胡賽因家無罪，一切都結束了。

法官的結論很簡潔。「沒有紀錄證明，被告以任何方式唆使死者自殺。因而，控方無法超越合理懷疑，認定被告有罪。」

「現在馬上離開。」法官有其他案件審理，需要清空證人席，但喀卡珊和她父親站在上面一動不動。「你們可以走了。」辯護律師斬釘截鐵地說了第二次，喀卡珊和她父親才火速離去。

如今只剩下阿布杜在少年法庭的審判，將對他的名譽做出裁定。二〇〇九年九月，少年法庭的書記員說：「可能在下個月。」十月分的說法是：「可能再三個月。」阿布杜不斷在東日碰到的一名薩哈警察，至少說法前後一致：「承認你對獨腿婆子做了那些事，每件事都有辦法解決！你不認罪的話，你的案子就沒完沒了，你如果認罪，他們今天就放你走。」

二〇〇九年將近尾聲時，婕若妮薩採取特殊方式，以加快阿布杜的審判和平反。她去造訪雷伊道（Reay Road）上的一位蘇非神祕家，他專門改善前途、紓解緊張、驅除詛咒、安撫鬼魂——後者是吸引婕若妮薩的部分原因，她認為阿布杜的審判之所以延滯不前，是因為法蒂瑪的鬼魂在背後作祟。神祕家把一條紅線綁在婕若妮薩的手腕上，讓她到其他信徒正在隨鼓聲旋轉吟誦的中庭，把另一條紅線綁在一棵樹上。現在，鬼魂將變得比較友好，神祕家這樣保證，並且接過錢去。不過，婕若妮薩認為，每周五到清真寺，以阿布杜的名義連續祈願七個禮拜，倒是沒有害處。

自二〇一〇年以來，婕若妮薩的努力仍無結果，馬哈拉施特拉邦的政府特別執行官再度出現，表示錢比禱告更能加速開庭。婕若妮薩則以她所創造的最講究的詛咒，犒賞她的建議。

到二〇一〇年年底，她和阿布杜的結論是，他在有罪和無罪之間的懸浮狀態，將永久持續下去。

阿布杜每回去東日，仍在尋找他的師父。他想告訴師父，在他做為孩童的最後幾年，他曾試圖做個高尚的人，然而，現在他相當肯定自己已經是成年男人，無法再繼續堅持下去。一個男人要是夠明智的話，並不會在善與惡、真與假、正義與另一個東西之間，做清楚的區別。

「有一段時間，我試著不讓我內心的冰融化，」他這麼說：「可現在，我就像其他人一樣，漸漸變成了髒水。我告訴真主阿拉，我非常非常愛祂。不過，我也告訴祂，由於世界的運作方式，我沒辦法成為更好的人。」

隨著三兄弟一起工作賺錢，胡賽因家慢慢好轉起來，安納瓦迪被拆除時，他們相信他們或許能取得其中一間八坪左右的整建公寓，給一家十一口居住，遠離機場和機場的垃圾，卻比流落街頭好得多。阿布杜只有在回想起二〇〇八年初，他的生意蒸蒸日上，已支付市郊一小塊地的頭期款時，才變得悶悶不樂。現在瓦塞那塊地已經賣給另一戶人家，胡賽因家的訂金也被沒收。

阿布杜的父親養成一個惱人的習慣，他談論未來的口吻，就好像在談公車似的：「它從旁邊過去，你以為就要錯過，可接著你說，等等，或許我不會錯過，我只是必須比從前跑得更快。只不過現在，我們大家身心俱疲，能跑多快？你必須嘗試追上去，即使知道追不上，即使最好讓它走掉——」

阿布杜不想感染這種頹喪情緒。幸虧，他有拖運工作要做。每天清晨，他開始謙卑地到各大工業區貧民窟的棚子找監管員：「有沒有東西要運送給回收商？」他熟知城裡的背街僻巷，因為像他這種嘟嘟車，禁止在孟買平坦嶄新的幹道上行駛。

有些日子，他找工作所花的汽油錢，比他的佣金收入更多，但也有情況好的時候，在路上的努力，使他的小小卡車滿載垃圾。為了錢，他無處不去，距離安納瓦迪越遠越好。他越過邦界，到古吉拉特邦的瓦皮（Vapi）。他去卡延（Kalyan），也去過塔那（Thane）。不過，他大部分時間都待在孟買。

晚間，行駛在他的路線上時，他有時會想像不再回到貧民窟的家，那裡如今被他看作是另一種監牢。他想像自己勇往直前，消失在某個遙遠、或許更好的未知當中。然而，城市終究拉回他的理智：公車和休旅車朝他高速駛來，然後急轉彎；孩子們心不在焉地從路邊跨入車道，就像法蒂瑪的女兒經常做的那樣，彷彿無視他們的生命價值。

「開車時出個差錯，就能讓我完蛋，」阿布杜無奈地重返家中時，便向他母親發牢騷：「在外面讓人特別緊張，你的腦子不能胡思亂想，每一秒都得提高警覺。」

事實上，在午夜的交通中穿梭，使他覺得自己充滿力量，他瞇著眼睛，盯住路上那些小小的目標。在這遼闊、閃爍的城市，他如果掌握不了任何東西，起碼還能掌握數公尺黏答答的路。

一天清晨，阿布杜坐在遊樂場旁邊的黑色垃圾袋上，思索又一次白費工夫的東日之旅，以及當天傍晚「有沒有東西需要搬運？」的例行公事時，蘇尼爾在他身旁的垃圾袋上窩了下來。阿布杜開車幹活，因此他們已有好一陣子未見到對方。蘇尼爾湊了過去，就像一個幾乎是朋友的人那樣。

「借我兩盧比買東西吃？」

阿布杜猛然後退。「噁心！沒刷牙還這麼靠近我講話！真可怕，還有你的臉，去洗洗臉吧！光看著你，就讓我害怕。」

「好，好，我會啦，」蘇尼爾笑著說：「剛起床嘛。」

「現在起床對小偷來說還太早。」

「我不再當小偷了。」

因為垃圾價格開始回升，警察的痛毆日漸加劇，而且機場保安員會剝光他的衣服、剃光他的頭髮，因此蘇尼爾決定回去拾荒。事實上，拾荒這個決定，正是他和阿布杜坐在路邊一個垃圾袋上的原因。經營遊樂場的坦米爾人對於失去蘇尼爾的贓物感到生氣，不讓他再坐那裡。

眨眼男孩索努幾乎已經原諒蘇尼爾成為小偷的事，卻不能原諒他天亮後才起床。蘇尼爾想再次和索努聯手幹活，正在努力設法早起。他還建立了一個準則：在從事讓社會唾棄的工作時，不去憎恨自己。吸 **Eraz-Ex** 雖然有效，但蘇尼爾發現其功效卻持續不久。

「我從前經常在想，怎麼讓我的生活過得更好、更不錯，可什麼也沒更好，」蘇尼爾說：「所以我現在想換個方式。不去想怎麼讓任何事更好，就讓腦子停下來吧，誰知道會怎樣？或許好事就會發生。」

阿布杜拍他一記：「聽你說話，讓我腦袋發昏。」坐在一個仍有自己想法的人身邊，讓他覺得自己老了。貧民窟被拆除時，他們很可能再也見不到彼此。蘇尼爾想在城郊，某個有樹有花的地方，展開他的生活；阿布杜卻認為，蘇尼爾最終更有可能露宿街頭。安納瓦迪最後的這些日子，可能是蘇尼爾所能度過最美好的歲月。

一片綠油油的大葉子吹過馬路，落在阿布杜腳邊。空氣中的髒汙沒有染黑它，他伸手拾起，從口袋中取出生鏽的刮鬍刀片，把葉子切成細小的碎片，然後朝掌中吹氣。綠色屑屑掉在蘇尼爾的眉毛、睫毛，和他大致剃光了的頭上。

「那現在怎樣？」過一會兒，蘇尼爾問道。

「現在怎樣？去洗洗你的嘴，幹活去！你已經遲到了。這種時間，還有什麼東西留在地上？」

「好吧，再見啦。」蘇尼爾說道，跳起身來，拍掉葉子碎屑，開始跑去。阿布杜看著他離開。古怪正直的小傢伙。他祝這孩子好運，半小時後，蘇尼爾將在米提河上方的狹窄岩架上碰上好運。

不久，當新機場履行其首要任務，成為通往二十一世紀世界重要大城之一的門戶時，在岩架上留下垃圾的計程車司機們，將被趕往他處。但在此時此刻，十一個罐子、七個空水瓶和一疊鋁箔紙，停留在水泥長條板上，等候第一個發現的孩子，勇敢地據為己有。

後記

十年前，我愛上一個印度男人，多了一個新的祖國。他叮囑我不要從外表判斷它。認識先生時，我已在美國做了多年的貧困社區報導，思忖在全球最富庶的國家之一，如何才能脫離貧困。當我來到印度，這一日益富足強盛、卻依然占據全球三分之一貧窮人口、四分之一飢餓人口的國家時，類似的問題依然存在。

對於印度貧困狀況的辛酸照片，我很快變得不耐煩：骨瘦如柴、眼睛有蒼蠅的孩子們，以及走進貧民窟五分鐘內，一眼即可看到的其他悲慘畫面。對我而言，最重要的探索路線，需花更長的時間才看得出來。我想，在任何一個國家，對多數貧困兒童的父母而言亦然。我要探索的是，在這個社會，什麼是機會的基礎結構？市場和政府的經濟社會政策，讓哪些可能性如虎添翼，又讓哪些可能性付諸流水？要透過什麼方式，才可以讓骨瘦如柴的孩子富裕一些？

另一些令人困擾的問題，是關於極端和並列的不平等——這是許多現代都市的現實特徵。（勘測居民貧富差距的學者認為，紐約和華盛頓特區的不平等程度，幾乎像奈洛比和聖地牙哥一樣。）有些人認為，這種貧富並列屬於道德問題。我詫異的是，為何不是現實問題？畢竟，在世界上如孟買的各大城市，窮人往往比富人更多。為什麼貧民窟和豪華酒店緊緊挨在一起的機場大道這些地方，和造反遊戲「越南大戰三」並不一樣？為什麼我們沒有更多不平等的社會起來造反？

我想閱讀這樣的書可以開始回答我的一些問題，因為我覺得自己寫不成這種書，畢竟我不是印度人，不懂當地語言，也不曾在其背景下生活一輩子。在多年糟糕的健康狀況後，我也懷疑自己能否應付雨季和貧民窟的惡劣條件。在我獨自待在華盛頓特區家中的一個漫漫長夜，我下定決心嘗試。當時我被一本大字典絆了一跤，倒在灑了一地的健怡蘇打當中，肺部穿孔，斷了三根肋骨，無法爬到電話邊。在那幾個鐘頭當中，我明白既然自己不適合和一本大字典和平共處，我倒不如嘗試尋求另一個領域的興趣——這一領域超出我所謂的專長，失敗機率或許很大，卻可能有更具意義的互動。

我一直覺得有關印度的非小說作品嚴重不足，無法深度闡述低收入的普通百姓，尤其是婦女和兒童，如何應付全球市場時代。我讀過許多人在印度軟體業中改造自己並取得成功的報導，有時會略去其早期擁有種姓、家庭、財富和私人教育等特權的記述。

我讀過道德崇高的貧民窟居民，困在單調悲慘的地方，直到救星（往往是西方白人）飛馳而來，拯救他們。我讀過幫派和毒梟的故事，他們滔滔不絕的措詞，連作家魯西迪（Salman Rushdie）也會羨慕。

我在印度認識的貧民窟居民，既不神祕也不可悲。他們絕對不消極，在全國各地肯定欠缺救星的社區，他們往往巧妙地隨機應變，去追求二十一世紀嶄新的經濟機會。官方統計稍微透露了這些家庭的處境。然而在印度，就像世界上其他許多地方一樣，包括我自己的國家，關於窮人的統計數據，有時與生活體驗存在著微妙關係。

在我看來，深入了解一個國家，就必須提出為窮困百姓提供正義和機會的問題。對這些人越是了解，提問的衝動就越強烈。雖然我認為不能以偏概全，我卻認為，在印度崛起之際，用幾年時間追蹤一個平凡的貧民窟，看看誰成功、誰失敗，並了解原因，或許是最佳的方式。我的確不是印度人，因此，我以我在美國的陌生環境所採用的相同方式，透過投入時間與關注、取得的文件材料，以及反覆核對過的人物陳述，來彌補我受到的侷限。

本書前面所記述的都是真實事件，人名也都是真名。從二〇〇七年十一月踏入安納瓦迪，認識阿莎和曼竹那天，直到二〇一一年三月完成報導，我用書面筆記、錄影、錄音帶和照片，記錄居民的經歷。貧民窟裡的幾個孩子熟悉我的掌上型攝影機之後，也參與了記錄。曼竹從前的學生德昀·噶當（Devo Kadam），是個特別熱情的記錄者。

我還採用三千多份公共檔案，其中許多是根據印度具有里程碑意義的《資訊權利法案》（*Right to Information Act*），向政府機構請願多年後取得的紀錄。來自孟買警方、公共衛生局、邦與中央教育當局、選務處、市政局、公立醫院、太平間和法院等機構等官方文件，在兩方面至關重要：這些文件詳盡驗證本書當中的諸多面向，並揭露政府有多貪腐和冷漠，將貧窮老百姓的經歷從公共檔案中刪除。

我在本書前面敘述人物的想法，都是他們直接傳達給我和我的翻譯們，或在我們面前傳達給其他人。當我事後試圖掌握某人在某特定時刻的想法，或當我為了了解某人的複雜觀點而必須多次採訪時（這是常見的情況），我便採用釋義的方式。比如說，阿布杜和蘇尼爾先前很少提及他們的生活和感受，甚至對他們自己的家人也是。我在反覆（他們會說是無止盡）的對話以及查證事實的採訪中，往往是在他們幹活時不斷詢問他們，才逐漸了解他們的想法。

儘管我盡量避免過度詮釋，然而，把焦點擺在口齒清晰、或許能提供更多精采敘述的少數幾個安納瓦迪居民身上，讓人覺得更有歪曲事實的危險。在工作過勞的人當中，許多人的大部分時光，都是在默默處理垃圾中度過，日常語言對他們來說往往與交易相關，因此不能即時傳達出在近四年間，強力浮現出來的深刻、獨特的智慧。

當我在一個地方安定下來，傾聽觀察時，我不想欺騙自己，個人的故事即是他們的論點。我只相信，當我們對平凡的生活了解更多時，才可能建立更好的論點，甚至更好的對策。

為了比較，我也待過其他貧民窟，之所以選擇聚焦於安納瓦迪，原因有二：隨著財富從四面八方侵入，此地充滿無限的可能，同時由於規模小，能讓人挨家挨戶進行家庭調查，這是流浪式社會學（vagrant-sociology）的方式。這些調查幫助我開始區分獨立的事件和廣泛關注的問題，比方說安納瓦迪的移民和跨性別者沒有選舉權的問題。

我的報導並不美好，特別是剛開始的時候。在安納瓦迪居民看來，我是個荒謬可笑的傢伙，會在錄影時掉入汙水湖，或和警方發生衝突。不過，居民有比我的出現更迫在眉睫的其他問題。一兩個月的好奇過後，他們在我記錄他們的生活時，或多或少都會繼續做自己的事情。

聰穎寬厚的冉娜德（Mrinmayee Ranade）幫助我度過這個過渡期。在此次研究計劃的前半年，她擔任我的翻譯，她深邃的智慧、細心的耳朵和溫暖的參與，讓我逐漸了解安納瓦迪的居民，也讓他們了解了我。大學生米詩拉（Kavita Mishra）在二〇〇八年也是我得力的翻譯。該年四月起，就讀孟買大學社會學系的特里帕蒂（Unnati Tripathi）參與這項計畫，擔任翻譯。對於一個西方人書寫貧民窟居民，她抱持懷疑態度，然而，她對安納瓦迪居民的眷戀，顯然比她的保留態度更強烈。她很快成為共同研究員和評論問話人；她的見解散見本書各處。三年間，我們共同思考：白天待在安納瓦迪鼠滿為患的垃圾棚子，深夜和小偷在迷人的新機場展開探險，對於在一個不平等、全球化的世界中追求機遇，有什麼貢獻。或許有吧，我們堅定地下了結論。

我親眼目睹本書所敘述的事件。有些事件，我在事發不久後立即採用訪談和文件進行報導。比方說，對法蒂瑪．謝克自焚前幾個小時及其造成的直接後果所做的報導，來自於一百六十八人的重複訪談，以及警察局、公立醫院、太平間和法庭提供的紀錄。

我在報導這則事件，以及其他許多真相極具爭議的故事時，發現安納瓦迪的孩子們是最可靠的目擊者。對於長輩們對政治、經濟和宗教的爭議，他們大多無動於衷，也不在乎自己的說法聽起來如何。比方說，法蒂瑪的女兒，在最終導致母親自焚的衝突發生時，一直都在現場，她們在讓阿布杜．胡賽因免罪一事，態度始終如一，隨著時間，我也學會倚賴安納瓦迪其他孩子們敏銳的眼睛和智慧。

事發當時在現場，或事發後隨即報導相當重要，因為隨著時間流逝，有些貧民窟居民會因害怕觸怒當局，而重新調整他們的說法。（他們的恐懼不無道理：薩哈警察常會威脅跟我談話的貧民窟居民。）另有一些安納瓦迪居民為了心理安慰而改編他們的陳述——畢竟回憶比事發當時的經歷擁有更多的控制權。沉溺在不愉快的回憶中，被認為不吉祥、而且起不了積極作用。阿布杜某天的抗議，道出他許多鄰人的感覺：「凱瑟琳，妳是糊塗了嗎？我已經跟妳講過三次，妳也記在妳的電腦裡了。我現在已經不去想了。我想繼續不去想，所以，能不能請妳別再問我了？」

不過，從二〇〇七年十一月到二〇一一年三月，他和安納瓦迪的其他居民極其努力地幫助我描繪他們的生活和困境。即使他們明白，我不僅可能揭露他們的美德，也可能揭露他們的缺陷，即使他們明白自己可能不喜歡或不同意書中的每一件事，他們卻依然這麼做。

我相信，他們參與這項研究計畫，並非出自私人感情。在我尚未去挑起不好的回憶時，他們還算喜歡我。我對他們，則超過還算喜歡的程度。不過，他們之所以容忍我，主要是因為他們和我一樣，關切在這快速變革、他們所熱愛的國家當中的機會分配問題。例如，曼竹．瓦根卡坦率地談論貪腐問題，希望有助於為其他的孩子建立更公平的體制，無論希望多麼渺茫。若考慮到做出這些抉擇的人，他們在社會經濟上的弱勢處境，便不得不佩服他們的勇敢。

安納瓦迪的故事不能代表印度這樣龐大多元的國家，也不能簡單囊括二十一世紀世界的貧窮與機會狀況。每一個社區雖然細節各異，卻都舉足輕重。儘管如此，安納瓦迪和我曾待過的其他貧窮社區之間具備的共同點，依然令我震撼。

在全球化時代——一個特別、工作短暫、競爭激烈的時代，希望並非幻想。極端的貧困逐漸緩解，儘管程度不均，成效卻很顯著。然而，當資金穿梭全球，固定工作的想法變得不合時宜之際，不可預知的日常生活總有辦法磨平個人的展望。理想情況下，政府可以減緩不穩定；然而很多時候，軟弱的政府卻會讓不穩定加劇，比起培養人的能力，它更擅於煽動貪腐。

我發覺貪腐最受人忽視的結果，不是經濟可能性的縮減，而是道德空間的縮減。我在報導中，不斷對年輕人的道德想像感到震驚，即使是那些身處絕境，自私恐怕已成為一項資產的年輕人。孩子們沒有力量單憑想像行事，等到他們長大成人時，或許已對一個在路邊慢慢流血致死的拾荒人視若無睹；在一個燒傷的婦女扭成一團時轉身離去；在一個朝氣蓬勃的少年喝下老鼠藥時簡單聳聳肩。這是怎麼回事？何以——借用阿布杜的比喻——決心當冰的孩子們，卻變成了水？關於印度，有一個老套的說法：在這裡，生命的損失與其他的國家相比，算不了什麼，因為印度教相信輪迴，而且這裡的人口規模如此之大。在我的報導中，我發現年輕人對生命的損失感受深刻。對他人的苦難似乎無動於衷，這無關乎輪迴，更無關乎生性殘忍。我相信這與環境大有關係，環境使他們與生俱來的道德蒙上陰影。

在有些地方，政府的施政重點和市場需求，創造了一個如此變幻莫測的世界，使得幫助一個鄰居，等於拿你的養家能力、有時甚至是你本身的自由來冒險，貧窮社區相互支持的觀念於是被推翻。窮人為政府的選擇和市場而責備彼此，我們這些不是窮人的人，也同樣動輒嚴厲地指責窮人。

從安全距離外，很容易忽略一個事實：在貪腐當道的底層城市，疲憊的民眾在貧乏的地帶為了微薄的東西而互相競爭，在這些地方想當好人，是極為困難的事。讓人驚奇的是，有些人的確是好人，許多人也嘗試成為好人——所有那些我們看不見的個人，每天都發現自己面臨種種困境，就像阿布杜的遭遇一樣，只是拿著一塊石板，然後在七月的一個下午，他的生活就莫名地天崩地裂。如果屋子歪歪斜斜、搖搖欲墜，座落在崎嶇不平的土地上，有可能擺直任何東西嗎？

致謝

我對安納瓦迪的居民獻上最深的感謝。我還要感謝以下各位及各單位所提供的支持與見解：Bharati Chaturvedi、Vijaya Chauhan、Benjamin Dreyer、Naresh Fernandes、Severina Fernandes、Mahendra Gamare、Shailesh Gandhi、Matthew Geczy、David Jackson、James John、Kumar Ketkar、Cressida Leyshon、麥克阿瑟基金會（The John D. And Catherine T. MacArthur Foundation）、Nandini Mehta、Sharmistha Mohanty、Sumit Mullick、Shobha Murthy、Kiran Nagarkar、Alka Bhagvaan Nikale、Brijesh Patel、Gautam Patel、Jeet Narayan Patel、Rajendra Prasad Patel、Anna Pitoniak、Vikram Raghavan、Lindsey Schwoeri、Mike and Mark Seifert、Altamas Shaikh、Gary Smith 和柏林美國研究會（American Academy in Berlin）、Hilda Suarez、Arvind Subramanian、M. Jordan Tierney, 以及 Madhulika and Yogendra Yadav。

感謝 Binky Urban 和 Kate Medina 儘管沒什麼根據，仍然相信我做得到；感謝

David Remnick 致力於這份進展遲緩，也不見得能吸引廣告商的工作；感謝 David Finkel 和 Anne Hull 在這項計畫的每個階段，持續擔任顧問；感謝 Unnati Tripathi 的才智和勇氣；感謝 Mrinmayee Ranade 的教導、樂觀，以及她對普通女性家庭生活的洞察力；感謝 Luca Giuliani、Joachim Nettelbeck、以及柏林學術研究院（Wissenschaftskolleg zu Berlin）的人員提供庇護所，讓我從報導中跳脫出來，寫下本書的初稿；感謝 Lorraine Adams、Jodie Allen、Evan Camfield、Elizabeth Dance、Ramachandra Guha、Anne Kornhauser、Molly McGrath、Amy Waldman，尤其是 Dorothy Wickenden，經過他們明智而重要的批讀，使本書變得更好。

感謝我的家人，數年前，他們費心詢問我如何公正地寫出阿布杜及其鄰居的生活，他們在編輯上和情感上引導我完成這項計畫，包括我已故的父親 Clinton Boo，還有 John 和 Nick Boo、Tom Boo 和 Heleen Welvaart、Catherine Tashjean、Asha Sarabhai、Kyla Wyatt Leonor、Mary Richardson、Matt Buhr-Vogl，他幫助我看出故事的關聯；Jack Boo，最精明的十二歲編輯；兩位 Mary Boo——聰明嚴厲的姐姐以及母親，她們仍是我最信賴的讀者，也是我的靈感來源；還有 Sunil Khilnani，我的愛人，帶給我更好的世界。

國家圖書館出版品預行編目資料

美好永遠的背後 / 凱瑟琳・布（Katherine Boo）著；何佩樺譯. -- 初版. -- 臺北市：商周出版：家庭傳媒城邦分公司發行, 民101.08
面；　　公分
譯自：Behind the Beautiful Forevers：Life, Death, and Hope in a Mumbai Undercity

ISBN　978-986-272-189-6（平裝）

1.貧民區　2.報導文學　3.印度孟買

545.39371　　　　101009794

美好永遠的背後

原　書　名／Behind the Beautiful Forevers: Life, Death, and Hope in a Mumbai Undercity
作　　　者／凱瑟琳・布（Katherine Boo）
譯　　　者／何佩樺
企 畫 選 書／黃鈺雯
責 任 編 輯／黃鈺雯
版　　　權／黃淑敏

行 銷 業 務／周佑潔、林詩富、莊英傑、蘇魯屏、林秀津
總　編　輯／陳美靜
總　經　理／彭之琬
發　行　人／何飛鵬
法 律 顧 問／台英國際商務法律事務所　羅明通律師
出　　　版／商周出版　城邦文化事業股份有限公司
台北市104民生東路二段141號9樓
電話：(02) 25007008　傳真：(02)25007759
E-mail：bwp.service@cite.com.tw
發　　　行／英屬蓋曼群島商家庭傳媒股份有限公司 城邦分公司
台北市中山區民生東路二段141號2樓
書虫客服服務專線：02-25007718；25007719
服務時間：週一至週五上午09:30-12:00；下午13:30-17:00
24小時傳真專線：02-25001990；25001991
劃撥帳號：19863813；戶名：書虫股份有限公司
讀者服務信箱：service@readingclub.com.tw
城邦讀書花園：www.cite.com.tw
香港發行所／城邦（香港）出版集團有限公司
香港灣仔駱克道193號東超商業中心1樓
E-mail：hkcite@biznetvigator.com
電話：(852) 25086231　傳真：(852) 25789337
馬新發行所／城邦（馬新）出版集團【Cite (M) Sdn Bhd】
Cite (M) Sdn Bhd
41, Jalan Radin Anum, Bandar Baru Sri Petaling,
57000 Kuala Lumpur, Malaysia.
電話：(603)9057-8822　傳真：(603)9057-6622　email：cite@cite.com.my

內頁設計／許晉維　　封面設計／黃聖文　　排　版／唯翔工作室
印　　刷／鴻霖印刷傳媒股份有限公司
總　經　銷／高見文化行銷股份有限公司　電話：(02)2668-9005　傳真：(02)2668-9790
客服專線：0800-055-365

■2012年（民101）8月初版
定價／330元
Printed in Taiwan

城邦讀書花園
www.cite.com.tw

 ISBN　978-986-272-189-6